投机交易战法

SPECULATIVE TRADING TACTICS

王炜 /著

机械工业出版社
China Machine Press

图书在版编目（CIP）数据

投机交易战法 / 王炜著．—北京：机械工业出版社，2017.10（2018.1 重印）

ISBN 978-7-111-58010-2

I. 投… II. 王… III. 私人投资 IV. F830.59

中国版本图书馆 CIP 数据核字（2017）第 228290 号

本书就怎样看清错综复杂的资本市场和用什么办法了解资本市场背后的运动机制等问题，梳理了中国资本市场投资逻辑的演化，并归纳了在这个市场中真正行之有效的投资方法，包括：利润是风险的附属品、技术分析要点、实战交易必备知识、行业分析的重要技巧、大股东战略意图分析。其中，从建立正确的技术作用分析观点出发，重点分析了技术分析要点。

投机交易战法

出版发行：机械工业出版社（北京市西城区百万庄大街 22 号 邮政编码：100037）
责任编辑：杜若佳
责任校对：殷 虹
印 刷：北京诚信伟业印刷有限公司
版 次：2018 年 1 月第 1 版第 2 次印刷
开 本：147mm × 210mm 1/32
印 张：7.5
书 号：ISBN 978-7-111-58010-2
定 价：49.00 元

凡购本书，如有缺页、倒页、脱页，由本社发行部调换
客服热线：（010）68995261 88361066 投稿热线：（010）88379007
购书热线：（010）68326294 88379649 68995259 读者信箱：hzjg@hzbook.com

|推 荐 序|

F O R W O R D

非常高兴有机会为好友写序，也为他现在的成功而高兴。我一直认为优秀的职业投资者七分靠天分，三分靠后天培养，投资没有终点，永远在路上。王炜在投资方面具有极高的天赋，悟性极高，广大读者朋友可以在他的《思维流操盘术》和本书中深刻体会到，相信广大读者会因本书而受益匪浅。

一本优秀的投资书籍，百看不厌，就像一杯好茶，越品越有味。它是工具，也是赚钱的方法，相信你每次看完后，都会有新的体会。本书是作者反复琢磨体会所得，读者们吸收精华，可以使自己快速走上投资的快车道。一本优秀的投资书籍可以改变人的思想，改变人生坐标，实现人生梦想。每一个职业投资人承载了太多的压力，面对市场系统性的上涨与下跌、实盘的误操作、资金调配等众多压力，你该怎么做，你会怎么做，你能做好吗？众多问题摆在你面前，除了有天分，难道不应该静下心来，好好学习，补补短板吗?

本书系统阐述投资的本质，用大思维分析，教你怎么做，从实战实盘方面，培养良好的操盘习惯，值得大家领悟精髓。投资就像一场战争，有的人是战略家，有的人是战术家，我想告诉大家，战术家只能打赢一场战役，却可能会输掉整场战争，战略家才是王者，能赢得全面战争的胜利。投资也如此，战略家的眼光和思维决定最终成败。如果你想在投资方面有所收益，建议你反复体会学习，当你发觉思考的问题多了，你就越渴望找到问题答案，那我恭喜你，你已经有独立思考问题的能力了，你的思维流已经打开，你的智慧之门已经打开，你的财富之门也随之打开了。

在我们的朋友圈中，王炜先生的投资眼光独特、思维敏捷、实盘能力很强，是20多年的实战“老兵”，我也特别佩服他的实盘操作能力，并在他身上学到了很多东西，借此机会衷心感谢，并衷心祝福他：投资再创辉煌。

章　强

|前　言|

P R E F A C E

请章强作序有几个原因：第一，20年来他一直是我崇拜的偶像，2004年至今，每年都能使自己的复利翻倍，真正做到10年翻了100倍。第二，他的技术和大股东背景分析都在我之上，是能让我由衷敬佩的实战者！尤其对大股东背景和战略意图分析让我惊叹。第三，我们都有志于在资本市场上留下一道痕迹。

本书中的各种交易技巧我们都用于实战。我们想从个人做交易发展到带领大部队大兵团，在未来中国血雨腥风的资本市场中茁壮成长。章强躲过2007年、2015年两次股市崩盘，我躲过了2015年崩盘，我们对于风险的评估及预测还是有相当自信的。

我本人也有志于中国证券投资方面的教育，把真实的技能传授给投资者。市面上，中国实战交易者写的书少之又少，尤其是能从基本面到技术面，再贯通到大股东背景，再上升到系统性风控的书籍更是难觅其踪。我创建了微信公众号（classstock）专门从事投资者教育，让中国证券市场的投资者不再是糊里糊涂把血汗钱输到股市，而是真正地能从中获益。公众号中介绍实战交易技能，如技术分析从简单到复杂；资产处置到什么程度是空壳（壳公司里容易出大黑马）；大股东股权转让背后隐藏什么（大股东股权转让有可能是重组的前兆）；热点的持续性分析（敢死队短线交易法）等。

致力于中国证券市场系统性的证券投资教育，学习炒股就看公众号 classstock。

王　炜

目　录
CONTENTS

第 1 章

利润是风控的附属品

利润是风控的附属品

做投资很多年，我得出一个重要的结论就是，**如果看不懂事情的结果，就拿不到最后的利润**。因为每个人都只是大海中的一叶小舟，是承受不住大起大落的。

先讲一个 2006 年我看盘时的例子。当时下面这只股票出现利空，这里就不讨论当时是什么利空或利好消息了。当时放量到图示箭头位置，从图形很容易看出来有资金在做盘，在股价 2 元多的时候有资金加仓（如图 1-1 所示）。但是，对于我们一般人来说，从 2 元涨到 4 元多，你会想卖；涨到 6 元多，你想卖的念头更加难以抑制。然而无论任何时候，你都不可能精确地计算出这只股票减仓、持仓的数量。最后这只股票的最高点是 20 多元钱。这是 2006 年的事情，任何人只要拿住七八个月就能获利 10 倍，也就意味着提前实现一生的财务自由了。

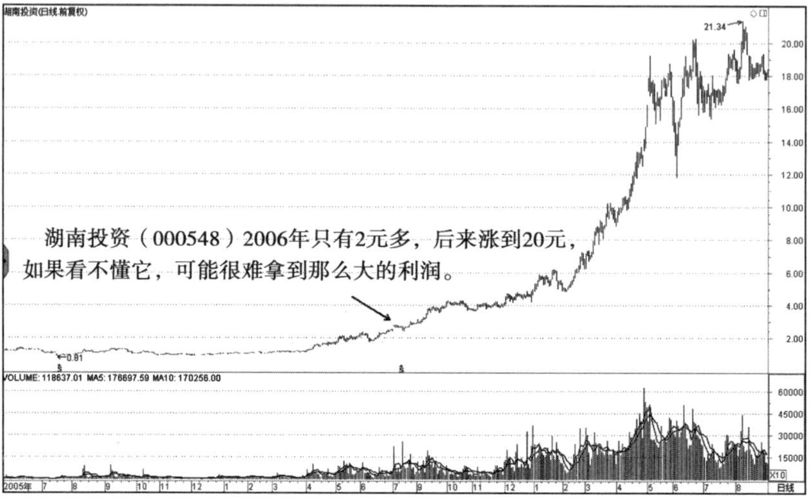

图 1-1

资本市场的逻辑就是这样，准备多年，一朝操作得当，便成就一生无忧。但是，当你不知道结果的时候，任何一个起伏都有可能把你从股市中折腾出来。技术派的投资者看盘水平要到什么程度，才能看穿市场的疯狂呢？其实这基本上是很难的。如果你事先不知道市场未来是什么结果，就很难持仓到最后。如果想要获取巨大利润，你就必须对市场有一定的把握，这样才能拿到最后的利润。

所以，我认为**所有的利润，都是在你懂得市场规律的基础上，做好风险控制，才能拿到应有的利润**。对投资者来说，首先得建立风控的意识，之后才能谈技术。让人看懂未来，这才是我做投资者教育最重要的目的，唯有让投资者看懂未来，他们才能拿到未来的收益。我在达到今天的投资水准前，几乎试过所有的投资工具，也曾见证过很多人从一翻十、十翻百，然后又倾家荡产，把赚了的钱都吐了出来。为了避免把到手的利润吐出来，达到**交易的制高点的关键就在于风控**。因为没有人能逃过所有的金融危机，没有人有把握战胜所有困难。面对各种困难，解决的方式只有一种，那就是风险控制。企业经营，要求保持一定的现金流，我们的交易也是，**一定要保持相当的安全系数**。

什么样的人才是真正的交易高手？从《期货日报》的比赛中就能看到很多真正的高手。我对高手的定义是：亏损和收益比值控制得好，即风险控制能力高。控制住了风险，利润才能拿到手；控制不住风险，利润是到不了手的。下面我们来看图1-2。

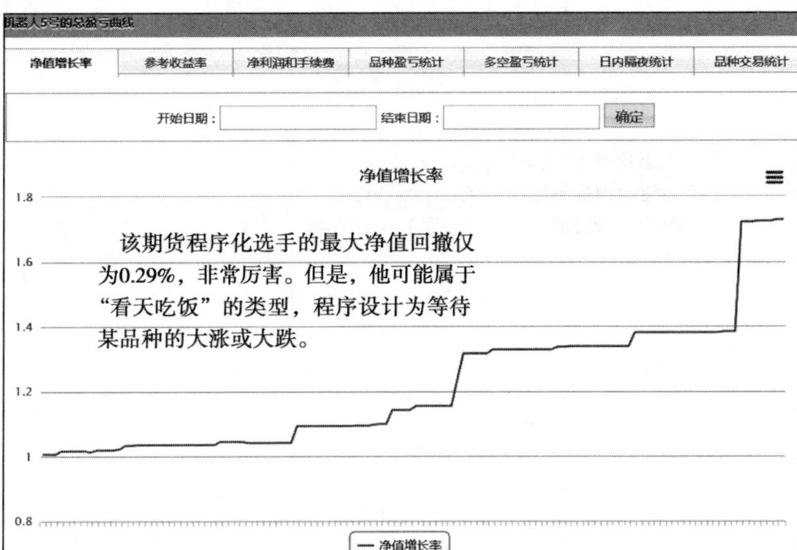

图 1-2

在图 1-2 的收益曲线中，这个程序应该是押注大线的，经常一天能够赚 8% 的收益，只要出来一根大线，它就能获利。其策略是下注单个品种，赌一根大阳线或大阴线的出现时机。但这不是关键，关键是这个程序控制回撤的能力很强，只有 0.29%，也就意味着赚 100 元，只亏损 0.29 元，这样高水平的程序很少见。但是，这个程序是要“看天吃饭”的，要等有大线的时候才能赚钱。

再看看图 1-3 的操作。这位投资者操作的资金也是百万元规模的，通过这个程序的盈亏曲线，不难看出他也算是个高手，但是他的收益走势不是很平稳，不是缓缓向上增长的。

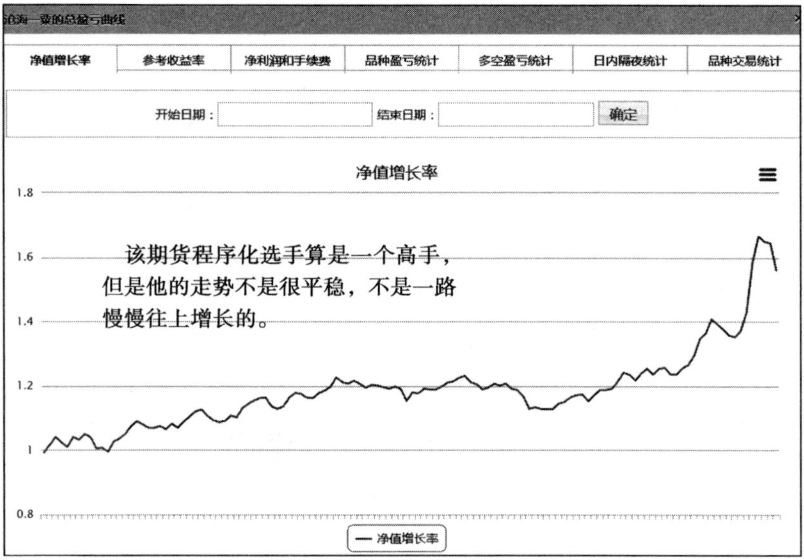

图 1-3

再看图 1-4，真正优秀的投资策略应该是这样的：每隔一段时间收益都能稳定一下，最大的回撤也就是在 42%～50% 之间，中间平均来看也是 8% 的回撤。每次收益增长都是这样的，积少成多，慢慢往上增长，这才是好的策略，这才是交易的高手。

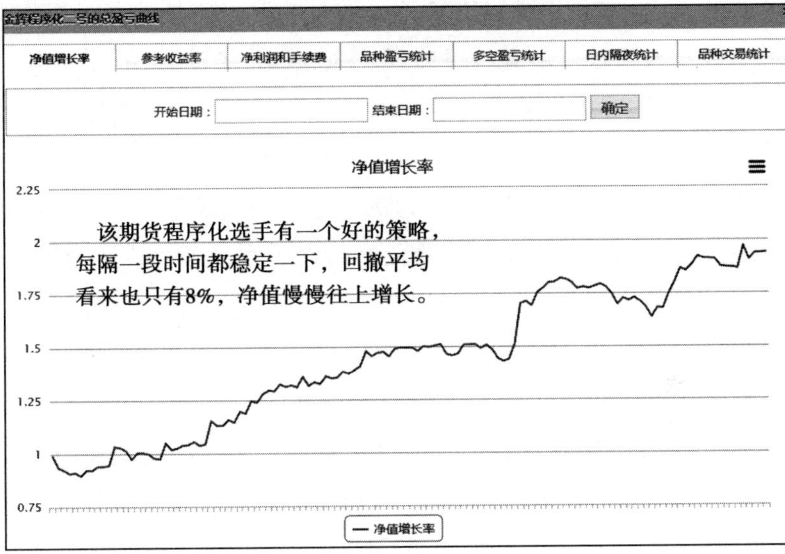

图 1-4

举这些例子是想说明，真正高明的收益走势应该是缓慢上升的，应当是程序化交易，而且无论是否有行情，都能保持这样的利润。可见，真正的交易高手是要先控制风险的，而那些**控制不住风险的交易者，虽然一朝可以以一翻十，但是亏损时被打回去的可能性更大**。这是由我亲眼所见与亲身经历得出的惨痛教训。能控制住风险，不断以一翻十、以十翻百的才是高手，以一翻百，然后从百回零的可不是什么高手。能做到回撤在 10% 以内的是水平极高的交易员，回撤控制在 20% 的交易员次之，但也算是真正的交易高手。

从风险控制的角度来看，我把投资者分为四类，其中 80% 的投资者属于第一类，他们只是在寻找盈利的方式，只想找到一招制胜的技巧（但是很少人拥有这种技巧），这种技巧不是不存在，但不是一堂 20 分钟的课讲得清的，而是需要 6 个月以上的专业化训练，才能慢慢地理解并最终拥有，这是后面要讲的。

第二类投资者大概只占 18%，他们能在市场上赚到钱，自己拥有相当的交易能力，但是控制不住回撤，有时还会发生爆仓。以 2015 年一位前交易大赛冠军为例，他曾经实盘以一翻六，但是中间的回撤接近 50%。他如果作为私募经理发产品，肯定会爆仓，因为他没有控制回撤的能力。如图 1-5 和图 1-6 所示，投资者通过持有大量货币资金，在当天将该交易品种打到了跌停板，但是该品种的价格却被别的资金拉回来了，于是他一天就被挤爆了仓。最初他一路高歌猛进，将 1 元钱以一翻六，结果被挤爆了仓，清盘后的资金只剩下 0.64 元。这就是所谓的 7 角钱清盘，记住，这是真实的案例。事后，这个交易员说要是有资金继续做多，自己还是能够赚回来的，可这时候谁还敢给他资金呢？能把 1 元钱变成 6 角多的人，就有可能把 1 元钱变成 4 角多。他确实有相当强的技能，判断对了原油下跌，认准了要做空方，但是自己却没有风控的能力，最终还是血本无归。

其实他只要以较低的仓位持空仓，比如采用 1∶2 或 1∶3 的杠杆，那么当 PVC 价格指数下跌 10% 左右，这时候 1∶2 的杠杆就有 20% 的收益，1∶3 的杠杆就有 30% 的收益，可以稳赚一笔钱。所以，**没有风控能力，收益不过是市场给的，而不是投资人创造的。**

为什么这么说呢？因为当市场没有行情的时候，如果没有出现单边上涨或下跌，交易者就赚不到这笔钱。股票的主观交易更是如此，如果没有单边涨势，只有一路走跌，使用什么交易方法恐怕都赚不到钱。

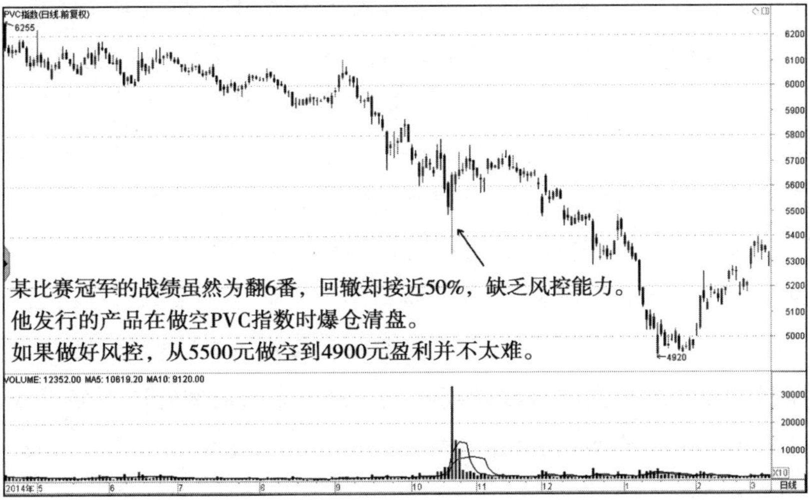

图 1-5

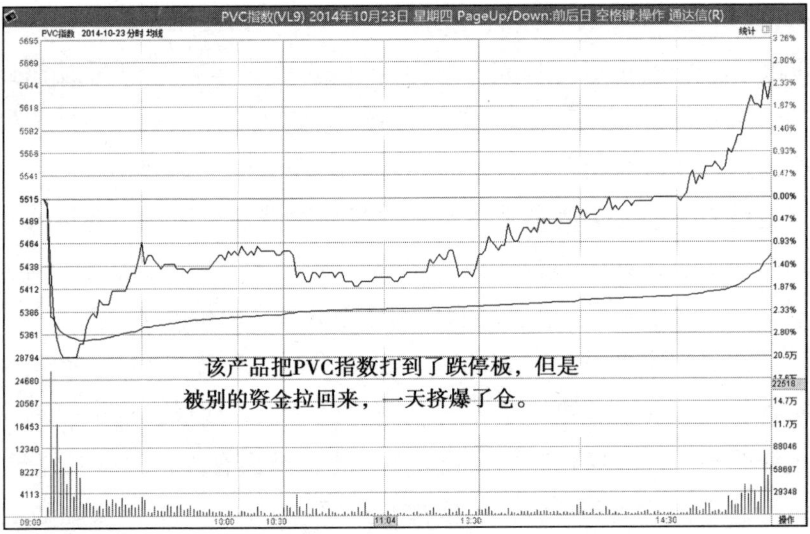

图 1-6

前面说的是有技能而风控水平不合格的投资者，这是第二类。下面来分析第三类投资者，他们是有一定水平的投资高手，这些投资者即使遇不到市场行情也能赚到钱。他们虽然不能制造行情，但是善于发现没有行情市场中的赚钱方法。他们很清楚没有行情的市场有什么特性，有行情的市场特性又是如何，只要把握了市场的特性，做对了方向，他们就能赚钱。能否区别有行情和无行情，这是一个顶级交易高手和普通高手之间的重大区别所在。所以，我认为尽管 18% 的人有赚钱的能力，但是赚来的钱还是会还回去的，自己能靠的只有行情，而**只有 2% 的人，能够做到严格控制回撤，基本上想赚钱就能赚钱，对于多长时间能赚到多少钱，他们自己心里有数**。比如，能够发现板块的规律，知道什么板块在什么时候启动。

以本书的作序者章强为例，他曾持有一只电子股，成绩斐然，具体操作大家可以看我的博客（http://blog.eastmoney.com/dlahww/bloglish_0_1.html，2014 年 4～6 月的博客专门写过他做的股票）。他知道这是只控盘的股票，知道央企下面的小企业可能会改制，所以 7 元多钱进去持有，一直等到 14 元才卖出。之所以坚定持有，就是因为他非常清楚这只股票背后的运作逻辑以及大股东的战略意图，明白他们一定会拿这个壳讲故事，即便不讲故事，也会继续操作。在他持有的七八个月间，股价翻了一番。

这里简单提一下 2015 年年初的国企改制问题。当时央企改制基本完成，股价在高位，已经无利可图了，下面该关注的是地方企业改制。因为只要地方企业改制，市场就会有向好的估值判断，不管这个企业改制与否，股价都不太容易下跌。比如，我在 2015 年关注的 20 只股票中，就有两三只涨停不断，就是因为它们是有改制预期的地方企业，地方国企中的股权比例非常大，因此不容易下跌。再比如，去年一只航空股，随着原油价格大幅下跌，自身利润提高，股价也跟着高企。这些都是简单的逻辑，明白并善用这些简单逻辑的人，在资本市场上一定会是赢家，**但是明白且善用这些逻辑的人只有 2%。**

最后是第四层境界的投资者，这些人万里挑一，他们的思维是着眼于整个市场布局调控的，能看懂绝大多数人不懂的逻辑，对他们来说，百倍、千倍乃至万倍的收益皆有可能。这些投资者是战略决策高手，能抓住当年的投资热点，这样的投资者在 2015 年一定会考虑地方国企改制，在 2013 年一定会投资自贸区相关标的。他们每年都会跟进热点投资，其思维方式已经能达到拉动行情、带领市场的地步。这绝非普通人所能及的。

比如，2009 年的吴鸣霄，他当时的经典战例是 ST 北生（现为 ST 慧球）。如图 1-7 所示，吴鸣霄大概是在 2008～2009 年开始买这家公司的股票，一两元钱进入持有，这只股票现在价格是在 16 元左右，是他买入时的七八倍。如果 2009 年入市，到现在赚七八倍，并不算很高的收益。但是，之所以我对他的操作刻骨铭心，是因为 2009 年证监会叫停了 IPO，当年很多的 ST 股都成为壳资源，他真正的成功在于疯狂介入壳资源，用一两元钱一股的股价，购入 1000 万股，到现在市值已经达到 1.6 亿元。普通家庭如果能在 2009 年投入 100 万元，总资产就会变成 1600 万元。而判断借壳的信息其实只用按下 F10 键，翻翻上市公司的财务报表，就可以做到。吴鸣霄做的也无非这几步而已。第一，他知道只要证监会叫停新股发行，ST 壳资源的股票就会大幅上涨，于是就投资壳资源的股票。那年涨得最多的壳资源股票，曾经从 1.5 元涨到 4.5

元，股价涨了三倍，而当年指数最多时也只涨了一倍而已。第二，他不是简单地赚快钱，而是拿到后一直持有。这是最令人称赞的，因为**最终判断一个人能否看清市场的本质，要看他的持仓能力，看透事物本质而又能坚定持有的人，这笔投资的收益一定是属于他的。**

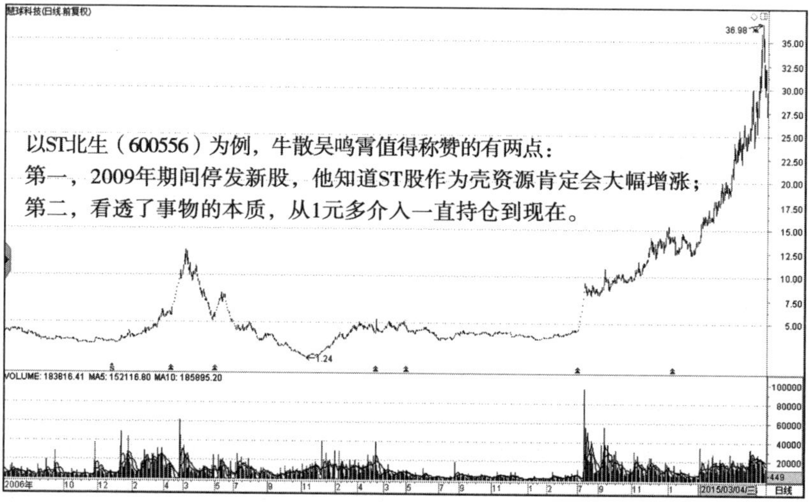

图 1-7

吴鸣霄投资ST的例子再次说明，看透事物背后的本质逻辑，就能做到以小赚大，成为万里挑一的投资者。这些人已经不需要依赖行情，因为他们有能力制造行情。对于善于制造行情的人来说，投资标的回撤与否完全可以忽略不计。

我还有一个和普通投资者完全不同的观点就是，分析预测后市的对错和交易盈亏可能毫不相关。实战交易做得好的人，几乎没有人承认自己的分析预测是对的。那种执着于分析对错的投资者，很喜欢一路做到底，“不见棺材不掉泪”。这种做盘的方式，就是一根筋，做股票稍微好点儿，套了就拿在手里，放几年说不定价格合适就能离场了结了。但是，做期货，一根筋的基本上就是自寻死路。我一直认为投资分析跟实盘交易是两个截然不同的行业。证券公司的行业调研员会对某个行业了然于胸，非常熟悉，但熟悉行业和精准判断股价走势，是两个概念。而做股评的人更是另外一个行业了，股评要做的是把投资的来龙去脉讲清楚，最重要的任务是讲清楚投资的是与非，理顺逻辑。交易实战就是另一回事了，更多牵涉的是心理。这三者的关系就好比教练、射击冠军和狙击手三者的关系。射击冠军确实可能枪法很好，但是在实战当中，狙击手的耐性、寻找发枪点时机、躲避风险和寻找战机的能力，实在是射击冠军所望尘莫及的。想成为射击冠军，只要熟练一个动作即可，而在实战中狙击敌人则远比这个复杂得多。要选好买卖点，买点和卖点选择不好，价格就会相差很大，其间百分之几十的利润就没了。实战是狙击，有人天生适合做这行，而那些性格比较急的人，就永远做不了这行。我希望通过将来的训练，能帮大家训练心理。行业研究员、股评家和实战操盘手三者的不同在根本上就是心理训练的区别，你只有具备很强的心理基础，才能做好投资。而强大的实战心理源于训练，光靠言语难以传授。在实战中有魄力果断砍仓，所需要的是远非一般人所及的心理能力，而这往往源于天成，所以说实战买卖点的把握远比分析和评论股票难得多。

再次提到给本书作序的章强，他是我所见过的最优秀的交易员之一。曾经 7 元买入 1 万多股南开戈德（现为广宇发展）(如图 1-8 所示)，50 多元卖出，其间这只股票涨到过 11 元，但又掉头跌回，但他却一路拿住。他能够精确地看出后市的涨势，所以能确定在低位不断加仓。作为投资者一定要学会精准地看懂后市，学会果断加仓。他精准看盘首战告捷是在 1998 年，现在快 20 年了，他投资股票依旧沿用此法，这和他的性格有很大的关系，耐得住寂寞，认定某个趋势一定会发生，所以他不但能看透市场，还能赚得到这笔钱。

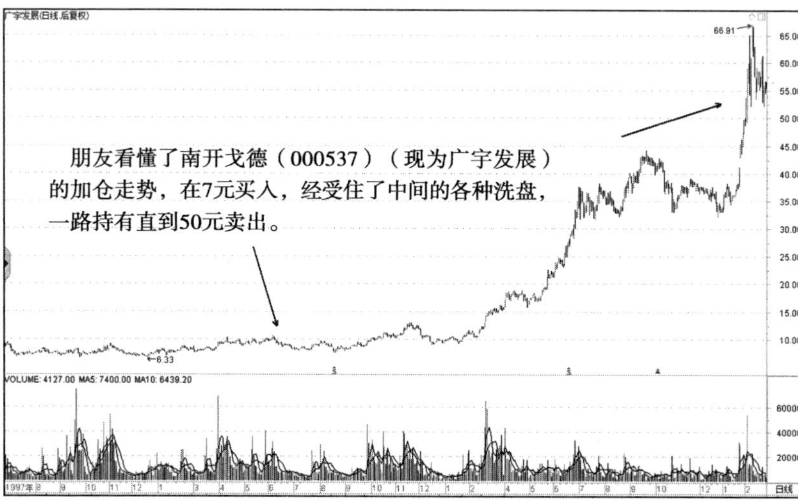

图　1-8

所以，不要先凭着自己对后市的分析去做投资，而是要先判断风险，再评估收益和风险的比值，还要预估在判断错误时砍仓的可行性（有时候仓位过重，很难离场）。当然，如果你能达到第四类投资者的境界，对资本市场了然于胸，那么就可以常年进行满仓压盘。我就是常年满仓压注一只股票，如果判断准，就会大赚，不准就会爆仓。我和我的朋友都认为，所有人都会面临爆仓，关键在于你怎么应对爆仓。另外就是资金调配的极限，所有交易方法的资金调配水平都是有极限的，能操盘的资金有限，因为有些股票只能支持一定规模资金进入，要不然就会遇到大麻烦。

资金极限的另一个原因是心理承受能力，金融风险无处不在，所以不设上限地投入，一旦金融风险发生了，该如何处理仓位？没有人逃得掉重仓资金。在 2008 年那次金融危机时，很多庄家就卡在里面。有的股票最后涨了 10 倍，事后很多人说当时我只要看懂了，扛住了，就能赚到钱。但当你面对 10 元的成本，股价一下子跌到 3 元的时候，真的能扛得住吗？就算最后涨到了 30 元，那种天天提心吊胆的日子简直如履薄冰，非一般人所能承受。对任何人来说，谁都难免或多或少会遇到市场大幅下滑的情形。所以回到之前的老生常谈，投资最大的问题是控制回撤、控制风险。金融风险无时不在，只要长期在投资市场中，总有一天会体会到这一点的重要性。

我认为严格风控下的收益才是真正到手的收益。如果你是基金经理，发行基金产品，一旦金融危机来了，难免遇到清盘，因为在指数倾泻之下，难以有完卵，产品净值变成七角以下绝非笑谈。逃不过金融危机，很大一部分收益实际上就只能停留在账面上，最终是到不了手的。尤其对长线投资者来说，一旦重仓，此时就只能听天由命。

所以说控制风险的意识一定要有，资金配置本质上也是控制风险，做好这些工作再去谈利润，始终记住，先有风险，才有利润。

想要成为万里挑一的投资者，就要求投资者对宏观经济大势了然于胸，懂得金融危机何时会来，风控观念已溶于骨髓，不需要刻意为之。

谈完了交易者的几层修炼，我来谈谈作为资深交易者的三点心得。

第一，要懂得风控。再次强调风控，投资者要清心寡欲，有多少能力，做多少事情，尤其不要轻易去做融资融券，加杠杆投资。有人从6万元开始缓缓增长到几百万元规模，其实资本金早已可以投资融资融券，却从来不碰，连期货都敬而远之，一门心思只做股票，只做自己懂的业务。以小钱去学习，以自己仓位中百分之几的资金去试探无把握的投资是比较适宜的。相反，很多投资者一上来就做融资融券，完全把命运交给市场摆布，赌到了就欣喜若狂，没赌到就倾家荡产。

第二点，要有交易原则。连索罗斯这样的投机大师都规定他的交易员必须遵守原则，交易员如果没有按照他的指令执行，即便赚取暴利也要果断开除，因为这种交易员没有交易的原则。一次不按交易规则获得暴利，确实是你赚到了，但下次就有可能大赔。所以不能坚持交易原则的人，一定会被市场所淘汰，不加杠杆还好，只是在账面上不断浮亏浮盈，一旦加了杠杆必然尸骨无存。

第三点，不需要十八般武艺样样精通，只用一招制胜，简单直接。自己最懂什么，就用什么方法或逻辑去投资，而且就用一招去做，但如果对于自己最懂的东西也算不上精通的话，那就得好好琢磨一下，提升一下自己。投资就像打拳击一样，容不得半点花拳绣腿，能一招制敌，绝不浪费时间出第二招，真正的高手，制敌于瞬息间，而不会双方消耗几百回合也分不出胜负。

既然如此，何必要用不太熟练，甚至思路都不太清晰的招式在这个市场上蛮干呢？长期投资无果，说明你还是技艺不精。若是技能娴熟，对方早已无力对抗，你冲过去就能迅速结束战斗，不必把问题复杂化。做交易，就是用自己最快、最好的招式出手，比如做热点的投资者，就请只做热点；善于做盘面放量的，就请只关注盘面，练到最后成功概率就会越来越高。能做到十八般武艺样样精通的永远都是凤毛麟角，所以我们每个投资者应该苦练最适合自己的套路，而不是什么都想学。当然，在没有了解自己的专长前，可以用小资金各种试错，但请记住，想要赚钱，就得用你最擅长的东西。

第四点，实战最难的不是技能，而是心理。很多高手都说自己的方法无法复制，没有办法传给自己的后人，让他们用自己的技能养活自己。难道投资技能真的像无上心法一样无法传承吗？其实技能并不难，难的是控制心理上的压力，这需要阅历与心灵的锤炼才有可能练就。相反，那些不需要心理素质的程序化交易或者机器交易系统，永远只能存在于黑箱里，不可告人。因为只要打开黑箱，人人都可学会，自然就不再有赚钱的魔法了。

在这四点中，请务必牢记风控的重要性，请坚决地执行你的交易原则，这是风控的基础。有了风控之后，才能开始交易。根据风控的亏损和盈利的比例去做交易，成功才会长久。对交易者来说，交易技能自然是必需的，如放量、缩量这些市场中的蛛丝马迹，自然是要懂的，但是一定记住，最后让你的盈利结算到手的，始终都是风控的能力。

在这一节的最后，我讲一个真实的故事。20 世纪 90 年代，我家门前的马路边上总有一个卖齿轮的“倒爷”坐在路边。我很喜欢跟他聊天，他当时告诉我，前几年的时候，他最多一天能赚 8000 元，那可是在 20 世纪 90 年代初啊！然后又说现在每天只能赚到几百元，他在能赚 8000 元的时候，经常是赚到 3000 元就关门去消遣，可现在销售不好的时候却怎么也没有消遣的心思了。

我从中得出来的经验就是在自己最能赚钱的时候一定要狠狠地赚钱，这才是最大的风控。赚钱的时候要狠狠地赚，亏钱的时候要快速收手。这是我十几岁的时候就得出的经验，做交易也是同理，我们一定要做到能赚钱的时候一定狠狠地赚，亏钱的时候尽快收手。

所以，我认为风控才是我们一生必须要做到的事情，人生就是一场马拉松，清心寡欲才能稳定，不要受外界的诱惑。

做一个会交易的“猪”

前一段时间很流行“站在风口上的猪”这个概念，会交易的“猪”虽然跟互联网扯不上什么关系，但是如果操作得当，其收益未必会低于那些互联网公司。然而，交易做到“猪”的地步确实不容易，下面就让我们一点点分析拆解。

做交易的人，首先必须明白什么是交易。其实无论是价值投资者，还是专注价格的投机者，他们交易都是为了赚取买进卖出的差价，**投机和投资在交易的精神追求层面是一样的，都是为了赚钱**。我不是在抬高投机、贬低投资，我只是在陈述一个简单的事实，我们所有做交易的人只有一个目的——赚取差价，也就是赚钱。我们**都是在用各种分析方法去计算胜率和赔率，交易其实是可以当作概率论来看待的，如果交易是一门关于概率论的学问，那么就有方法论。如果交易没有方法论，投资无法可循，那就不需要去研究，因为毫无意义。**

很多人认为中国证券市场是一个赌场，没有方法可谈。这是因为他们不懂股市的投机属性。**证券市场很像赌场，但是即便是**

赌场也有方法论。很多获得百倍、千倍收益的人也会说股市像赌场，他们并不否认投资中有一定的赌性。那么要是有人问我，你是不是投资者？我自然会说自己是投机者，我来资本市场的目的就是赚钱。

那么，什么人适合来谈投资的方法论呢？**身为投资老手出来讲投资的人并不多，即使真有这样的人耐心指导，投资者也分不清他说的是对还是错。**现在很多人动辄说自己在资本市场赚了几千万元，结果一发私募，投资结果却与宣传效果相差甚远。媒体吹捧了一些高手，但其实可信度也不见得很高，投资者自然也不敢相信他们说的是对还是错。但是，即使是真正的投资高手写的东西让一般人看，他们也未必明白其中的奥秘。

但是，我认为只要是**人参与的事情就离不开人性，离不开人性分析，而人性分析的本质就是趋利避害。**何为趋利避害？假如现在有人宣称某个城市发生了化学品爆炸（但是其实只是运送爆竹的车辆爆炸了，而且毫无危害），就会有很多人因为恐慌而纷纷逃离城市。可如果说这座城市刚下了一场暴雨，那就可能无人恐惧。这就是人性分析，危害达到什么程度，多少人会用什么样的方法去应对，这其实就是对人性的分析。**只要是人性分析，就有方法可找，就是概率范畴，概率范畴是科学范畴，科学范畴中的方法论很重要。**人性最难把握，**很多人只看到中国股市赌性太大，就说没有手法和方法可言。这是严重错误的，很多外行就拿着这个观点说内行赚钱是碰运气。**因为外行没做过，不知道方法，内行却用这些方法赚钱了，内行的方法都是**建立在人性分析基础上的操作方法，**没有什么碰运气，只是外行不懂，不清楚、不明白，只能看着别人投资风生水起。

那么，交易究竟是一门科学，还是一门艺术？**科学是可以准确定义和量化的，而艺术则没有精确定义，艺术是精神领域非量化的东西**。假如我们认为交易是一门科学，就能精确地量化。艺术就没有精确的定义，艺术是一门学科，只有内行才分得清楚，而不是一门科学，它是精神领域的升华。

我认为交易是一门在科学基础上建立的学科，是研究概率论的科学。

图 1-9 是我在《思维流操盘术：预见未来成就巨额财富》一书中对投机和投资的定义。其中定义了交易中的一些原则。我自称为投机者与赌徒，所以我**讲究赔率和概率分析**。所谓赔率分析就是在下注的时候估计我能赔多少钱，这次赔 2 元，可能赚 4 元，那这种注我就会下。当然还要结合概率分析，如当判断准确率为 40% 的时候要不要投资呢？如果平均下来有 40% 的机会赚 4 元，60% 的机会是赔 2 元，那这笔交易的期望值是

$$40\%\times4-60\%\times2=0.4$$

预期的收益为正，这时候就可以下注，因为一旦你遵循固定的概率模式交易，那么随着你交易次数的增多，你总能实现正向盈利。精确分析赔率和输赢的概率，这就把赌博玩成了投资。**赔率和概率分析需要很强的分析技能，所以始终先要学习技能。当你过了分析赔率和胜负概率这关，还要过控制心理变化这关。**硬币连续扔五次都是正面的情况是完全存在的，但是当你连续投五次硬币都是正面的时候，会不会就此怀疑概率论呢？投资者连续错了三次，心理承受不住是很正常的。在这个过程中要做好仓位管理，有筹码后续赢回来，否则不要说心理压力，仓位压力过大，在资金上你都扛不住。

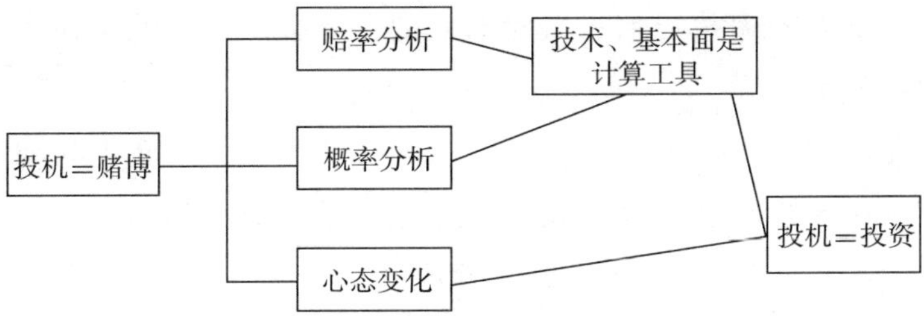

图 1-9 投机、赌博与投资

当然，我们还是要求概率有一定的准确性。一般来说，最多允许连续错六次，如果连续错 20 次，仓位管理再好也是扛不住的，心理上就更扛不住了。也就是说，股票交易还有一大部分是心理变化的研究，这是和赔率和胜率无关的分析，也和科学分析无关。要做好这一点，首先要有基本面和技术面的分析技能。技术面分析的最高层次就是看资金流，你从资金上看懂盘面的变化，这些都是计算赔率和胜率的工具，如果做到这一点，说明技能关就有基础。基本面也很重要，因为从**基本面能看懂很多企业或行业在战略上的东西，二者结合投资的稳定性会大大加强。**

如果你能把判断准确率提高到 60%，你就是一个交易常胜将军，这就是把投机做成了投资。当然，很多实战高手不乏 80% 以上的胜率，技能上做到极致的能达到 100% 的胜率，这时投机完全等于投资了。

所以我认为，投资的技巧是一定可以学会的，主要看教授的方法对不对，就是技术和基本面是工具。大家上来只想听技术面资金流的分析方法，这种想法太片面。而我第一节课是建立风控的意识，而利润是风控的附属品；第二节课是阐述交易的定义。**这都是从心态即心理层面直接引导大家，如果心理层面没有良好的**

基础，没有如何执行自己技能的准则，就会像高考怯场而考不好那样不值得。

在前两节根本没有谈任何交易的技巧与理念，**我上来就给了大家一个高屋建瓴的认识论、方法论：要有风控的常识，要清心寡欲，不要急于求成，要一步一个台阶。**

另外，要懂得投资的风险性很大，要懂得如何去赚钱，如何把投机做成投资。不论用什么方法，技术面、基本面、资金流等，都要基于一定的方法论。**要把这些方法学习到一定程度，能够做好赔率分析和概率分析，加上拥有心理承受能力，才能把投机变成投资。**说到底，技术派研究的是概率，基本面研究的也是概率，题材挖掘的还是概率。技术面的概率分析是怎样的？比如牛市初期窝底后巨量阳线涨停板，这时巨量涨停板的可信度就很高。中国南车和中国北车上涨的时候是这样，很多中资股票上涨时也是这样，大盘股突破几年的阳线，而且是涨停板巨量阳线的时候，判断上涨成功的概率非常高，在60%以上。如果同时有大量大盘股出现，巨量阳线涨停板创几年新高，那么指数就会走强。这些的背后都是有逻辑性的，大盘股资金量大、换手率高，放历史的巨量肯定有大资金进入。小盘股不用说，小盘股变化很大，必须要判断每次上涨都有谁进去了、未来谁会买、为什么会出现这样的走势。这些都是有逻辑的，而这些逻辑的本质就是方法论。

怎样利用方法论呢？举例而言，企业财报能否发现“白马”股？比如2015年3月15日时我看好的南方航空（如图1-10所示）。

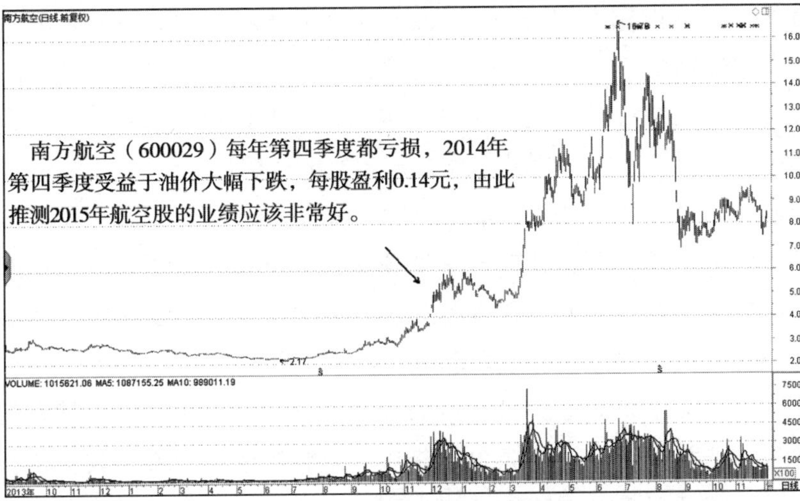

图 1-10

在 2014 年第四季度的时候，南方航空公布的四季度业绩报表上显示每股盈利大概 0.14 元，而之前南航每年的第四季度大多数是亏损的，今年第四季度却赚钱了。从这个角度来看，2015 年的业绩应该会非常好。2015 年整个航空业的利润都很好，因为原油价格大幅下跌，这直接抬高了航空业的利润。

这是我在 3 月 15 日的判断，但在 3 月 22 日，却开始建议大家不要再买南方航空，因为股价已经涨得很高了。我们做股票都要看未来，看到大涨再买。这是人性贪欲所致，在这种贪欲支配下的投资，就像老鼠看见捕鼠器上的奶酪，然后铤而走险。此时我们首先要控制自己的情绪，控制自己的贪欲，这就又回到心理层面的问题了。这个例子说明，有些行业报表是能发现“大白马”的。季度报表向好，尤其是主营业务收入大增带来的几倍利润增长，导致将来对其的基本面预期就会在此基础上继续提高，这种行业报表就能发现白马股。考虑行业是否不断向好，是判断趋势的重要依据。

分析业绩报表与看技术图表也是运用方法论的好例子。在我看来，通过业绩报表判断一家公司的好坏，往往几十秒就足够了。业绩报表还要看一下数据，技术图形就更简单了，扫一眼就足够了，因为这就能帮你决定一只股票有没有继续往下深入分析的必要。一般技术图表看一眼就能知道大概进去了多少资金量，有没有必要继续跟踪。这些对熟练的交易者来说都是很简单的事情。

另外，很多人会误解，以为我所说的“会交易的猪”就是简单执行交易原则，并不是这么简单。尽管我的投资案例其实都很简单，只要掌握方法谁都可以做到，但是这背后的思维层次和逻辑水平还是要经过多年训练才能达到的。

一只“会交易的猪”，首先要求**在决定出手之前，已经能提前预见结果**。能够提前预见结果的交易者，执行起来必然坚决，此时并不需要过于在意原则与计划，因为原则是融化于交易者血液中的本能，当风险大了，他自然会降仓，这样的交易者不需要周密的计划。所谓计划不如变化，计划只适用于宏观战略层面，而战术层面则要做到善于应对变化。交易者在达到一定水平后，自然会控制仓位，根据形势变化随时转化原有计划。这样的交易者在刚开始交易买进的时候就会控制风险，他们不会轻易去赌，更不会滥赌，也不会轻易满仓，在吃不准的时候会用小仓位试水，觉得把握大的时候就加码。这才是**会交易的猪，即执行力刻在骨子里的交易者**。他们不会上来就先规划自己的仓位如何，而是一开盘就义无反顾地杀入，杀入前他会规划自己的控制仓位和风险吗？他们往往没有特别周密的计划，而是根据题材与盘面情况果断操作，不停地执行。

再次提到本书的作序者章强，他就是“会交易的猪”的典范——一只股票从 7 元买进，其间涨到 12 元，又跌回 9 元；9 元涨到 16 元，后又跌回 13 元，但他却很坚决，直到最后 28 元~32 元价位才卖出。他就是那种能够预见结果的交易者，他对这只股票的研究非常透彻，看出了这只股票背后的故事，从图形里发现有一笔资金一直没有离场，但是这些大资金终归得想办法离场套现，而资金要离场套现必然要拉高股价，只要资金没有达到目标价位离场，那就可以一直持有。而这样的股票往往在基本面上有故事，这家公司当时讲的就是一个壳的故事。

只做自己能清晰知道、准确把握的股票，学习用自己的想象去尝试，在技能成熟之后再慢慢加大资金，不要妄图一步登天，大资金投入，否则试错成本太高。小资金试错没关系，成本不高。

这里要说明一点：“会交易的猪”指的是操作决断层面的，而不是具体执行层面的。我上一节提到索罗斯开除未按原则交易的交易员的故事，说的就是交易执行层面，没有执行索罗斯的既定战略与思路，当然是要被开除的。

我们一定要按自己掌握的方法坚决执行，不光停留在止盈止损这个初级阶段，更重要的是有自己的系统方法论，这样交易就能做得像猪一样简单。我所说的“会交易的猪”不是说不要止盈止损，而是不用掺杂过多杂念去思考交易，交易就是一门科学，胜率和赔率对冲之后剩下来的自然就是我们的利润。

有的投资者曾经问我：“我现在是灵活操作，还是坚决执行？”我给他的回答是：“根本没有什么灵活操作和坚决执行，如果你不能准确地掌握结果，怎么做都是错，要么死扛，要么打不过就不玩。”我的经验是：玩不起的交易者不可能赚到大钱，如果交易者不能看透未来的走势，市场稍微折腾你一下自然就吃不消；但如果能判断好结果，那么就可以任凭市场起伏而坚定不移，耐心等待机会，下跌时可以再买入一些，但不建议轻易满仓操作，除非股价已经跌到一个风险极低的位置。对于有资金大规模建仓的股票，一路杀跌不买岂不可惜。

每个做实盘的交易者都知道，重仓操作就像背 150 斤的重负玩跨栏，这是行不通的。小仓位可以非常灵活，买卖交易都容易完成，投资者自己也没有任何心理压力。只要注意持仓规模，交易就没那么复杂。

还有很多人喜欢猜测趋势发展，这还是停留在交易分析阶段。交易者如果还停留在初级技能阶段，就还没有达到可以做实盘的阶段。**做实盘做到一定境界的人，往往没有太多想法，但所做的判断一般都八九不离十，他们等到机会才会去执行，而机会就是合适的买点。**

以煤炭价格大幅下跌为例，这对于电力行业就是利好，电力股此后一年的时间都在涨。同理，穗恒运主要使用的是从广州港转运的国外原煤，国外煤价先大幅下跌，它的股票就先涨。然后国内煤炭价格大幅下跌，国内电力股就轮番大幅上涨。这都是白送钱的交易机会，只要懂得产业链分析的方法就能获利。这不需要深入推理分析，事实就在那里，只要放手买入即可。从风险角度而言最多套 10% 或 20%，最后一定会大赚。

我们应该抓住主要矛盾，用自己最擅长、最了解、最确定的方法去交易，而不要纠结于操作计划。如果一个计划执行起来有疑惑的话，就证明这个计划本身有问题。你在执行什么，你自己都觉得模棱两可，就好像在不认识路的情况下跟着导航开车，一旦导航失灵，你只要转一个路口可能就迷路了，这样的状况做交易是无法随机应变的。进一步说，如果我还纠结何时卖出、何时止损，那么我买入也一定是含混不清的。在这种情况下，无论怎么操作都难以盈利。

不清楚自己在做什么，而期望继续做下去会有好的结果，这是行不通的，这一点务必牢记于心。

“会交易的猪”，不需要过多思考自己交易的对错，因为在出手的时候他就已经知道结果，这点很重要。在本节最后我讲几个真实案例。我曾经去一家 ST 公司调研，这家 ST 公司的所有员工都知道央企已经进驻了，正在搞资产清算。这并不是内幕消息，人尽皆知，该公司股票停牌下市复牌以后一下子涨了 10 倍。另一个例子是家汽车制造商，当时我去工厂调研，晚上才到厂门口，发现晚上厂里还灯火通明，便问门卫，门卫告诉我工厂在“三班倒”。于是我第二天就买入这家公司的股票，因为我知道汽车企业最重要的就是产能利用率，能够“三班倒”说明这家企业业绩一定很好。果然，一个月不到，这只股票就赚了接近 40%，我卖掉之后转手买了这家汽车公司上游的一家发动机公司的股票，因为当时这家企业的股票还没涨。果不其然，后来在很短的时间内，这家发动机公司的股票也让我赚了 30%。

中国证券流派浅析

本节主要讨论如何建立正确的证券交易体系。我知道很多投资者其实只对技术方法与每个交易日股票的涨跌有兴趣，对建立交易体系的思维和技巧毫不关心。这和我做交易的思维恰好相反。

我见到的很多成功交易者的共同点在于：他们的思维非常清晰，都努力用自己最擅长的方法交易。因此，我一直在想，或许有一种证券市场的分析体系可以让每一个人找到自己的位置，并寻找到适合自己的方法。

第 1 章讨论的就是这套系统的思维方法，我相信这对很多股民以及专业化投资者都有莫大的作用。

我希望在未来的几十年中，会有很多交易者在这个体系中找到自己的定位，并以此思路去交易。希望我的方法能引导投资者进入证券交易的最高殿堂，为每一个想交易和正在交易的人建立正确的思维体系。这是非常重要的，我自己非常明白：**正确的交易思维体系，是决定交易者将来能走多远的关键。**

中国证券市场投机重于投资是环境大势所决定的，短时间内难以改变。这与西方的市场是非常不同的，而这种不同也是两个市场交易者的思路不同所致，而与是散户还是机构主导这个市场无关。

一方面，这归根结底取决于人性，国内投资者好赌、好投机，而国外学究气较重，所以重视基本面的挖掘，把金融学要素挖掘作为第一位。这是整体社会对金融学认识水平不同的体现。

国内金融从业者对金融学认识深刻者较少，毕竟科班出身的人不多，国外的认识却很强，市场主力是大量基金，投机氛围不浓，投机力量较少。

人性与文化的差异，加上金融学认识能力的差异，构成了两大市场的本质不同，而这恰恰体现在了人工交易与程序化交易两方面。

人工交易

我把交易分成两种，即人工交易和程序化交易。其中的人工交易就是社会心理学和金融学的交叉学科。这是因为股票交易取决于人性，属于行为学范畴，需要通过金融学和技术分析破解错综复杂市场下人的行为，分析人性中的必然性。人性还跟社会文化传承息息相关，所以整个社会对金融学认识水平的高低至关重要。而我们当下的中国股市对金融学的认识和人性还是偏投机性的，所以我们的牛市也注定是在这样的背景下形成的。

对于投机性强、技术能力又比较弱的投资者，他们基本上就停留在看支撑压力与图形上。大部分股民处于研究技术的初级阶段，但即便技术分析水平出神入化，交易层次也不是很高；极少数技术水平特别高的人，能达到一定的境界，可以用技术分析获得稳定的收益，但大部分的技术分析投资者是人云亦云，跟风交易。这决定了我们资本市场的投机属性比较强。

研究牛熊市要看金融经济现实。1996 年国内牛市时，M2 大概为几万亿元规模，股票市值只有 3000 亿元，30∶1 的货币量搬动了大牛市；而在 2006 年牛市时，M2 达到 35 万亿元，而当时流通市值也就 1 万亿多元，是 35∶1。银行的货币只要提出来一小部分进入股市就会出现超级大牛市。

在 2014～2015 年，M2 大概是 120 万亿元，整个流动市值只有十几万亿元，降到了 10∶1 附近。在融资融券大幅加杠杆下才撬动银行资金，引发大牛市。未来 10 年，中国的牛市依然是这样，10 年一个牛市，10 年一次的储蓄搬家。这是金融经济现实决定的，是人性所无法改变的。

但是，只懂金融经济是搞不懂这三次牛市要炒什么的，1996 年牛市炒的概念是香港特别行政区回归，“深”字头的股票，没理由地高歌猛进，新股民敢于投资这些股票，而老股民就不敢做了。

2006 年那一轮则做高增长，也是炒作概念，当时市场居然认为 60 倍市盈率不算高。这也是炒作的结果。始于 2014 年 7 月的牛市依然如此，那次的概念是“中”字头的股票，当然也有人炒作“一带一路”概念，见过世面的老股民被炒作吓怕了，就不敢跟进，而新股民却胆大，只要涨停就敢跟。所以，**每一次牛市都是 10 年一次，新一代新股民进来，因无知无畏而让财富白白损失。**

我相信 2025 年以前还会有一次超级大牛市，这也是 10 年一次的牛市，而结果可能依然会是大幅上涨大幅下跌。这也会带来 M2 与流通市值的大增大减，当二者比例达到一定程度时，就会由某个诱发因素促发拐点，把银行的资金逼出来，从而形成牛市。但是，每次炒什么和金融经济无关，这是人性的范畴。因为当年香港特别行政区回归，香港特别行政区回归概念被炒高增长；由于国企改制，炒“中”字头的股票为投资者所追捧，大家只是一味地找一个点突破，无论其究竟为何，大家一起“玩击鼓传花”，让市场疯狂。**新股民博傻，老股民不敢，这就是人性。**

所以，投资者不能简单地依赖金融经济形势投资股票。新股民如初生牛犊，无所畏惧，被当韭菜收割；而当新股民被教育成老股民的时候，他却不敢随便操作了，他对于经济形势了然于胸，对金融现实判断独到，但这时人性的恐惧就出现了，他就不是那么充满赌性了。这就仿佛现在国外的一些资本市场，波动变缓。大牛市如此，大熊市亦如此，牛市、熊市不过是大量资金进进出出，触发金融系统的大事件，但是牛市、熊市炒什么？这是人性所决定的。

所以说股票交易是人性的范畴和金融市场范畴的影响因素相互叠加的结果，如果能很好地掌控这两方面，就可以在市场中具有相当的生存能力。

为什么说牛熊市可以提前预知？因为金融经济范畴的东西是可以量化的，比如行业分析。我以前做航空板块行业分析，可以精准地算出行业业绩。每个板块业绩可以通过行业定位精准算出，这种量化分析的技能，是每个股民都能学会的。包括 M2 和股市流通市值的比值达到什么程度容易激发牛市，这都是金融学讨论的范畴。通过数据与企业业绩，我们完全可以预知牛熊市。

技术分析讨论的是人的行为范畴，这往往无法精确定义，只能以概率描述。K 线就是人的行为体现，有谁能把技术 K 线图绝对量化出来吗？某种图形的突破就意味着股价一定上涨吗？这都是概率的问题，而不是确定的数学对应关系。即便你对人性的判断 90% 正确，但是只要判断错了 10%，就有可能输得一塌糊涂。这就是技术分析，这就是人的行为。尽管金融与经济分析也不是绝对的数学计算结果，但是可以有相对准确的定义。比如，当金融危机出现时，很多股票的市盈率就会从 20 倍降为 5 倍，股价可能只有原来的 25%。技术分析无法解决金融危机的损失，而**危机却无处不在，我认为未来不超过三年，股市就会再迎来一次周期。**

综上所述，宏观金融经济分析可以预知牛熊市何时到来，技术分析可以根据人性判断下注倍率。理顺了这两点，才能从本质上认清市场，从而在该入市的时候入市，在人们普遍头脑发热的时候找到投资热点。

比如“一带一路”这种宏观国策可以预计具体企业的利润得失吗？对相关行业的高预期能成为现实吗？香港特别行政区回归对“深”字头企业有实际意义吗？并不见得。2006 年很多企业高增长，但是隔年的 2007 年就是高负增长，甚至是亏损。这些难以判断未来发展情况的概念，往往都是炒作的结果。

场内外资金博弈到一个均衡点，自然促成牛熊市；而牛熊市中的板块热点则是市场情绪的反映。中国资本市场所经历的三次大牛市都是如此：1996 年、2006 年、2014 年，都是如此，可以想象下一个十年仍然会有这样的机会。

程序化交易

前面大篇幅讨论了人工交易，人工交易主要考量的是经济金融形势与人性，而程序化交易与此不同，量化交易的研究对象更像是物理学，做量化分析和研究动能、惯性、物体碰撞很相似。未来 20 年，在股票市场上，程序化交易的占有率会逐步攀升，但可能只会到 10% 左右，因为国内股票市场实行 T+1 交易，无法进行日内高频交易。如果政策放开了 T+0 交易，那股票程序化交易很可能会占到市场交易比例的 20%，甚至到 40%。就当前来看，中金所股指期货交易中，高频交易的比例就很大。

坊间曾有这样的传闻，10 个交易大户的交易频数就占了中金所交易量的 40%，而他们全是程序化高频交易者。高频交易者必然是程序化交易者，因为高频交易要求以零点几秒，甚至毫秒级别下单，人的反应是无法达到这样的水平的。

程序化交易研究物理现象，分析事物的必然规律。以最简单的商品趋势程序化为例，图 1-11 是螺纹指数的走势，这种走势一旦形成下跌的趋势，就很难反转。在此之前是大幅摆动，但是在箭头处形成下滑趋势。有经验的交易者都知道，这种圆形头部在这个位置，是有赌一把的机会的，是容易赚到钱的。我自己当时在这里赌了一把，但是错了，价格下去后又回来了，所以我便止损了；而如果赌中了，我就会继续持有仓位。一般来说，赌这长期连续下行的破位很容易成功。

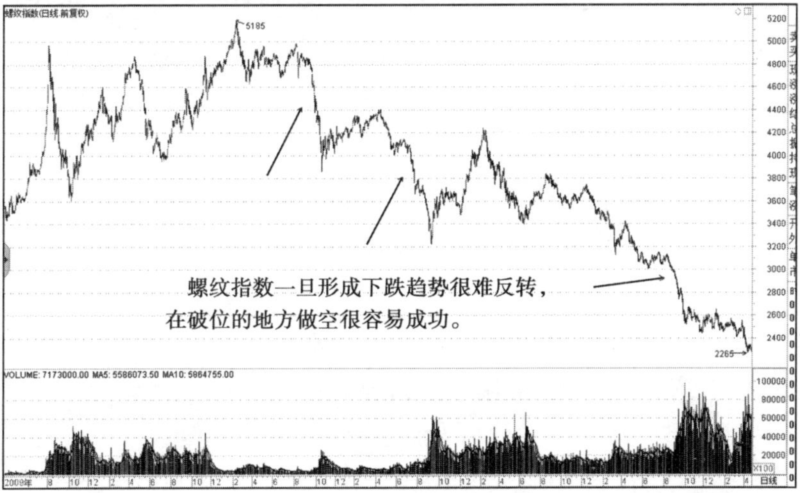

图 1-11

这很像物理现象，比如铁矿指数，连续一路下行是很难回头的。包括动力煤，同样的黑色系产业，拥有相同的产业链，如果你赌它们连续下行，很有可能连续下行就破位，扑中一次空方，就拿到了很大的利润；如果遇上反弹，就要按照止盈止损的纪律操作。这就是程序化交易，这种策略是非常容易编程的。沪铜指数也有同样的走势。再看图 1-12 至图 1-14，特点相似，连续反弹就会破位下行，大型破位成功就会继续下行。通过计算概率设置止盈止损差价，就有盈利机会。程序化交易者需要对图形有准确的认识，明白在什么情况下容易形成破位，破位之后试探成本是多少合适，然后该怎么止盈止损。股市也是如此，大盘股放量达到某种程度，比如银行股放量达到一定程度，出现单边上行的概率就非常高。这些都和物理现象很相似，是有动量的逻辑规律存在的。因为对大盘股而言，一旦资金量大惯性买入，就容易连续上涨。所以，通过概率分析做到稳定的盈利就是程序化要解决的任务。

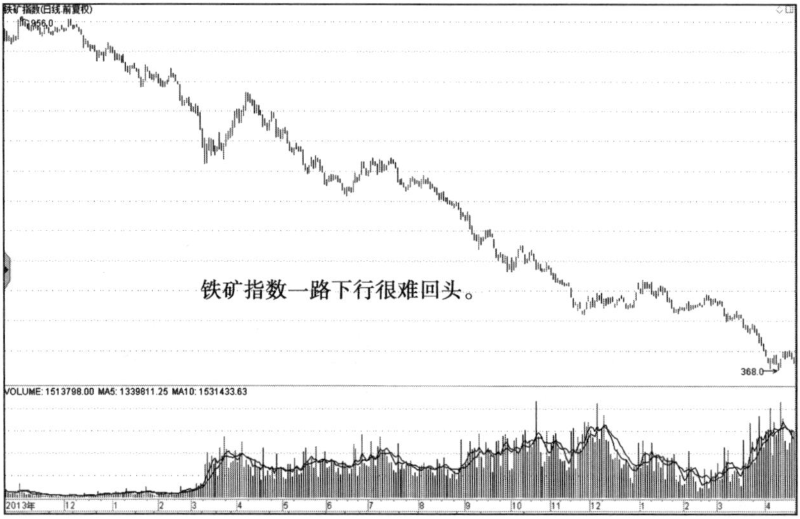

图 1-12

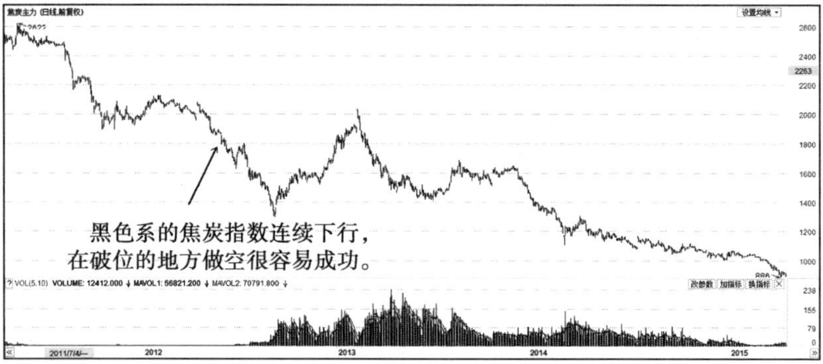

图 1-13

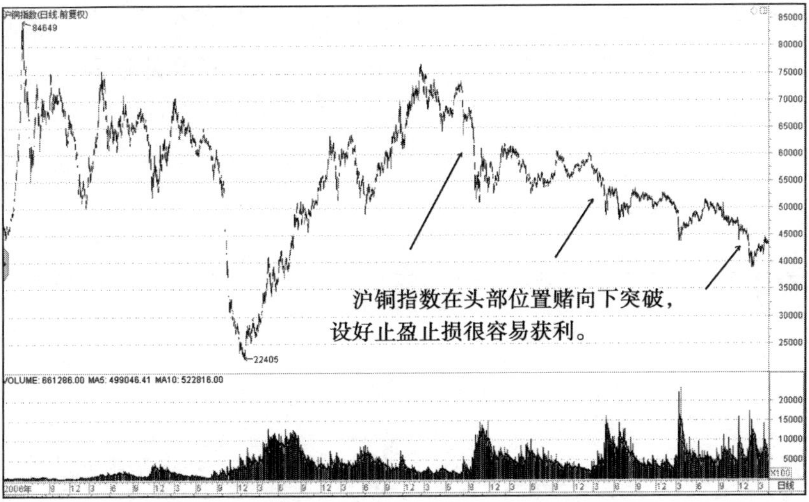

图 1-14

我很喜欢研究程序化，我觉得程序化对我来说还是容易赚到钱的，因为它是有规律可循的。可能一两个月内收益没上来，但只要这些客观现象会周期性发生，设计好的模式就总会有赚钱的机会。有时候上个月慢亏，下个月就爆赚。这就是程序化交易的特性。化工品有不同于黑色系的“物理特性”，它们波动比较大（如图 1-15 所示）。股票也一样，有的股票品种波动性小，有的品种波动性大。**人工交易是研究社会心理学和金融学市场以及人的行为，程序化交易则是研究物理现象，两者完全不同。**

程序化交易和人工交易还有很多不同点与相同点，现在简单总结如下。

不同点：股票的大热点和小热点是源于人的思维，很难准确定位。比如，1997 年香港特别行政区回归，1996 年的时候大家就都在玩相关概念的股票，这时候我们能判断有很多与香港特别行政区回归相关的概念能起飞一段时间。而在 2006 年，高增长的“中”字头股票就没有规律可言，完全源于**大众思维的认同**，这时候就没法确定下一个十年的热点在哪里，或者建立什么系统性模型量化下一个牛市的热点。我们能通过 M2 和流动市值比值知道牛熊市，但是炒什么股票难以量化。

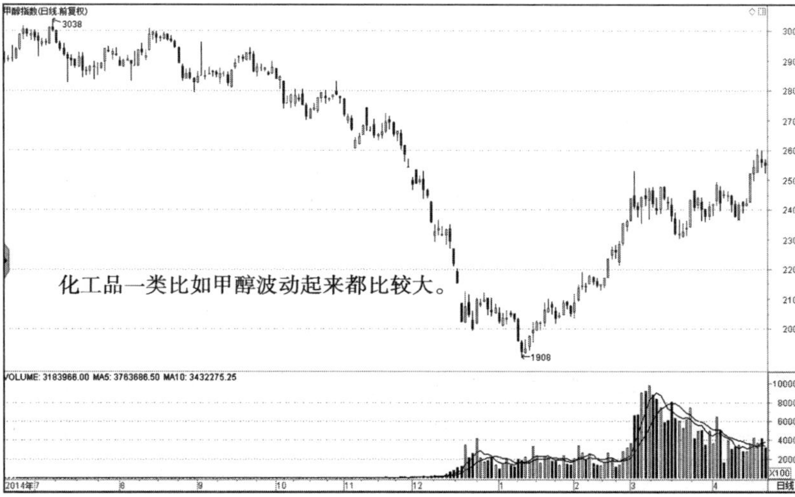

图 1-15

相同点：都是对思维认识到一定程度才达到的境界，是一个人识别事物必然规律的能力。研究人的行为和研究物质的变化都是高境界思维能力的体现。程序化交易研究物理现象，而人工交易则研究人性；程序化交易是物理现象的结果应用到交易上，而人工交易是对人性认识的驾轻就熟。两者在认识力上具有同等高度，必须对事物认识到一定境界才能做到。

以 IC 卡相关股票为例，我有一个朋友投资这个行业就赚了 3 倍，而且他认为在这个基础上还能翻番。因为他认为 IC 卡是金融产业链中一个很重要的因素，大有文章可做。而我就有其他朋友很看好网络信息安全，因为 2014 年斯诺登和“棱镜门”事件让网络安全吸引够了眼球，所以网络信息安全的概念就非常火爆，买网络信息安全相关的股票就能成功。这是对未来的认识，手机游戏也是如此。程序化交易分析中也包括对未来的概率分析，程序化惯性分析就是对未来的分析，两者有同等含义。当认识力达到一定程度的时候，人工交易与程序化交易殊途同归，都能发现未来。二者在思维认知力上是相同的，就水平而言不分高低。

谈论这些是想给中国的证券投资者一个系统性的观点，帮助投资者树立正确的思维模式。我们不要去研究指标，因为这就好比拿着 100 年以前别人发明的武器在 21 世纪的今天和别人交火，必败无疑。很多技术分析方法，包括技术高手的持仓分析，都已经不适合现在的市场了，遇到熊市就会一败涂地。技术派 10 年前的最佳武器，到现在已未必适用，遑论百年前的理论。

最后总结投资的几大派别。

第一是大金融派。专门押宝 10 年一次的大牛市，寻找 M2 跟市值比值恰当的关键拐点，10 年玩一次翻几番。我就一直想做好这个派别，希望在下一个 10 年，能找到 M2 和整个流通市值相差比较大的时候，那时有可能就需要股市为经济做贡献了，大牛市就会应运而生。

第二就是技术派。他们讲究概率论，思考如何把当下的热点加入自己的交易体系，以增加交易胜率。单纯从技术来看，我们不难发现，**很多时候突破只是假突破，那什么时候才是真突破呢？如果懂得热点在哪里，就不难判断真突破的方向，**这些真正做交易的人都会明白。而像三只乌鸦之类的技术图形都是没有用的东西。牛熊市从来不是用技术指标判断出来的，而往往是牛熊市已经到了，才会有技术指标提示，切记不可因果倒置。

比如，我们作为K线图技术派，如果要增加交易的胜率，就要懂概率和弹性。我认为，弹性分析属于技术派的范畴，同样的板块里面哪个在发动时涨幅大，是可以量化的。怎么认识弹性？以铜和铝为例，当金属板块同样涨得比较凶的时候，要做铜。这都是可以从K线图上用基差分析出来的。在这个市场上生存，先定义好自己是什么派别，再深入学习自己需要的技能。

就我个人而言，我就是技术派出身，但也是学术派爱好者，我也喜欢算业绩、做股票，但我会把主要精力只放在一个方向上。

这种都是你在建立起自己的思维体系和交易体系之后，再去选择其中的具体分支。我现在所做的投资者教育工作，就是想先给大家建立起一个完整的交易体系，然后再让大家逐一在每个细分领域慢慢去适应，从中思考学习，最终形成自己的套路。

股票的投机属性

前面的章节我为读者解决了几个重要问题：第一，要懂得风险的控制，因为证券交易毕竟是有风险的事情；第二，要有原则地去做一些事情，确立交易原则，做一个会交易的“猪”；第三，指导投资者怎么样去买卖，理解股票的投资属性。

我认为，**证券交易的买卖时机完全取决于其投机属性，而不是投资属性**。几乎所有进入证券市场的人都是来赚差价的，极少有人是做投资长期持有股票的；大部分是通过差价交易获取利润，很少有通过公司分红获取利润的投资者。为什么说鲜有投资者通过分红获得收益呢？事实上，通过公司分红获取年化 10% 的收益的公司，目前在 A 股市场上还未曾出现过一家，而投资这样的公司才是真正意义上投资企业的未来。在目前的 A 股市场上，大家依然是靠价差交易获利的不折不扣的投机者。整个市场里有几个人是买入股票，然后多年持有不卖，就靠分红来获取利润的？也许超级大机构中有，但一般的机构都不会这么做，普通投资者基本没有，在二级市场上基本没有。从这一点来说，**A 股市场确确实实是投机市场，几乎不存在投资的土壤。**

我认为把 A 股市场定义为投机市场是绝对正确的，因为这是从分红回报上来定义的。美国为什么投机者少，投资盛行？因为不管你是长期，还是短期赚利润，都要缴 20% 的税，如果我们的法律也规定证券交易收税，我相信会有助于国内投机率降低。这也是 A 股投机氛围浓最主要的原因。如果真有人通过投资二级市场的股票获取分红，能获得成本回收，A 股投资氛围也会加重。A 股市场暂时没有一家企业连续 10 年分红率能达到这个水平，能让我获得相当于投资股票价格 10% 的分红。**即使有连续 10 年每年分红 10% 的公司存在，投资这样企业的投资者依旧还是亏损大户。因为近 10 年来一线城市房价上涨几倍，所以资金只翻一番的人仍然是亏损者。**国内房地产和生活资料价格上涨太快，也是投机严重的主要原因，赚得少就是亏，人们总认为必须赚快钱，所以投机氛围重。

目前没有一家企业能做到让投资者投资 100 万元，10 年能获得 100 万元纯利润的分红收益。即便 10 年以后，我这 100 万元获得 100 万元的分红，变成 200 万元，我还是赔本的，因为 10 年以前的 100 万元远不止 10 年以后 200 万元的价值。在 A 股市场，你没有办法通过真正的分红来获得投资回报，所以这是个投机市场。

A 股是投机市场，还是投资准确精确定位，对于我们建立操作投资理念非常重要。

明明是投机市场，为什么又要用投资理念四个字？因为投资和投机都是做差价的，有什么区别？价值投资者的名称好听一点，形象更好一些，但在本质上还是一个价差交易者，价差交易者就是投机者。**投资理念和投机理念在 A 股市场都是一回事。**

如果是投机市场，研究投机就是主要盈利方式；如果是投资市场，研究公司未来效益就是主要盈利方式，能否长期获得分红就会成为主流交易理念与主要操作方式。A 股是一个价差交易市场，无论是研究投机，还是研究价差投资的公司，都是**要寻找买卖点**。所以大家流行看 K 线图，通过技术进行买卖。90% 以上的人成为技术派就是这个原因，**差价交易的市场，投机属性实际就是买卖点。**

我认为，有了投机属性，通过 K 线图就容易发现买卖点，至于什么叫有投机属性股票就容易有买卖点，下面再详细解释。先说明一下，**有投机属性才会有资金进来，看 K 线图才有意义**，但是等投机属性能从 K 线图中看出来的时候，股价已经上升了 20%～30%，这时候买，准确的概率当然会提升。作为一般投资者，需要更稳定的投资策略，但作为职业投机者，不一定要上涨才能去追。事先就能确认这个投机属性存在并先进去，这是我对投机属性重要性的理解。作为一个高瞻远瞩的投机者，必须先于他人看到问题。

我把投机属性分为两类，A 类是价值投资的投机属性，B 类是概念的投机属性。价值投资的投机属性，买进的时候是因为公司未来会有高速发展潜力，而卖出的时候则是因为对于公司的高增长预期结束。

具体来看就是，2003 年基金“抱团取暖”苏宁电器、茅台等，那时候为什么要“抱团取暖”苏宁电器、茅台？因为这些公司会有高增长。苏宁电器当时开分店数量非常大，但到了 2006 年和 2007 年的时候，分店数量上不去，苏宁电器的股价也就上不去了，全国苏宁电器的分店已经铺满了。现在苏宁电器又拥有了另外一个投机属性，就是做电商。这是另外一个概念，是苏宁电器最近一两年又有人投机的原因所在。从 2007 年以后，苏宁电器没有成为这个市场的主流，是因为高增长投机属性预期大幅降低，店面的增长已经没有了（如图 1-16 所示）。我们看到现在的茅台也没有投机属性了。2003 年的时候有人做，因为它高增长，现在茅台销量不能说缩减，但增速没有了，能维持以前的销量不下跌慢增长就不错了，这样的股票投机属性大幅降低（如图 1-17 所示）。除非股价大幅下跌，才会有投机属性。该行业稳定性强，价格大幅下跌就会有股价最先回复的投机属性产生。

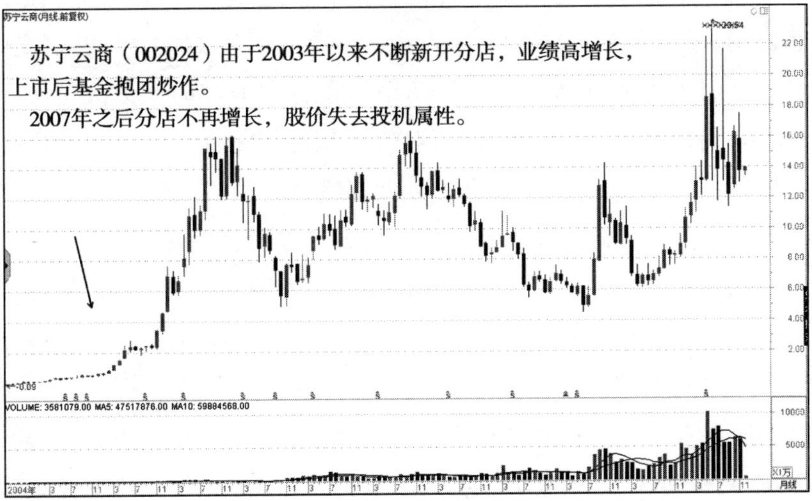

图 1-16

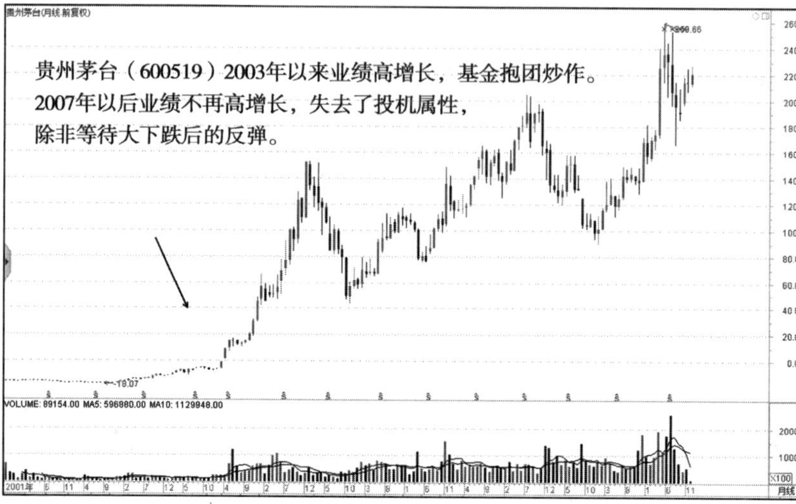

图 1-17

我们再说 2008～2009 年的时候，有一家草甘膦行业的公司叫江山化工，有两年它的股票都涨得很好，这是因为国外同行孟山都公司关厂导致草甘膦价格大涨。还有三爱富 2011 年的大幅上涨，是因为国外同行企业关了两个厂，行业的产能供应大量不足形成公司产品 R22 大幅上涨，股价一年涨了好几倍。这就是因为产品价格大幅上涨，企业业绩会大幅增加，所以大量的资金投机做产品，价格大幅上涨，行业拐点也会有投机属性发生。

我们再来看一下三爱富的 K 线图（如图 1-18 所示），从图形上来看，这只股票在连续地来回折腾，怎么能确认不是庄家减仓呢？如果我们确实知道这家公司的业绩在大幅飙涨，那就肯定可以继续持有。从 15 元就能轻轻松松赚到 70 元，即便不到 70 元，赚 60 元也有 3 倍的利润，实在是不菲的收益。这是当年的超级大牛股，现在翻 4 番的股票有很多，在当年可不是。

从 K 线图里，难以准确地知道哪里是建仓、哪里是减持、哪里是拔高。有的人说我用技术完全能事前判定，这是无稽之谈。在启动前就能认定建仓其能力非同一般，这种技术派除了我见过几个少数绝顶高手以外，市场上没有这种水平的人。以我本人来说，也只能感觉到建仓概率极高，依然需要基本面辅助才会重仓介入。

如果你确切地知道 R22 当时是要涨价的，有一个企业关了门，国外企业关了两家工厂，它的价格一定是飙涨的，何必要等到图形突破时再去追进，那时任何一个价格都可以买入，也不会在意庄家洗盘。这就是**重大变化带来投机属性的重要性，领会了就会受益无穷。**

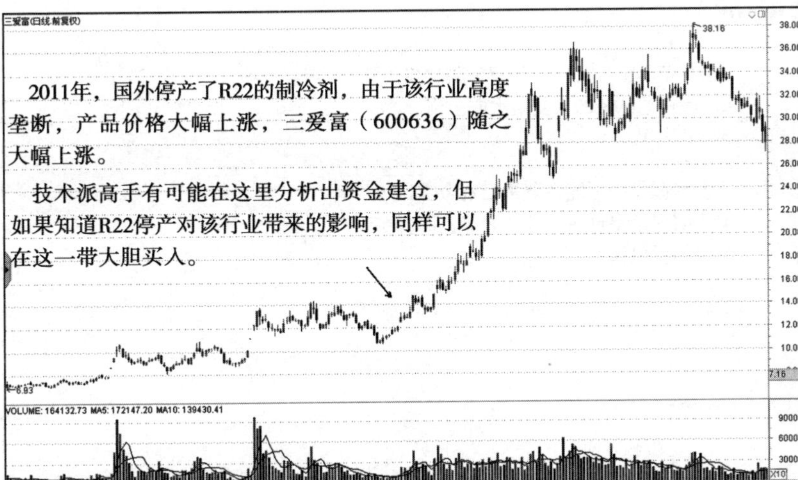

图 1-18

技术派做到这里，在突破位置就能确认资金大规模建仓，已经是非同小可了。如果你能确认 R22 产品在市场上供不应求，只要查证R22的市场价格当时在飙涨，你就更能非常清楚地知道这只股票会大涨。这说明研究投机属性不一定完全靠K线图。

如果知道孟山都关闭厂房，草甘膦会供不应求，价格将会大幅上涨，那么计算业绩就能提前知道江山股份股价会大幅上涨，实际上该公司股价从10元涨到40元（如图1-19所示）。

煤炭股票价格一路下滑，跟煤炭销售价格一样，行业没有投机属性了，在大幅下跌时做反弹没有意义了。这就叫作基本面决定的投机属性，研究公司未来发展、行业未来发展的投机属性非常重要。如果预期公司未来业绩会大幅增长、业绩会高增长，那你就进去，没有增长就跟它说再见。这就是投机属性的较高层次。

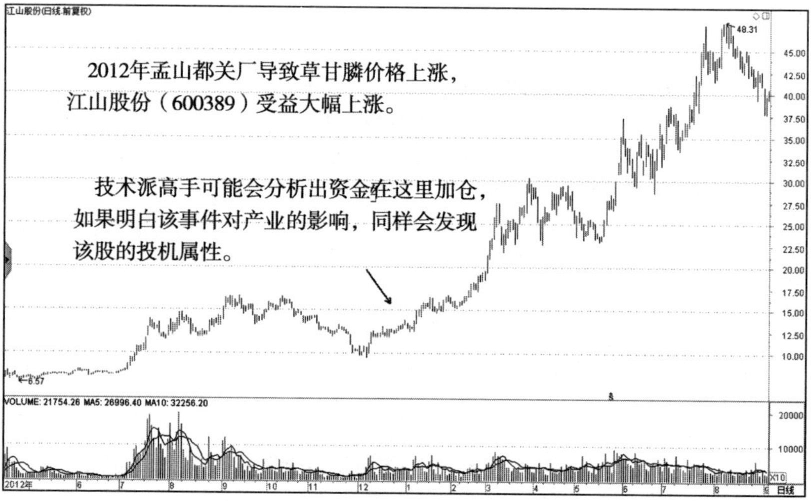

图 1-19

所谓的概念投机属性，就是在买进的时候预测到未来会出现眼球效应最大的情况，卖出的时候就是股票飙涨眼球效应最大的时刻，在人人都知道这家公司成功的时候，也是必然卖出的时候。

1997 年热炒香港特别行政区回归概念，那时候深证指数涨了 7 倍，几乎只要带“深”字头的股票都会大幅上涨（如图 1-20 所示）。结果是什么？回头来看 1997 年香港特别行政区回归的概念股跟我们的实际生活有关系吗？产生了什么实际的产品吗？实际上是没有关系的，大家都只是在玩一个击鼓传花的游戏，但是赚到钱的人就是赚到钱了。现在的自贸区概念，玩的也是类似的游戏。有哪家企业会在短时间内因为开了个自贸区就业绩大幅增长吗？确实有可能有，但真正实现的时候，股价早跌回来了，60 元跌到 30 元，若干年后才能回到 60 元，也许以后还很难达到 60 元。很多 1997 年香港特别行政区回归的概念股，当时的高价是今天都没有看到的，我想自贸区概念的股票可能也是同样的结果吧（如图 1-21 所示）。当初的锂电池概念，成飞集团也是如此（如图 1-22 所示）。

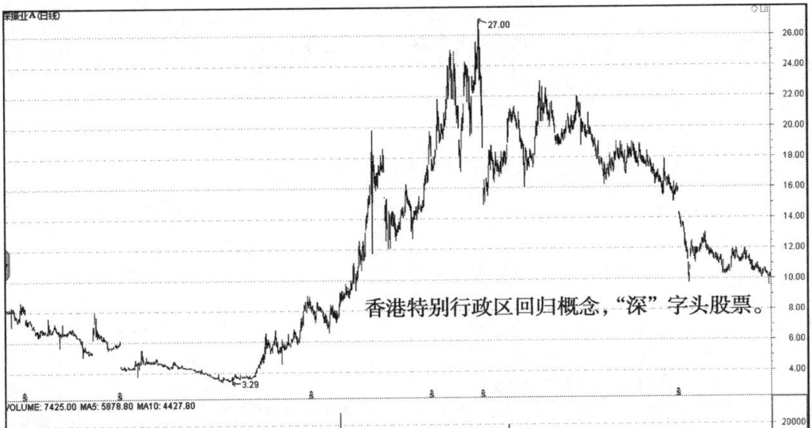

图　1-20

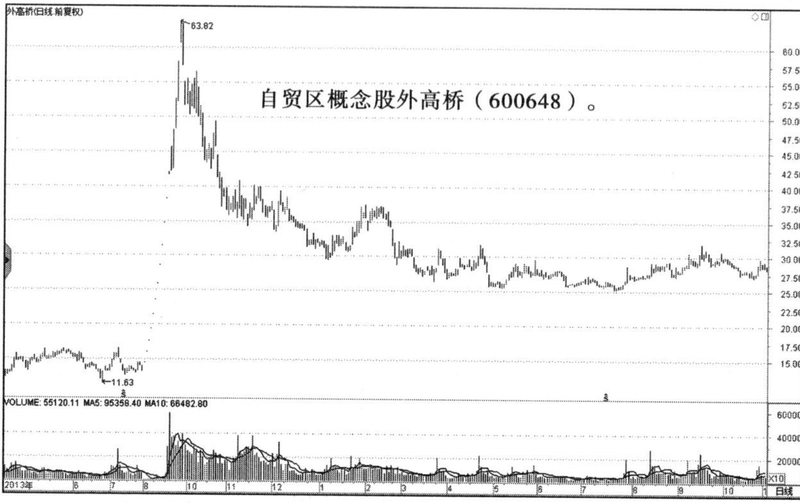

图 1-21

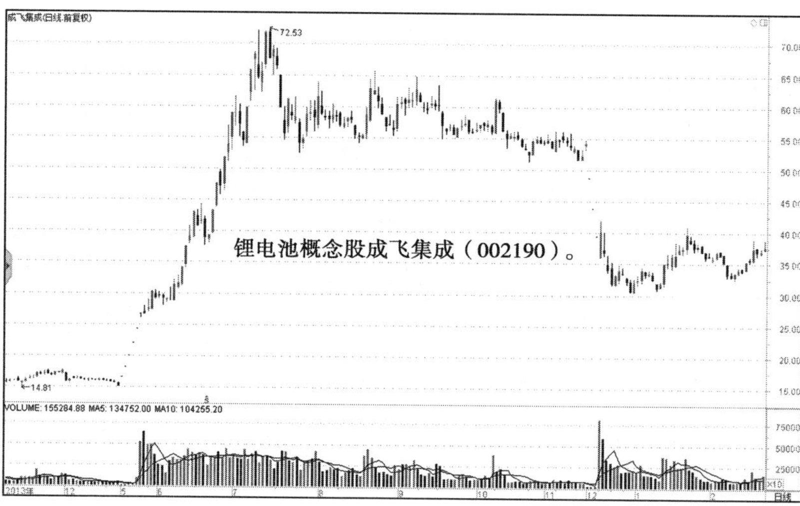

图 1-22

以国企改制概念为例，2015 年热炒“中”字头国企改制概念，之后是地方国企改制也都随之飙涨。再过几年，我们冷静下来看就会发现，国企改制并不见得能带来公司利润的大幅增长。这还是在玩击鼓传花的游戏（如图 1-23 所示），就像当年的网络股游戏、绩优股游戏一样，就像我们历史上任何一年发生的所有游戏一样，背后都是在炒，**大家疯狂玩这个泡沫、玩这个游戏，谁最后在里面谁就麻烦，那是他的事情，不是走了的人的事情。这就是概念的投机属性。**

什么东西越能吸引眼球，这个东西就会有越多的人去买，价格就会飙涨。这就是 A 股市场投机属性的重要原则。

投机属性，实际就是人的心理分析和未来分析，这一点大家非常明白。那么，对某些题材概念，市场会给予多大的认同？比如自贸区火的时候全中国人民都在谈自贸区，而 2015 年和 2016 年全国股民都在讨论国企改制，这个炒作周期很长。还有一年网民调侃某市的市长，市长说他们城市的水很清澈，网民说你跳下去洗个澡给你 10 万元，结果当年污水处理厂的股价几乎全部翻番。要明白这件事在我们社会上有多大的影响力，影响力很大，对经济、对人的影响力很大代表着未来的趋势，那么炒作的空间、时间就很大。在《水污染防治行动计划》（“水十条”）要出台前，也有很多概念开始跟进炒作。这些概念的逻辑是：很多重度污染的企业一定会大力投入治理污水，因此医药中间体、农药中间体供应量必然缩减，于是部分先知先觉的资金已经开始动手，借助“水十条”炒高环保股价。在当时的市场背景下，很多人会相信这个故事，等到“水十条”一公布，高位接盘资金一定多，那时出货就太容易了。

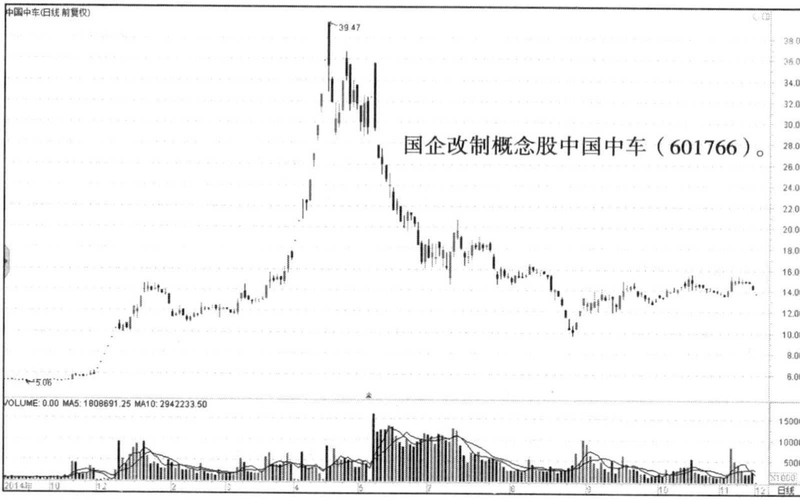

图 1-23

现在就因为污水处理政策出台前后的短短一个月，股票价格上涨了近一倍，普通投资者不太明白涨的原因，而行业人士早就知道“水十条”要出台，这其实是业内公开的信息。所以，我们要建立行业的权威专家群，与某个行业的教授、讲师或工程师建立联系。

举“水十条”的例子是想说明，**只有具备投机属性的股票才值得跟风炒作，因为大家都相信有投机属性的故事，当这个故事人人皆知的时候，故事里的公司股价自然会处于高位**。就像李嘉诚说的，生意就是生意，不要去喜欢或爱上你的生意。**只是为了做差价、赚钱，不要认为自贸区概念一定会有怎样的结果，抱有这样的念头就不是做生意了，也不是在做股票，而是在当股东。**

另外，我认为投机属性可从心理因素和未来预期的角度来分析。心理行为学有一个重要的试验，将一群猴子关在寒冷的屋里，屋里有一个按钮，按下就会有冷水喷下，把它们冻得半死。于是猴子们知道了摁按钮就会喷水下来，所以哪个猴子摁了就会被其他猴子暴揍一顿。现在放一只老猴子出来，抓一只新猴子进去，新猴子在不知情的情况下碰了按钮，就会被其他猴子暴揍一顿。接下来，把被冷水浇过的老猴子全放出来之后，新进去的猴子摁按钮还会被揍一顿，即便后来摁按钮已经不能喷水了。这就是一种心理现象——**从众心理。当在群体中形成了规矩和默契，大家就会依照原有路径一条路走到黑。投机属性就是如此，我们中国A股市场就形成了这样的规矩，有题材、有概念就能炒。**就像那些按了按钮就会被打的猴子一样，市场毫无理性可言。**由于不做有投机属性的股票就赚不到钱，大家只好都去拥抱投机了。**反之，为什么没有投机属性的股票不能碰呢？因为它们涨幅很小，在同一背景下，没有投机属性的股票上涨幅度会远小于有投机属性的股票，但凡冠以一个热门概念，无论什么股票都会大幅上涨。这就是投机属性。

我们来看没有投机属性的包钢稀土的涨幅，近两年来岿然不动。其实它在前几年也有过大幅上涨，当时这只股票有很强的投机属性，因为彼时稀土概念正在备受热捧。因为国家制定稀土出口配额控制，导致稀土价格大幅上涨，但后来稀土的产量上来了，于是价格大幅下跌，稀土行业企业自然也就没有投机属性了（如图 1-24 所示）。

认清当年市场的热点，投机属性非常重要，这一点千万要记住，投机属性过后的股票千万别碰。

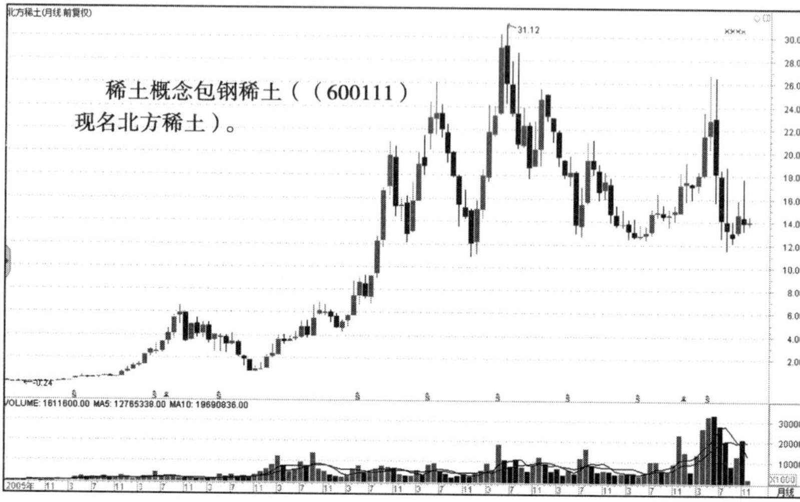

图 1-24

2001 年的网络股领头羊综艺股份在 2015 年跟当时的股价差不多，而十几年前的物价水平远远低于今天，持仓者可谓损失惨重（如图 1-25 所示）。再看那些稀土概念股，如今哪只还在价格高位？自贸区股票恐怕也会是这样的结局，投机属性过后，股票就是一地鸡毛，全是套牢盘。投机属性固然重要，但是怎样判断投机属性的强弱呢？关于这点，我以后会有专门的实战训练介绍。**确认一个概念题材的大小、影响力如何，需要训练，观念和能力的建立不是一朝一夕的。**本节只是给大家建立概念：**要投资当年的市场热点，只有投资当年投机属性强的个股才能赚到钱；总的原则是概念越吸引眼球，投机属性就越大；每一年的市场热点往往与当年的大事件密切相关。**

结束语：A 股是投机市场，投机的市场不做有投机属性的股票，那做什么？

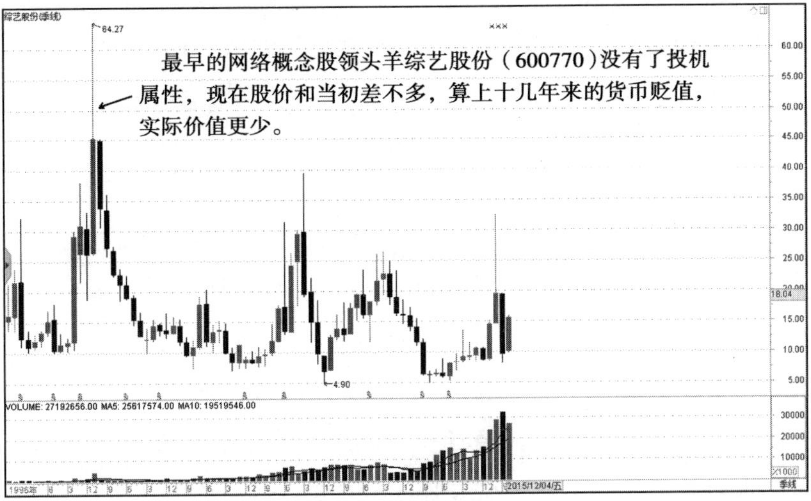

图 1-25

交易心理的障碍分析

实盘交易与投资分析向来不是同一个范畴的事物，是两个问题。在实盘操作中你会遇到心理障碍，而在分析中则不会，这是在交易实战中必须面对的问题。

我们在交易中经常会遇见很多心理问题，如恐惧、贪婪；牛股无法坚持持有，每逢卖出股票又犹犹豫豫，经常是因为缩水了才卖；等等。这是普通投资者经常遇到的问题，真正骨灰级的交易者中很少有性情中人，他们做交易的时候不会反映出很强的性格。相反，他们有很坚定的态度，他们不会说自己的分析一定正确，但是他们会异常坚定地坚持自己的信念。做实盘的时候，他们一旦认定了自己的预期，就会很坚定地持有。

分析方法可以多样化，但是出手操作的时候必须非常坚定，按分析去做的时候，要常年采用某种方式，在获得了相当好的结果之后，才能坚定地执行。我看见大多数投资者提的问题归根结底都是交易心理问题，其实这是由交易过程中不同观念相互抵触所导致。

这些心理问题是每个人都会遇见的。我认为无论是贪婪还是恐惧，其本质是一样的，而无法坚持持有与卖出犹犹豫豫，也是在同一个系统下的问题。我们对于不熟悉的东西，必然会充满恐惧和贪婪，就像把一个人蒙住眼睛扔进迷宫，走错路就会碰头，一而再，再而三地碰头，轻者头破血流，重者掉下深渊万劫不复。面对未知，谁能不恐惧，不知道身在何处，怎敢坚持持有？

相反，当一个人判断正确一次有奖励，第二次奖励加倍时，如此类推，面对如此诱惑，又有谁会不贪婪呢？

所以说，恐惧和贪婪，终归还是在不清楚情况时才会发生。既拿不住牛股，也不知道高价区在哪里，卖的时候还犹豫，这实际上是交易能力欠缺所致。

实际上，在交易中有一个稳定的参照系，问题就好办得多，比如投资高送股概念，假如某年之前做这个题材的人大多数赚钱，那就说明这是市场热点，于是我自然敢追。反之，如果前面做高送题材的人基本上都没赚钱，就说明市场不好，我就不敢追。如果有一个这样的参照系，投资交易就能稳定得多。

这就像蒙着眼睛走，迈步会碰到什么东西，有一个指示，就能避免头破血流。所以，技能达到一定程度，才能给自己这样明确的指示；而达不到这种程度，始终是无法捅破交易心理屏障的。什么时候不恐惧，什么时候不贪婪，这需要经过长期的系统性训练，绝对不是通过几千字就能讲清楚的。就像开车，一个新手刚刚上路，总会恐惧，担心出事，对此没有捷径，只能常练车。不要拿大资金练习，因为会赔得一塌糊涂，用小资金训练才是正道。

以后我会开发实战训练器，大量模拟实盘训练，再现历史上曾经发生过的事情，经历之后投资者就能知道什么时候恐惧、什么时候贪婪。就像模拟开车一样，在虚拟撞车的过程中，不断强化自己的技能与心理能力。炒股就跟开车一样，不可能不交学费。交易心理跟训练绝对相关，没有看透事物的能力，恐惧、贪婪必定会掌控你的操作，使你拿不住牛股。

我没有办法通过一本书解决交易心理的问题，这需要几个月到一年的时间，以及大量的仿实盘训练才能做得到，而且这种训练要有战略性。**设定交易原则，按照某些原则进行训练，这样才有可能成功，如果无人指导，建立不起原则，恐怕十年也难以成功**。比如，我们提到强控盘的股票，如何判断大股东意图；比如净壳公司重组概率高，怎样确认空壳公司，在什么价格下容易下注成功等，这些都要训练。

拿不住牛股，是因为不懂它是牛股，更不知道能“牛”到什么程度。心理上看不懂，技能上搞不清楚，虽然归纳起来简单，但是操作上不是一招两招能解决的。

就像巴菲特所说：一个老走钢丝的人，走钢丝时不会担心自己，所以就能走过去。所谓艺高人胆大，我认为敢走钢丝的人，他的技艺水平占了 70%～80%。所以，**交易心理障碍的问题，不是应该从心理上去解决，而是应该从技能上打好基础再去解决的问题**。这种形态这么处理，那种形态那么处理，要讲清楚各种形态，需要长达几年的时间不断训练应对各种形态、各种问题。大量的练习往往可以起到真实训练的效果。

交易者一旦清楚自己在干什么，就会克服交易心理上的障碍。交易心理上的障碍，本质上不是心理问题，是交易技能的不足，需要大量实盘训练。通过高强度的训练才能做到从技能上提高到心理层面的升华。**我不认为能简单打破心理障碍是一个通过大量训练提高技能的过程，未来我会推出实战训练器专门提高大家的技能！**

我见过盈利稳定的，不管是期货还是做股票的，都是只做自己懂的那一些。这样交易心理障碍就容易克服，熟悉就不会害怕，轻车熟路才能提高成功率！

第 2 章

技术分析要点

建立正确的技术作用分析观点

技术分析派通过盘面 K 线图、成交量和盘口识别投资机会探讨人的行为，因此无法精确定义，预测结果只有一定的准确概率，需要结合市场背景，才能大幅提高研判的准确率。

技术指标有没有实战作用

我进入投资市场这么多年，从没见过通过数浪或者技术指标盈利的实战者，反倒是亏得一塌糊涂的小散户与不做实盘的投资者特别钟情于这两套理论。

1. 波浪理论

我们先来看看艾略特波浪理论数浪的原理，这是一个无法用于实战的虚拟故事。比起投资方法，波浪理论更像是一个不做实盘的艺术家描绘的一幅美丽图画（如图 2-1、图 2-2 所示）。

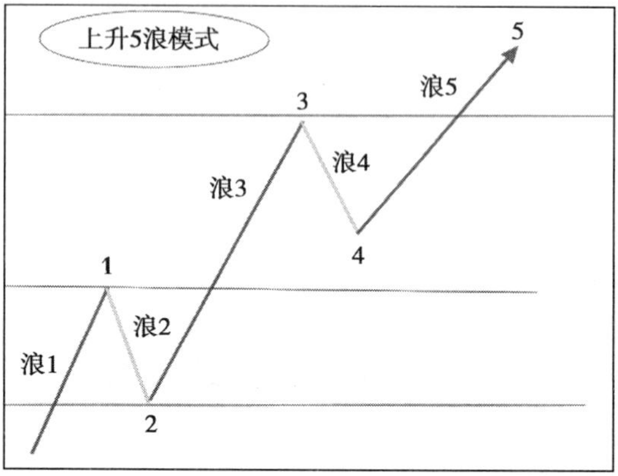

图 2-1

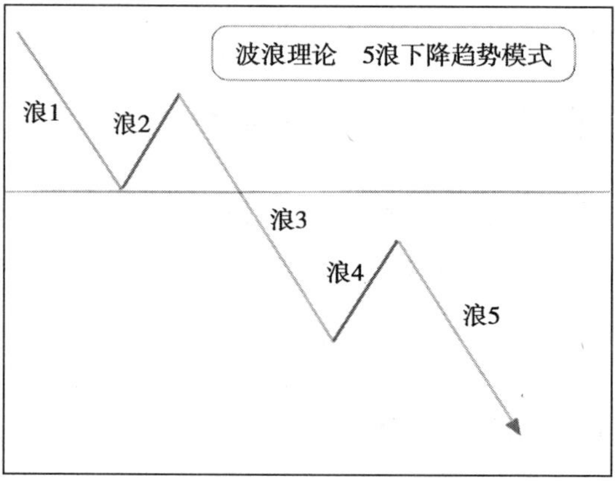

图 2-2

我们先看看艾略特波浪理论的经典定义与规律。

波浪理论是由拉夫·纳尔逊·艾略特通过研究归纳得出的。艾略特通过长期研究，发现股票指数是以“波浪”的形式运动发展并不断重复的。通过波浪理论，我们可以解释市场发展的规律、解释价格形态的构成规律。波浪理论可以对未来的价格走势做出预期的分析，使投资者做相应的准备。波浪理论和道氏理论一样，都是技术分析理论中最为重要的理论之一。

艾略特波浪理论的五浪形态中，有以下三条判断规则：

- 浪 2 永远不会运动到超过浪 1 的起点；
- 浪 3 永远不是最短的一个作用浪；
- 浪 4 永远不会进入浪 1 的价格范围。

可以说，这也是我们运用波浪理论判断趋势的根本规则，通过上面三条规则，可以验证我们对波浪理论运用得是否正确。特别是“浪 3 永远不是最短的一个作用浪”和“浪 4 永远不会进入浪 1 的价格范围”这两个规则，炒股的朋友一定要把握好，这在实际运用中尤其重要。

“波浪五涨三必跌，均线上下四买卖”。

一个完整的周期会包含八段不同的走势，其中有 5 波的推动浪及 3 波的调整浪（就是 5～3 浪）。

5 波的推动浪又包含 3 波上升浪及 2 波下跌浪（一般用数字表示是数字浪）。

3 波的调整浪又包含 2 波下跌浪及 1 波上升浪（一般用字母表示是字母浪）。

当下跌波浪的幅度较小时，上升波浪的幅度会较大。

当上升波浪的幅度较小时，下跌波浪的幅度会较大。

然而，这些图画对于实战操作并无指导意义，它们都是建立在假设基础上的推论，该推论认为每一个条件的发生都会触发后期条件，如果这套推论是完美无缺的话，我们就可以用毫无变化的固定模式做交易。世界上哪个国家的人会这么做交易呢？你在哪个时期发现过哪只股票有两次一模一样的简单重复？如果股票交易这么简单，那么人人都能成为股神。

指数的走势是市场中所有参与者情绪波动的结果，只要人的行为不是机器化一成不变的，这种群体情绪波动就无法在事先被准确预测。

波浪理论实战毫无用处的主要原因在于以下几个方面：

（1）事先建立的假设太多；

（2）事后需要的假设太多；

（3）没有根据实际情况变化的应对措施；

（4）波浪理论本身就是一个能自圆其说的系统，它有无数种事后解释，怎么解释都能让它的理论自洽，这无异于一场骗局。

之所以直接批评波浪理论是无法用在实战的骗局，是希望大家不要花时间和金钱去尝试证明它的正确性，否则你注定会付出高昂的代价。

2. 技术指标

常用的技术指标有 KDJ、MACD、乖离率等，我认为技术指标在大牛市是能盈利的，但在熊市和震荡市就会亏得一塌糊涂。这是因为**牛市人人皆可盈利，所以技术指标也能盈利。**

我们先看技术指标的构成：

KDJ 的计算比较复杂，首先要计算周期（n 日、n 周等）的 RSV 值，即未成熟随机指标值，然后再计算 K 值、D 值、J 值等。以日 KDJ 数值的计算为例，其计算公式为

$$n\text{ 日 RSV}=(C_n-L_n)/(H_n-L_n)\times 100$$

式中，C_n 为第 n 日收盘价；L_n 为 n 日内的最低价；H_n 为 n 日内的最高价。

其次，计算 K 值与 D 值，其计算公式为

当日 K 值=2/3× 前一日 K 值+1/3× 当日 RSV

当日 D 值=2/3× 前一日 D 值+1/3× 当日 K 值

若无前一日 K 值与 D 值，则可分别用 50 来代替。

J 值=3× 当日 K 值−2× 当日 D 值

以 9 日周期的 KD 线为例，即未成熟随机值，计算公式为

9 日 RSV=（$C-L_9$）÷（H_9-L_9）×100

公式中，C 为第 9 日的收盘价；L_9 为 9 日内的最低价；H_9 为 9 日内的最高价。

K 值=2/3× 第 8 日 K 值+1/3× 第 9 日 RSV

D 值=2/3× 第 8 日 D 值+1/3× 第 9 日 K 值

J 值=3× 第 9 日 K 值−2× 第 9 日 D 值

若无前一日 K 值与 D 值，则可以分别用 50 代替。

KD 技术指标的使用技巧如下：

1. K 值与 D 值永远位于 0～100。D 大于 80 时，行情呈现超买现象；D 小于 20 时，行情呈现超卖现象。

2. 上涨趋势中，K 值小于 D 值，K 线向上突破 D 线时，为买进信号。下跌趋势中，K 值大于 D 值，K 线向下跌破 D 线时，为卖出信号。

3. KD 指标不仅能反映出市场的超买超卖程度，还能通过交叉突破发出买卖信号。

4. KD 指标不适于发行量小、交易不活跃的股票，但是 KD 指标对大盘和热门大盘股的指导有极高的准确性。

5. 当随机指标与股价出现背离时，一般为转势的信号。

6. K 值和 D 值上升或者下跌的速度减弱，倾斜度趋于平缓时，是短期转势的预警信号。

总体而言，KDJ 就是跌多会涨、涨多会跌，它的原理无非偏离均值的涨跌终归都会回归。而我们在投资股票的实践中遇到的往往是股票涨了还涨，跌了还跌，这才是大多数人大亏或大赚的原因所在。**如果股票都是老老实实地在某个区间震荡，正好 KDJ 取值符合这个震荡的区间，那么按它操作就有可能盈利。但是，当大涨或大跌到来时，按指标提示大幅上涨的好股票一定会被卖掉，大幅下跌的熊股只有在拿到偏离度极大出现大幅亏损时，才会迫于成本压力不得不“割肉”**。利用 KDJ 做股票只会有一个结果：**赚小钱亏大钱，抓到牛股赚小钱就卖，拿到熊股亏得受不了才不得不卖**。实际上，所有的技术指标都符合这个现象，就是让我们赚小钱亏大钱！**没有股票会符合偏离原来的价格就会回归的原理，要真是这样，股市就是小学生做的加减游戏，不需要智力，只需要拥有小学算术水平即可发家致富。**

其他指标跟 KDJ 基本类似，用在实战中也是输多赢少。总体而言，**技术指标、波浪理论在中国股市的实战无用论应该是准确的。**

技术分析的历史使命

一定要明白技术分析是以概率而论的，它本身没有标准答案，是一个不断变化的过程分析。

技术派的准确定义应当是：**通过盘面 K 线图、成交量和盘口**

识别资金动向的投资分析流派。技术分析的是人的行为，无法被精确定义，只能以概率而论。将其结合市场现实背景，分析准确率会大幅提高。以市场现实情况出发，我们会发现在图形相似的 K 线图、盘口和成交量下，正确的操作既有可能是建仓，也有可能是对倒，甚至有可能要减仓。

1. 相似的图形，相近的放量，出货结果不同

大家看图 2-3、图 2-4 两只股票在 9 月 9 日一天的走势图，两只都是典型的对倒，一只是自己倒给自己的真正对倒，另一只是自己倒给别人卖出。

晨鸣纸业是压单自己对倒假装买盘出货，九阳股份完全是自己倒给自己。大家不妨对照 9 月 9 日的走势看看就知道了。

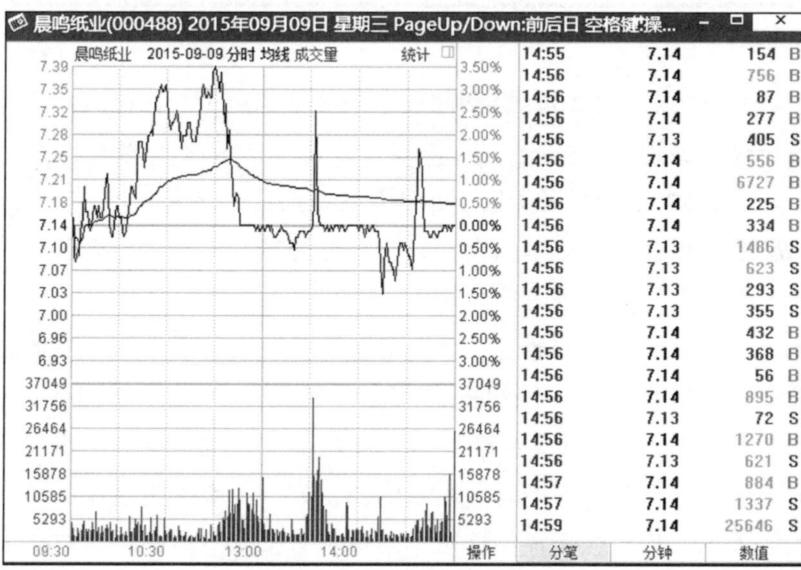

图 2-3

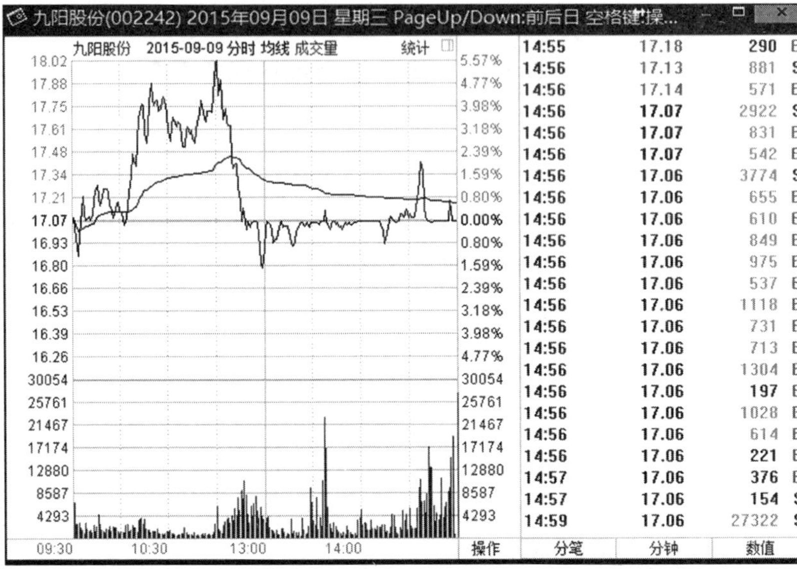

图 2-4

为什么说图 2-3 是对倒出货，图 2-4 是自己倒给自己？我们再看一看图 2-5。

图 2-5 中放巨量的原因不是建仓就是出货，在这么大的量下谁在这个位置会去接压单的仓？只有一种解释：这是自己买再吸引别人跟风买入大减持。

九阳股份在前期放过巨量，很明显是有人接仓，在大幅上涨过程中该笔资金是出不来的。那么，9 月 9 日的放量（如图 2-6 所示）就是前期巨量阴线那笔资金对倒的结果。这笔资金想要出来很困难，投资者千万别碰没法出来的庄，万一人家采用杀跌离场走人的战术，那你就会损失惨重，不过正常情况下该股不会选择杀跌离场，但想上涨也难。

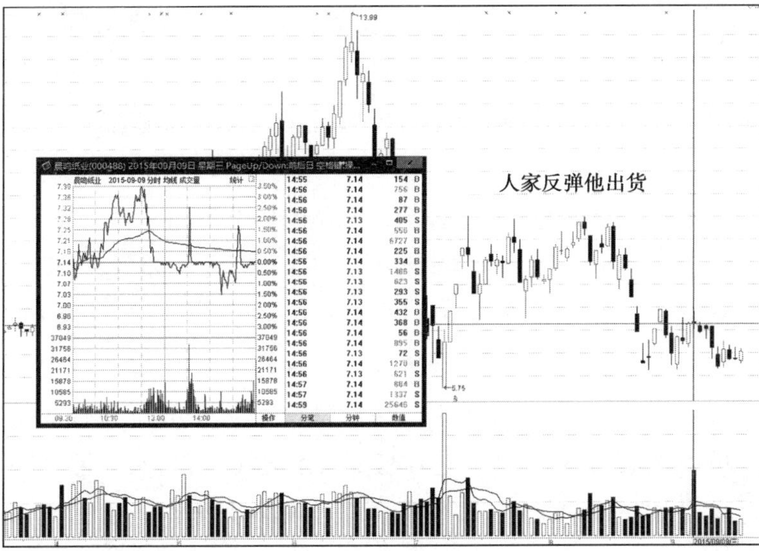
人家反弹他出货
晨鸣纸业(000488) 2015年09月09日 星期三

图 2-5

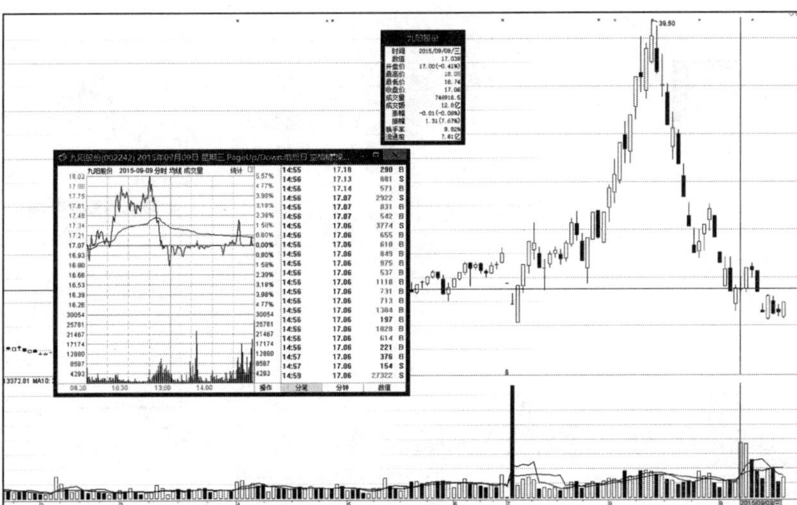
九阳股份(002242) 2015年09月09日 星期三

图 2-6

以上两个例子说明：同一个技术盘口，一张是自对倒吸引别人跟盘不成功；另一张是自对倒吸引别人跟盘成功。那么，晨鸣纸业和九阳股份哪个案例是成功减持呢？我想大家已经知道答案了。

2. 不同大盘背景下资金建仓、出货的形态不同

如图 2-7 所示，景兴纸业在 3 月 12 日放巨量是典型的自动买盘推高，先用几笔单子封死涨停，然后在前期高点位置被其他资金抛售打开涨停板。这符合前期在同样位置放过巨量有资金被套的市场背景，该盘口完全符合大建仓的可能性。理由很简单，谁会放这笔单子把该股推至涨停呢？同时，涨停位置的封单是被主动卖盘打压，卖盘符合前期套牢盘，那么封涨停的资金不是新进资金会是谁？下面再看看大盘走势（如图 2-8 所示）。

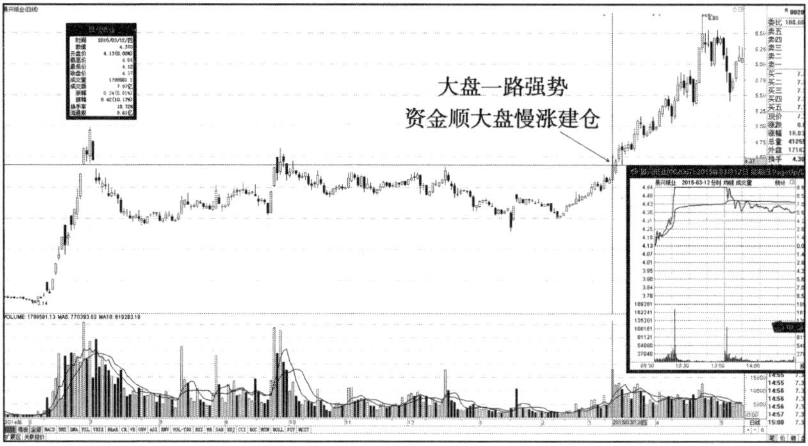

图 2-7

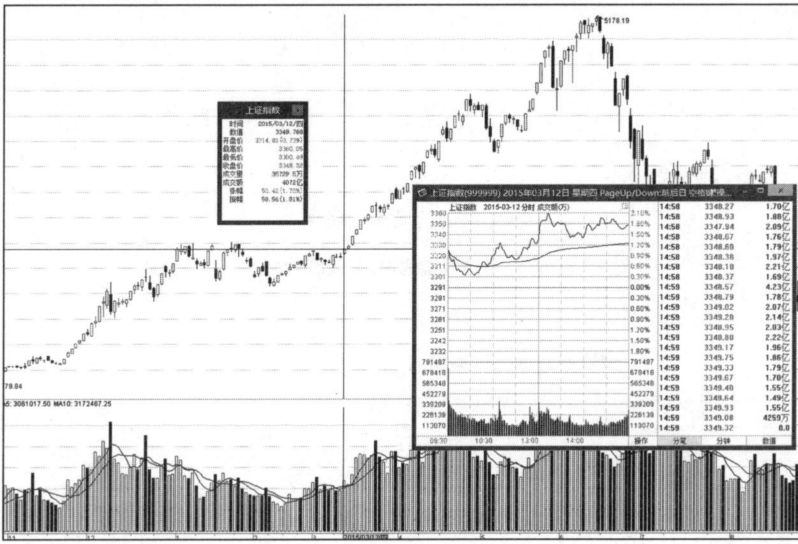

图 2-8

3 月 12 日上证指数即将突破历史高点，一只股票放量也将突破历史高点，在这个背景下认同建仓的概率很高。

大家再看图 2-9 和图 2-10，股东户数正好契合二次资金做盘加仓和减持的图例。对看盘高手而言，他们是能准确分析到这个结果的。

以上案例说明，**技术派应该通过 K 线图、盘口和成交量的关系，看懂资金建仓的数量和战略意图。这才是真正的技术派**！由于大盘背景原有资金持仓情况等不同，就需要投资者利用经验和理性来做分析，技术派高手的分析结果会惊人的一致。这不是巧合，而是这些高手懂得技术派的使命，他们能够通过图形看懂其背后的故事。

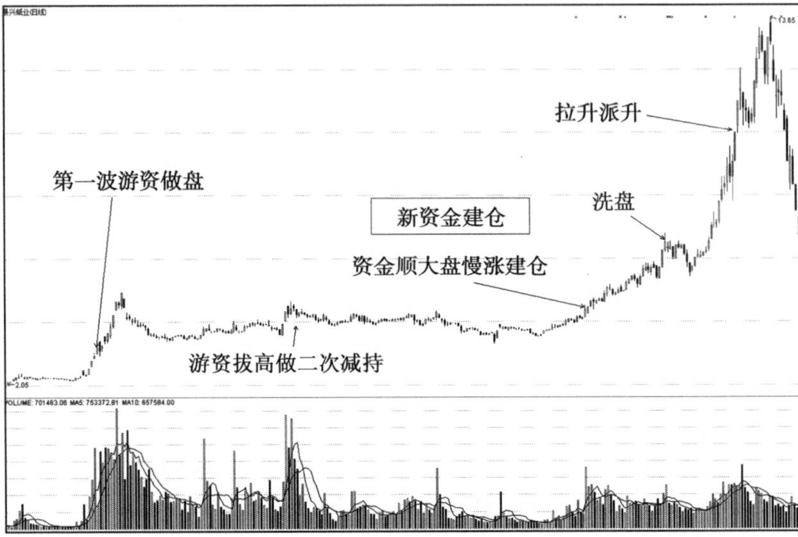

图 2-9

【2. 股东户数】

截止日期	股东户数
2015-06-30	85929
2015-03-31	60782
2014-12-31	78038
2014-09-30	92696
2014-06-30	75847
2014-03-31	67496
2013-12-31	70047
2013-09-30	72877
2013-06-30	76577

图 2-10

实用的技术分析方法

技术分析均线系统实战有作用吗

1. 移动平均线的定义

我们先看看网上对移动平均线的定义：

移动平均线，Moving Average，简称 MA，原本的意思是移动平均，由于我们将其制作成线形，所以一般称之为移动平均线，简称均线。它是将某一段时间的收盘价之和除以该周期，如日线 MA5 指 5 天内的收盘价除以 5 。移动平均线是由美国著名的投资专家约瑟夫·格兰威尔（Joseph E.Granville）于 20 世纪中期提出的。均线理论，是至今应用最普遍的技术指标之一，它能帮助交易者确认现有趋势、判断将出现的趋势、发现过度衍生即将反转的趋势。

移动平均线是在 60 多年前提出的，在每 10 年就淘汰一批交易理念的金融市场，均线系统已经是 20 世纪的老古董了。我不否认在趋势发生时，均线系统是有指导意义的，但究竟是因为均线体系能指挥价格运行，还是因为价格体系有按某一规律运行的概率，从而让均线系统看起来有一定效用呢？

我们接下来再看看移动平均线的工作原理和作用：

移动平均线常用线有 5 天、10 天、30 天、60 天、120 天和 240 天的指标。其中，5 天和 10 天的短期移动平均线，是短线操作的参照指标，称作日均线指标；30 天和 60 天的是中期均线指标，称作季均线指标；120 天、240 天的是长期均线指标，称作年均线指标。

再看它的基本特点。

（1）追踪趋势作用。

注意价格的趋势，并追随这个趋势，不轻易放弃。然而，实际上没有一个趋势是能被轻易跟踪的，没有一个品种的趋势不是跟当时的背景有关的。不同的经济背景，不同的行业所处的周期性背景，其趋势是完全不同的。

（2）稳定性。

因为 MA 的变动不是一天的变动，而是几天的变动，一天的大变动被几天一分摊，变动就会变小而显不出来。

MA 时间段没有趋势性，基本上无法用于实战。时间长有趋势性很稳定，但是买点和卖点偏差太大，无法用于实战的买卖点。5 天、10 天均线经常会被上下穿，根据它的买卖要不断“割肉”和追单，没有可能盈利。30 天均线滞后，结果只有买的价格很高，平仓的时候很可能是大趋势被破坏得很厉害的时候。长线均线没法给出买卖点，短线均线经常会“自己打自己的脸”。

（3）滞后性。

做实盘根据长线均线交易，卖出的时候有可能出现巨亏，买入的时候有可能是大幅上涨追不到，实战性太滞后。

（4）助涨助跌性。

均线有没有助涨助跌呢？是因为价格体系自形成趋势后会助涨助跌，还是因为均线助涨助跌，价格体系才会形成趋势呢？

（5）依靠性。

依靠什么？价格依靠均线才能存在？还是均线要靠价格才能存在？

（6）支撑线和压力线的特性。

实战中均线支撑和压力都是不存在的，不过是巧合。有些交易者认为有支撑和压力就会参与交易形成支撑和压力，但是现在市场中的大量操盘手会故意打穿压力和支撑来达到战略目的（如图 2-11 和图 2-12 所示）。

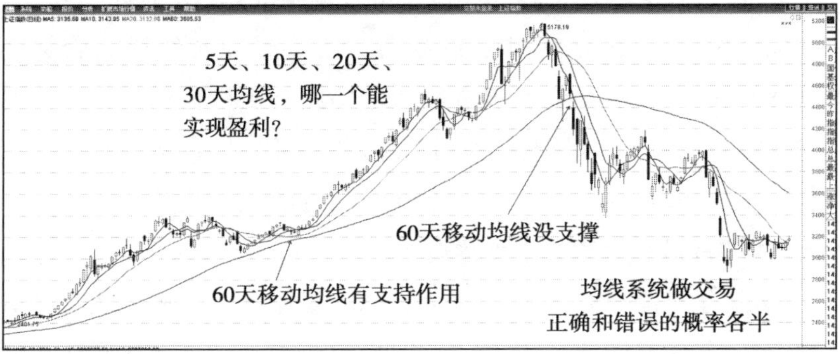

图 2-11

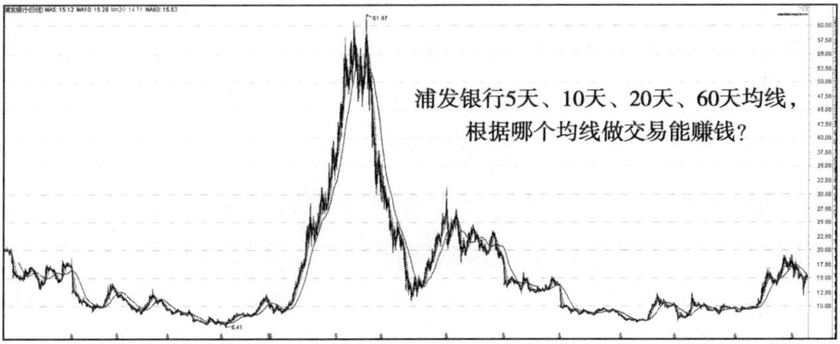

图 2-12

我从来不看均线做交易，道理很简单，均线系统起作用是价格体系运行的结果。均线是一个交易辅助工具，如果靠均线来提示买点和卖点，就会使投资者对价格体系反应变慢，不适合做实盘。5 天、10 天均线不用电脑生成，看一眼就能大致知道；20 天以上的均线反应极其滞后，尤其当系统性风险发生的时候，根据均线系统做交易的投资者基本上会亏得一塌糊涂，而做交易最重要的原则就是规避系统性风险。

2. 看K线图组合、盘口和成交量才是实战有效的技术分析

很多技术分析是通过分析盘口、成交量和K线图组合派生出来的，如均线是K线图组合收盘价中的一个数据派生出来的交易方式。大部分技术指标只跟价格指数有关，根本不含有成交量信息，更不涉及盘口（当时交易多空双方的实际情况），乖离率、MACD等都是实战意义不大的指标。

现在有一种分析方式是拆盘口单，即通过定义每笔成交单数量达到一定程度判定是主力做盘还是散户做盘，从而达到成功跟踪大主力买进卖出的目的。但这种方法有很大的局限性，且不论大主力本身也有判断错误的时候，就拿对倒打压建仓和对倒主动减持来说，这种简单根据每笔成交量大小的方式都没法判定，更不要说用两笔资金对碰等更复杂的方式了。这种方式更大的弊端是，没办法确认主力资金的战略意图，即使能发现主力建仓，如果建完仓杀跌，怎么应对？一个长庄不反反复复折腾怎么能拿到大量筹码？用拆单判定主力建仓太简单，实战对错的概率一半。

只有看K线图组合、成交量和盘口三者的结合才是真正的技术分析，看其他基本是浪费时间和精力的。投资者同时要结合市场背景，才能看得更加清楚和明白（如图2-13所示）。

青海春天于8月21日、24日、25日不跌反涨10%，三天换手率达64%。如果不是有资金在大盘短期大幅下跌1000点幅度达到30%的时候勇敢接仓，它可能不跌吗？这明显是有人接单！短期只要大盘不再大幅下跌，轻松投机能赚10%。谁知道建仓这只股票是什么战略目的？无非赚到钱就跑的策略罢了。还有一个要点要牢记，凡是长庄做盘一定会大洗盘。该股在大盘走强（如图2-14所示）后，根本不是洗盘而是把仓位倒出来，最后杀跌

停全面减持。

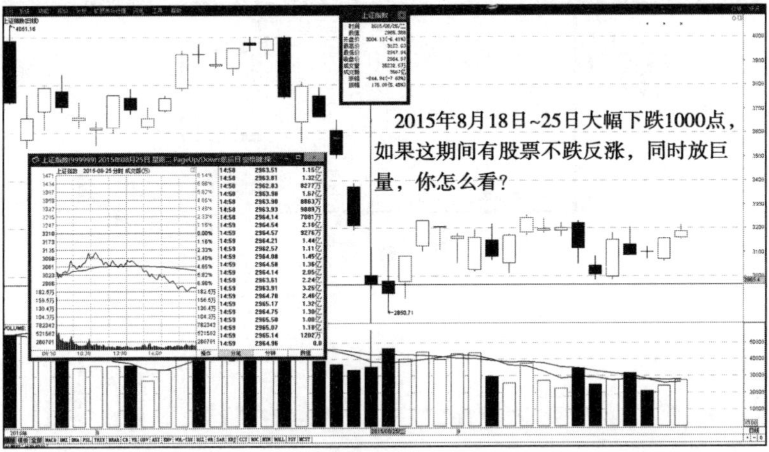

图 2-13

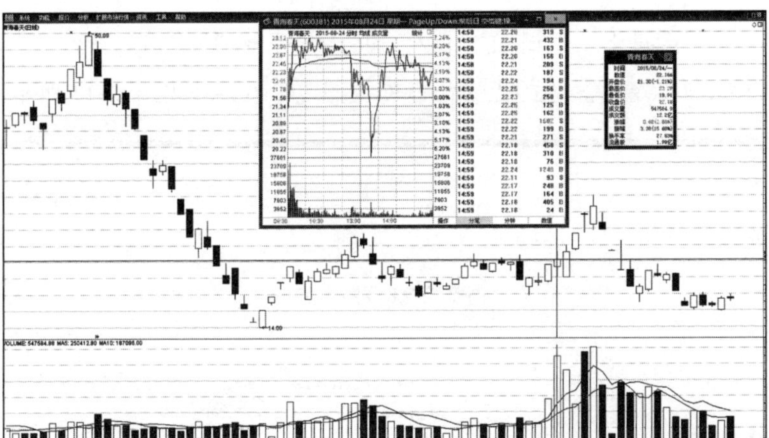

图 2-14

如图 2-15 所示，这只个股的走势跟图 2-14 一模一样，都是大盘大幅下跌有资金错误判断大盘接仓，大盘继续大幅下跌只好不断接仓，然后大盘一转好就减持。这说明主力也有看错的时候，事实上，主力看错的时候太多了。

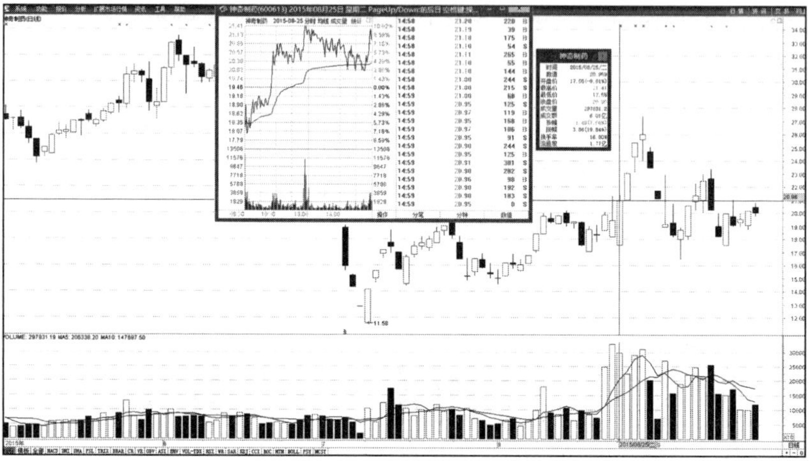

图 2-15

我们再看史上单日换手最大，能从跌停推到涨停的一只大妖股，它以前的 K 线图就是高度控盘的 K 线图（如图 2-16 与图 2-17 所示）。

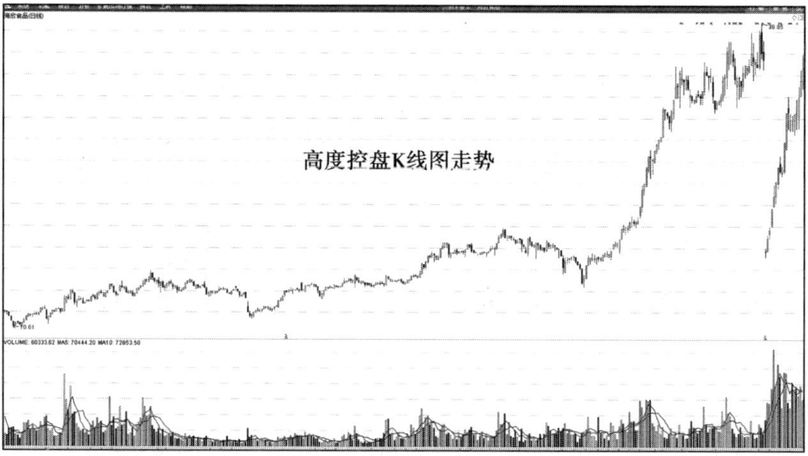

图 2-16

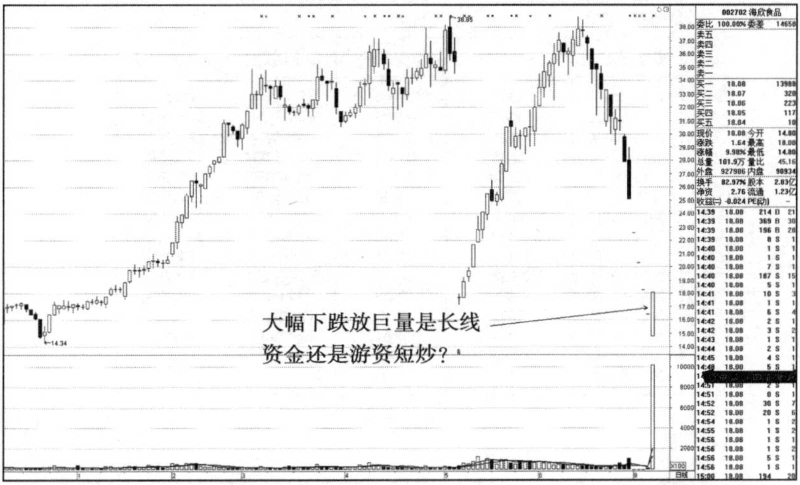

图 2-17

2015 年 9 月 22 日它（海欣食品）到底是什么盘口（如图 2-18 所示）？

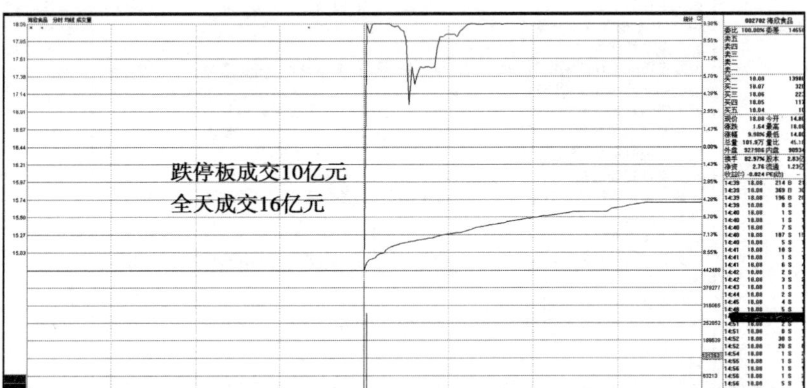

图 2-18

先分析它的背景，看股东持股情况（如图 2-19 所示）。

看来这是一只高度控盘的个股。再看持股明细（如图 2-20 所示）。

【2. 股东户数】

截止日期	股东户数	户均持股	较上期变化	筹码集中度
2015-06-30	4809	58806	趋向集中	非常集中
2015-03-31	5061	27939	无明显变化	非常集中
2015-03-20	4725	29925	趋向集中	非常集中
2014-12-31	5805	24358	无明显变化	非常集中
2014-09-30	5411	26131	趋向集中	非常集中
2014-06-30	7774	18188	趋向集中	非常集中
2014-03-31	8882	15919	无明显变化	非常集中
2014-03-13	9419	15012	趋向集中	非常集中
2013-12-31	12446	11361	趋向分散	非常集中
2013-09-30	10023	14107	无明显变化	非常集中
2013-06-30	10488	13482	趋向集中	非常集中
2013-03-31	9830	7192	无明显变化	较集中
2012-12-31	10775	6561	趋向集中	较集中
2012-10-10	13885	5091	趋向分散	较集中
2012-09-30	15	4713333		非常集中

图 2-19

【3. 股东变化】

截至日期：2015-06-30 十大流通股东情况 A股户数:4809 户均流通股:25535

累计持有:4730.11万股，累计占流通股比例:38.52%，较上期变化:2929.95万股↑

股东名称（单位:万股）	持股数	占流通股比(%)		股东性质	增减情况
中国银行—大成蓝筹稳健证券投资基金	1084.66	8.83	A股	基金	新进
全国社保基金——三组合	714.00	5.81	A股	社保基金	新进
西藏信托有限公司-中信中金1号伞形证券投资集合资金信托计划	532.02	4.33	A股	其他理财	新进
陕西省国际信托股份有限公司—陕国投·吉祥2号证券投资集合资金信托计划	501.36	4.08	A股	其他理财	↑156.38
广东粤财信托有限公司—菁英汇湘财资本5号证券投资集合资金信托计划	446.60	3.64	A股	基金	↑297.55
陕西省国际信托股份有限公司—陕国投·厚樹1号证券投资集合资金信托计划	414.47	3.38	A股	其他理财	↑157.61
广东粤财信托有限公司—菁英汇旺业资本8号证券投资集合资金信托计划	325.96	2.65	A股	其他理财	新进
融通资本财富—兴业银行—融通资本蒲公英2号资产管理计划	256.94	2.09	A股	基金专户	新进
中融国际信托有限公司—中融—融临6号结构化证券投资集合资金信托计划	246.99	2.01	A股	其他理财	新进
中融国际信托有限公司—融享4号结构化证券投资集合资金信托	207.11	1.69	A股	私募基金	↑103.60

图 2-20

由于海欣食品在 2015 年 6 月 29 日停牌，所以 9 月 21 日的股东情况等同于 6 月 29 日的。除去非流通股，实际流通股 1.23 亿股，9 月 22 日成交 1.02 亿股。前十大流通股如图 2-20 所示，合计 4735 万股。同年 9 月 22 日当天成交 1.02 亿股，说明几乎所有原股东都卖出该股。看股东户数该股是高度控盘股票，看股东明细全是信托集合理财等持仓。在清理信托背景下，在开盘三天就要卖出股票的硬性制度规定下，这些资金全面被摁在跌停价上卖出，同年 9 月 22 日被新来的资金吃掉。

接下来的问题是，谁是新进资金？他会怎样做盘？战略目的是什么（如图 2-21 所示）？

海欣食品(代码002702)　换手率:82.97%　成交量:10188万股　成交金额: 159958万元

买入金额最大的前5名

营业部或交易单元名称	买入金额(元)	卖出金额(元)
光大证券股份有限公司佛山绿景路证券营业部	208190767.00	0.00
华泰证券股份有限公司上海浦东新区福山路证券营业部	175639831.20	32544.00
海通证券股份有限公司许昌建设路证券营业部	103722061.00	1807.00
金元证券股份有限公司宁波天童南路证券营业部	42128424.00	17490.00
东兴证券股份有限公司福州学军路证券营业部	38345109.00	77744.00

卖出金额最大的前5名

营业部或交易单元名称	买入金额(元)	卖出金额(元)
齐鲁证券有限公司深圳吉祥路证券营业部	114509.00	362346771.52
机构专用	0.00	128477017.24
机构专用	0.00	94016000.00
中信证券股份有限公司厦门湖滨南路证券营业部	48541.00	78749320.00
中信证券股份有限公司武汉徐东大街证券营业部	29096.00	49829394.80

图 2-21

图 2-21 是 2015 年 9 月 22 日海欣食品的成交明细，排名第一的齐鲁证券卖出仓位 3.62 亿元按跌停板价格算持仓 2442 万股，前 5 名合计卖出 7 亿元，分别被涨停板“敢死队”游资俱乐部营业部买走，前 3 个席位号成交 4.86 亿元。

我们做了这么多分析，是如何运用技术分析方法的呢？第一分析 K 线图组合是高低控盘，通过股东人数集中度核实（恰好能核实该股时间段），再看成交回报（恰好有成交回报），再看持股明细（很奇怪，都是信托持仓），由此很容易得出正确的答案：原有资金信托被强平，新进游资抄底博差价。

接下来就是技术分析的更高境界：某种情况的 K 线图会有几种未来走势？概率各是多少？从成交回报看，跌停板成交账户未必由同一个人指挥，也就是买入前 5 名未必是一个人操盘，即使是也仅仅 5 亿元，离跌停板成交 10 亿元相差很大。这说明 9 月 22 日抄底资金在 23 日各有各的想法，23 日跌停板抄底的 10 亿元资金账面浮盈 20%，难道 24 日不会在跌停板出货吗？只要有 1 亿元资金疯狂出货，就能打在跌停板。所以，24 日一定是看谁第一个把卖盘放在跌停板，看谁第一个出货。后期怎么做，完全看资金建仓后如何规划。

技术分析的最高境界：定性 K 线图、成交量和盘口后，根据实际情况推论和分析未来主力会怎么做盘。所以，技术分析是概率论，没有绝对的标准答案，只看哪个答案更合理。

短线、中线和长线的操作要点

短线、中线和长线的定义

技术分析短线通常是指在持仓的两个星期以内，通过赚取买入卖出差价获得收益，基本根据技术图形放量突破、盘口走单和市场热点进行交易的叫技术派短线交易。这种投资者不关注基本面，依据技术图表放量突破和热点，使用快进快出的交易方式。**技术分析短线主要做势，就是根据 K 线图和市场热点短期上冲力度进行交易。**短线交易主要用来做热点和放量大涨两种情况。短线简短地说就是追强势。

技术分析中线则不然，需要对放量主力持有的仓位数量给予分析，不一定要初步建仓，可以在主力建仓之后再来做交易，结合大盘背景或持仓数量分析其可能拉升的空间和时间。中线交易跟短线交易最大的不同不是以追买为主，而是它会等识别清楚主力持仓量之后，选择合适的方式和价格买入。一般而言选择回调阶段买入较为适宜。卖出以成交量放大，判定主力减持力度较大时再卖出，持仓时间在几个月以内。

技术分析长线先站在中线分析主力持仓数量的基础上选择买点，再根据大股东意图、公司未来发展方向等基本面信息，通过半年、一年以上的时间持有获得巨额回报。**完全根据 K 线图做长线是有很大不确定性的，技术分析不适合半年或一年以上的实战运用。**

按我个人的经验，技术分析短线最适合的交易方式是涨停板“敢死队”手法，以追涨杀跌为主。技术分析中线以识别资金建仓程度和力度为主，辅以等待买点出现，根据建仓数量分析对这笔资金需要拉升的程度做一个波段。技术分析长线很难，完全通过计算主力仓位持有一年以上时间分析。这在实战中很少见，主要原因在于，技术分析时间长以后，很难绝对知道半年或一年前的资金建仓对现在的影响。所以，技术分析长线一般结合大股东意图、题材价值等来做盘，持仓时间主要依靠基本面，买入点靠技术分析来判断。

技术分析短线、中线和长线交易实战案例分析

1. 短线交易的归类

短线交易模式大概有三种。

（1）追热点。

这类投资者每天都到市场上寻找热点、强势板块以及强势板块里面的强势个股。热点可以从新闻、公告等地方找到。

我们以实际情况来讲案例，晚间新闻曾报道《国务院：分类分层推进国企混合所有制改革》这则新闻。这则新闻对第二天的市场一定会有影响，那么这条新闻能不能激发国企改制股大幅上涨呢？图 2-22 至图 2-28 是几个国企改制领头个股（际华集团、中粮生化、中粮地产、中粮屯河、中国中车、中国重工、中信重工）的走势图。

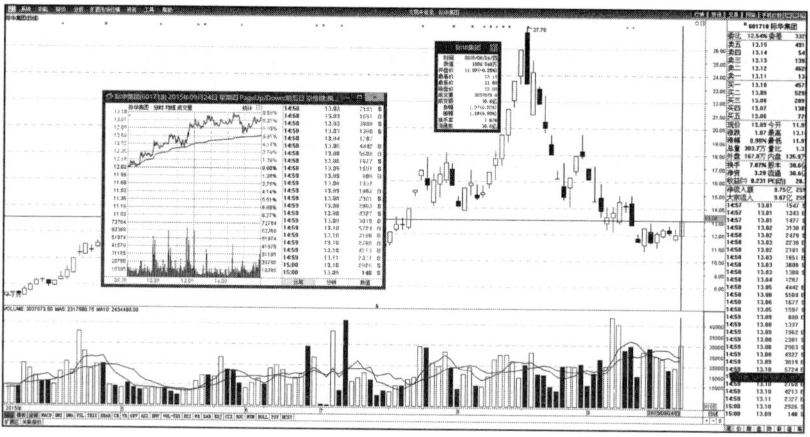

图 2-22

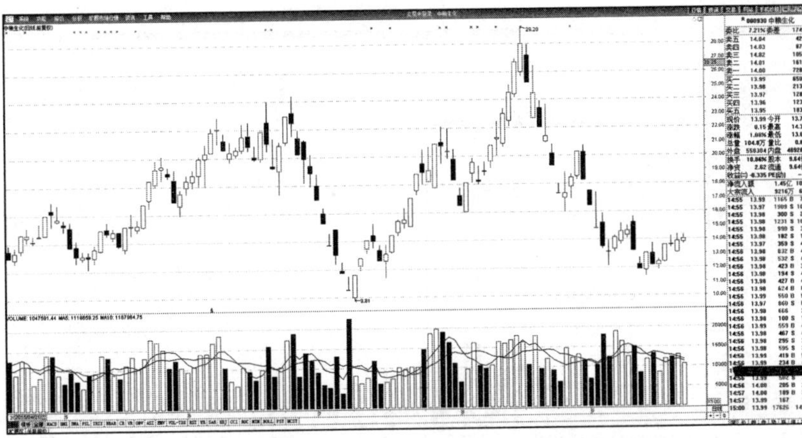

图 2-23

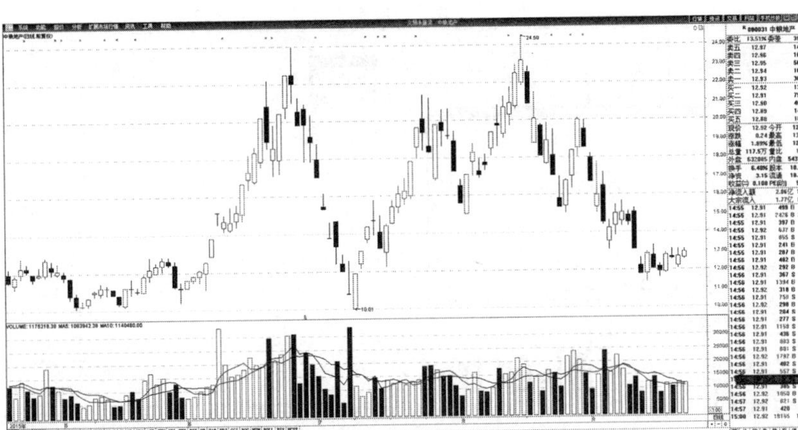

图 2-24

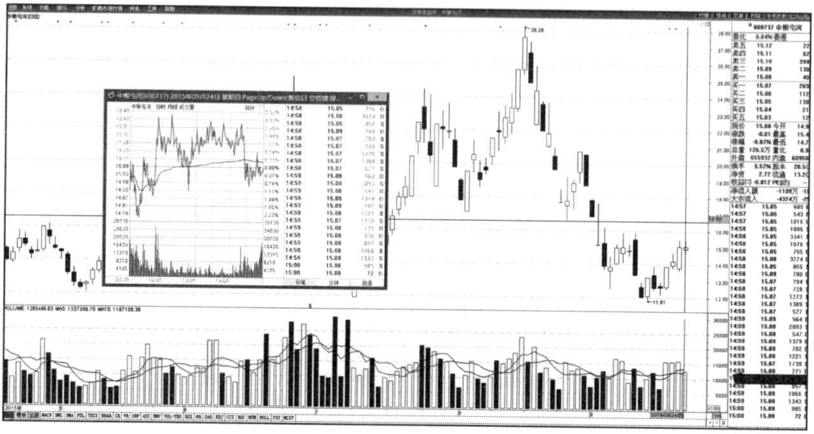

图 2-25

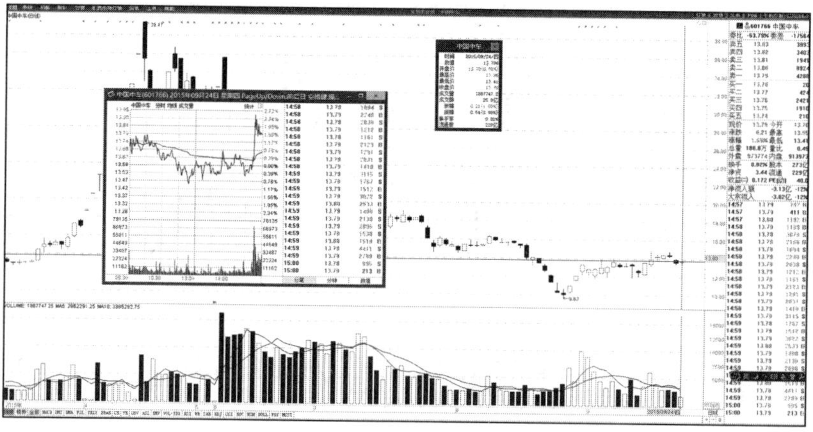

图 2-26

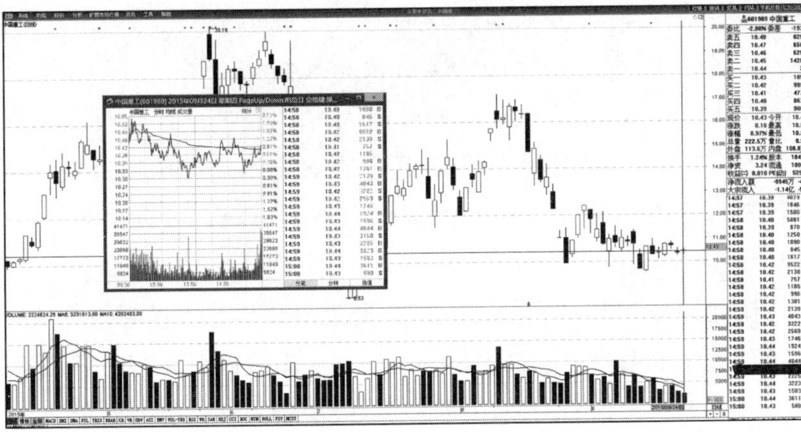

图 2-27

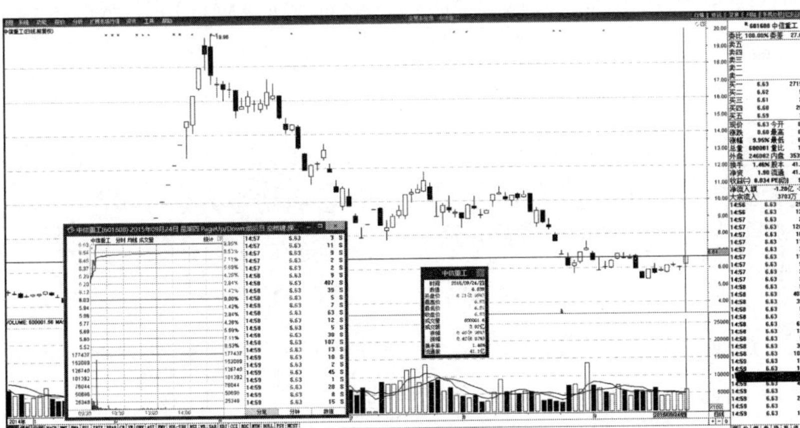

图 2-28

我们分析它们今天的强弱度就知道明天这个板块会怎么走。国企改制涨停个股的中信重工（601608），应该归于大幅下跌反弹的，也许有资金知道今天晚上将出台的消息，提前拉升股票。其他如中国中车（601766），反弹资金一直在减仓。中粮系三驾马车只有中粮屯河走势强劲，其他两只个股走势一般。另外一只领头个股中国重工（601989）就没有短线资金关注。际华集团（601718）从K线图来看并不可能大涨，因为前期放过量大跌过。这次放量不能排除是套牢资金的继续做盘。从以上几只国企改制领头个股分析，第二天该热点不太可能有可持续的行情，所以不要追涨。

国企改制确实是利好，但是市场反复炒作这个题材，造成前期出现大量的套牢盘，最主要的是中国中车复牌见光死的坏印象，国企改制题材也许会上冲，但是难以吸引超大规模资金重新炒作，只会是短线突击的脉冲式行情。所以，这个题材在第二天集体走强的概率只有30%，冲高回落的概率有30%，震荡的概率有40%，可操作性不大。

（2）抄底反弹。

图2-29是2015年8月27日中国中车盘口走势，股价从39元一路下跌到10元，8月27日在涨停板有资金大幅加买单。我们首先要有能力确定这是大涨的买单，当天成交量是前一天的一倍多，这充分说明是新资金进场，在涨停板成交50亿元是新资金进仓。这么大的资金量建仓，至少要上涨20%，反复做头部才能出货，中国中车后来的走势完全符合这个形态。

（3）做突破。

做突破比较常见，只要符合大盘没有系统性风险这一前提，短线投资者就可以做突破操作。

做突破应选择整个板块都有突破的股票，这样安全系数高。例如，该板块是市场的热点，真突破的概率就高，判断准确的可能性就较大。

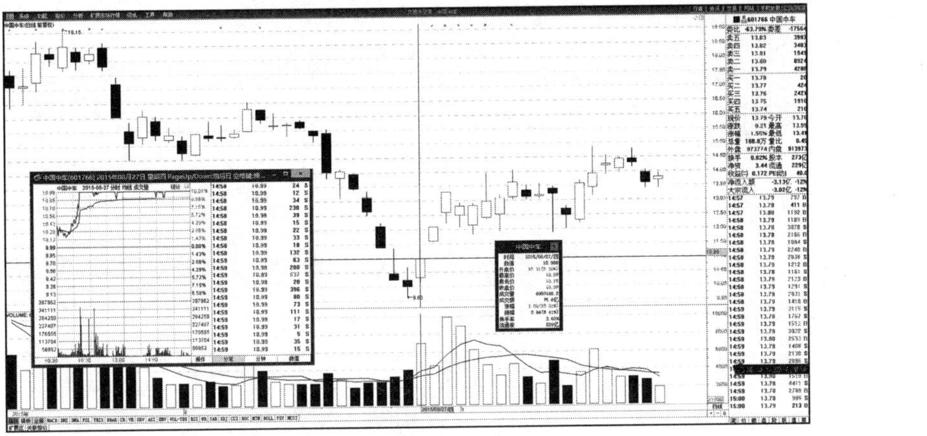

图 2-29

2. 中线技术分析的案例

中线技术分析最重要的是识别资金建仓的数量。中线跟短线不同，短线技术分析主要看成交量、盘口和 K 线图趋势或组合，主要做突破、抄底；中线主要看公司背景是不是有可炒作的空间，再看资金建仓的力度和程度，还要等适合的买点。整个考察过程有可能耗时几个月，当然也有看几天就动手的，主要是持仓比短线的一周长很多，也有可能就一两个月，持仓时间长短取决于是否能抓住主升浪。

正如我在《思维流操盘术：预见未来成就巨额财富》一书中介绍的青山纸业（600103）（如图 2-30 所示），2011 年 2 月 23 日就是典型的加仓盘口，2 月 24 日也是加仓盘口，两天放巨量 7.1 亿元，资金建仓占其中 1/3 以上，即持股 5000 万股以上。后期没有任何减持动作，正常地随波逐流，说明有人加仓后就不管了。最后回落到 4 元，上涨到 5.5 元以上，两三个月收益 40%。这在当时的市场背景下是相当不错的。

这里的难度在于以下几点。

第一，识别资金建仓的数量，对盘口和成交量定义要准。

第二，分析该资金拉升的手法，知道建仓后资金是盘整再拉升还是会直接拉升，这点难度较大。老庄和该股历史特性有关，新庄和新资金操盘手的特性有关。

第三，一旦成交量巨幅放大，肯定意味着该笔资金在出逃，从放量的幅度计算出仓同时离场难度很大。

当时棉花大幅涨价，该公司生产的产品能替代棉花，了解了这个背景，我们就会知道它被资金选中短炒的可能性很大，从而做出准确判断。技术派分析者如果能加入对企业与行业的背景分析，就能大幅提高判断成功率，中线做盘最好要考虑当下的市场背景。

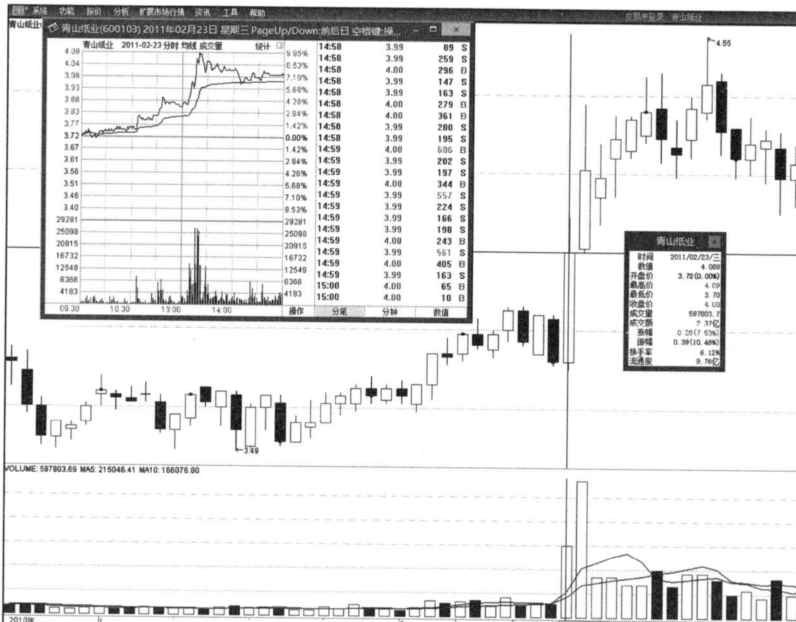

图 2-30

再比如，2014 年 7 月中下旬的岳阳林纸（600963），这就是典型的建仓盘口（如图 2-31 所示），为什么有资金建仓？因为公司发布搬迁公告，网上有资料说该土地能得到 15 亿元的搬迁补偿。知道了背景后再看这种建仓的盘口，就会立刻明白这笔资金是奔着该题材而来的。4 元以下的股价，对应 1.5 元 / 股的补偿收益，势必造成集体抢购这只股票，即便我们没办法确定图形走势，也要购入，反正能买到便宜货。

再说明一下，其实**主力跟我们一样是通过市场的公告来选题材做票的。如果投资者有解读盘口和公告的能力，我们做盘就能更加准确，尤其是持仓就会更加稳定可靠。**

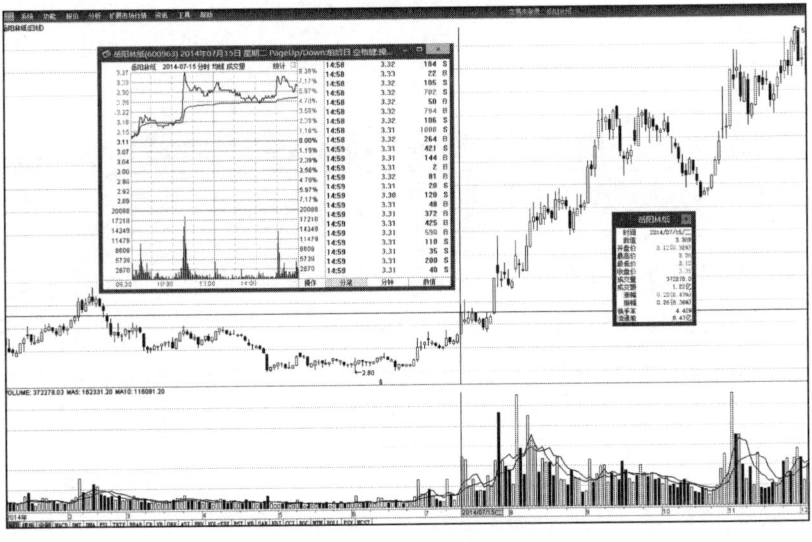

图 2-31

我们看图 2-31 与图 2-32 会发现，建仓的 K 线图都有相同的特性，掌握好这些特性之后，对于中线资金做盘会有一个明确的认识。莲花味精（600186）和岳阳林纸（600963）的市场背景是指数慢涨，建仓图形几乎类似。任何时候，中线资金都会按指数大背景建仓，指数大背景的变化难以琢磨，个股建仓更难以琢磨。实际上，投资者在充分理解市场指数的走势后，很容易找到跟指数走势不同和完全符合指数走势放量的建仓个股。

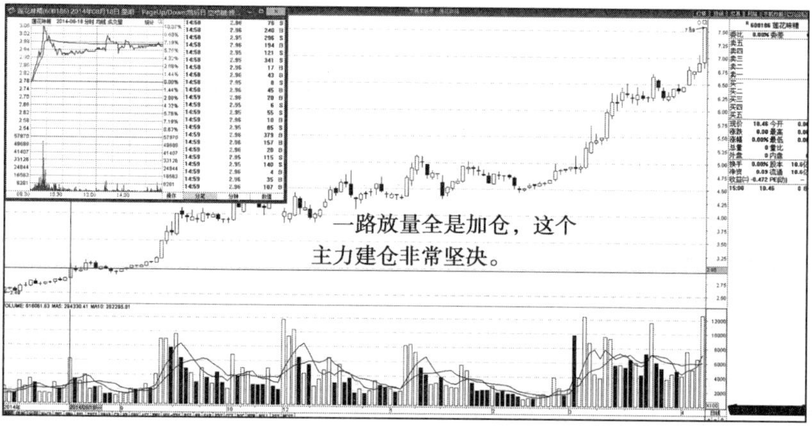

图 2-32

我们需要注意的是，中线建仓一定会有相当大的持股数量，所以洗盘的概率很高，在洗盘过程中的缩量加仓能获得较好的买点。缩量代表杀跌动能降低，如果没有主力资金在缩量代表下跌可能没有支撑。但是，如果知道主力资金建仓的均价，缩量代表下跌功能耗尽，可能是好的买点。当然，有时候主力反手做空也是有可能的，但是中线买在缩量调整大概率上是一个不错的选择。

最重要的是，中线做盘不用去想买到最低点，买进去套牢10%是正常的，20%就稍微大点。主力对盘面的控制也是随市场波动而动的，无法知道准确的最低点。

3. 长线技术分析案例

长线技术分析最重要的是看公司背景和 K 线图分析持仓数量。另外，大盘股、小盘股和中盘股长线技术分析有很大的不同，比如超大盘的中字头、银行、保险、证券等，如果放历史巨量级别的盘口，就一定是有资金关注。道理很简单：谁能注入这么大的资金做超级大盘股？这背后可能蕴含着波段性行情。

图 2-33 是浦发银行（600000）炒作优先股概念，成交 28 亿元，算是当年的历史巨量。它的走势符合突破放量，因为前期盘整 2 个月，图形是突破的概率就很高。

图 2-33

中国中车（601766）（如图 2-34 所示）在大幅上涨以前放量 25 亿元，是 6 年以来的历史巨量，当时市场就传言两车将合并。

所以，**大盘股如果放历史巨量就有可能出现长线关注的可能**

（类似浦发银行（600000）是超短线也是可能的），一旦大盘股放历史巨量就要慎重对待。**一堆一堆的超级大盘股都放历史巨量，形成板块联动效应，一般来说能做盘的概率就大幅提高。道理很简单，不是板块利好怎么可能放出这样的巨量呢？**

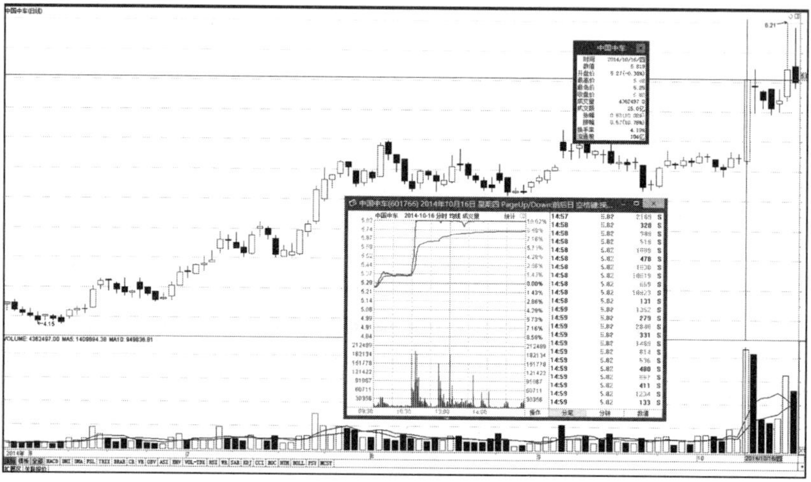

图 2-34

航空股的启动就是这样（如东方航空（600115）和南方航空（600029），如图 2-35、图 2-36 所示），只要想一下油价大幅下跌航空股业绩大幅提升，就能知道航空行业基本面大变，有资金大幅建仓。超级大盘股放巨量一般跟基本面有关，根据基本面持续的力度和大小即可预知对方的持仓时间。

中盘股技术分析要根据公司背景和持仓两点同时来分析，比如中线做盘技术分析讲解的岳阳林纸（600963）和莲花味精（600186），它们的题材大小和公司战略目标不同，所以后面的操作并不相同。岳阳林纸就是一次性搬迁利好，做中线操作吃一个波段即可，但是莲花味精是大股东把壳资源变现，二级市场是一边拉高一边建仓，成为长线持仓的目标。

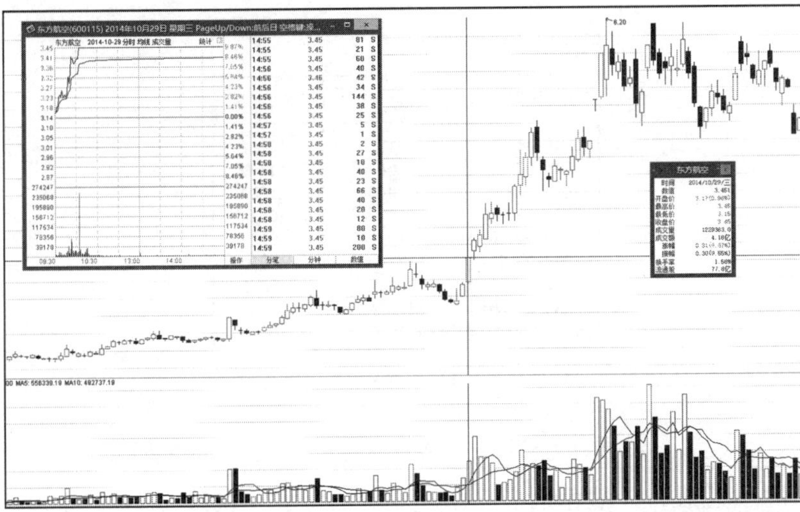

图 2-35

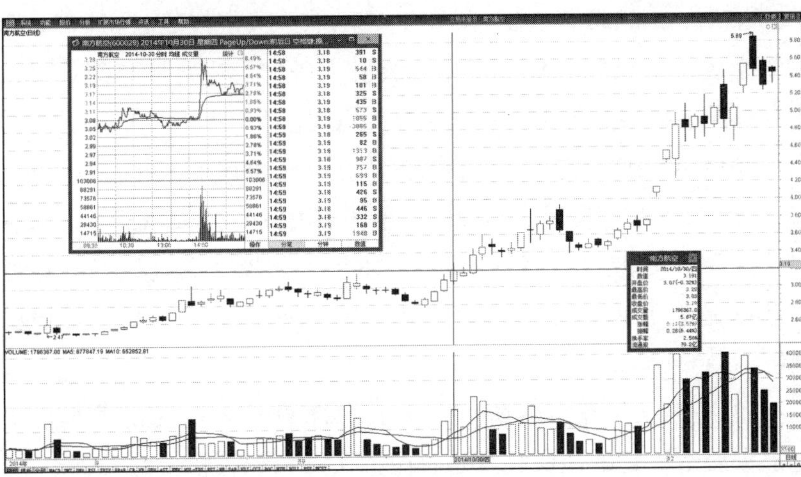

图 2-36

图 2-37 是莲花味精的股东户数变化图，这是典型的一路拉升一路建仓的一幅股东户数变化图，K 线图上也是放量大阳线就缩量小阴线。

【2. 股东户数】

截止日期	股东户数	户均持股
2015-06-30	81043	13104
2015-03-31	91164	11649
2014-12-31	93234	11390
2014-09-30	99122	10714
2014-06-30	114811	9250
2014-03-31	117740	9020
2013-12-31	120121	8841
2013-09-30	119884	8858
2013-06-30	122585	8663

图 2-37

小盘股长线技术分析看 K 线图就够了，总股本个股 2 亿～3 亿元的小盘股，一般都有长庄驻守。2 亿元盘子的个股，对应 2000 点指数 5～10 元股价，这时候一定有人长线持仓。当指数走到 3000 点时，对应股价在 7～15 元，就会有人大规模建仓。4 亿元盘子的个股，如果股价打点折扣也会有人驻守。小盘股长线，没法完全看图，很多是重组，所以就等大重组。

2011 年，康达尔养鸡场搬迁得到大量 800 元 / 亩～1500 元 / 亩的便宜土地，最后直到 2013 年才开始开发。2015 年，深圳房价大涨，其股价也从 5 元涨到 35 元（如图 2-38 所示）。该股实际就是从养鸡行业转变为房地产行业的重组，也是小盘股的重组。

如图 2-39、图 2-40 所示，看股东户数就知道这是典型的高度控盘股票，它的走势完全是资金说了算，能大幅上涨大幅下跌，随心所欲。如果再能跌倒 4 元，该庄家就一定还会继续操作，因此投资者必须自救。但是在 14 元的价位时就要小心了，因为这个时候既可以大涨也可以大幅下跌。能抬到 28 元，就一定可以打到 4 元。

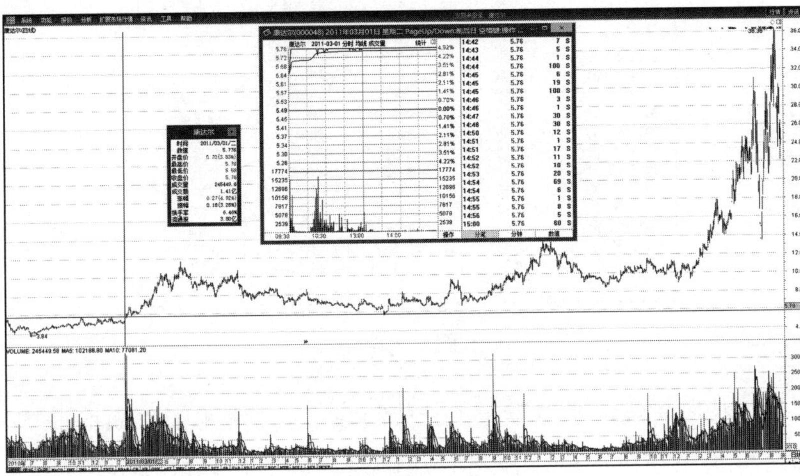

图 2-38

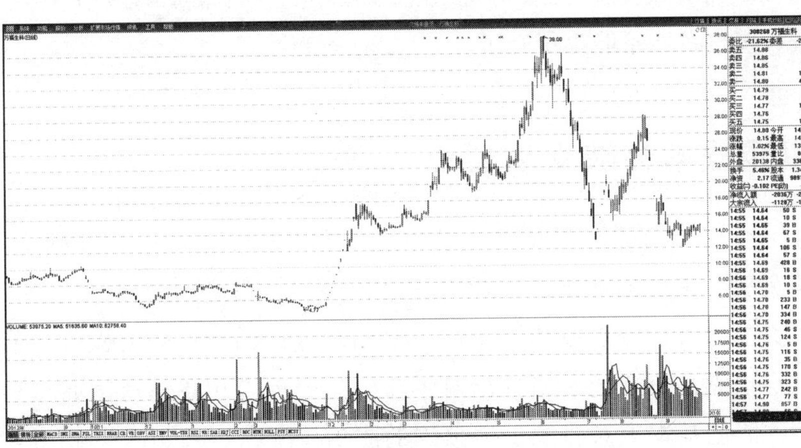

图 2-39

截止日期	股东户数	户均持股	较上期变化	筹码集中度
2015-06-30	3821	35069	趋向集中	非常集中
2015-04-17	4640	28879	趋向分散	非常集中
2015-03-31	3834	34950	趋向集中	非常集中
2014-12-31	6399	20940	趋向集中	非常集中
2014-09-30	7202	18605	无明显变化	非常集中
2014-06-30	7242	18503	无明显变化	非常集中
2014-04-18	7249	18485	无明显变化	非常集中
2014-03-31	7255	18470	无明显变化	非常集中
2013-12-31	7265	18444	无明显变化	非常集中
2013-09-30	7274	18421	无明显变化	非常集中
2013-06-30	7280	18406	趋向集中	非常集中
2013-03-31	8032	16683	无明显变化	非常集中
2012-12-31	7443	18003	无明显变化	非常集中
2012-09-30	7491	17888	无明显变化	非常集中
2012-06-30	6890	19448	趋向集中	非常集中
2012-03-31	6280	10668	无明显变化	非常集中
2011-12-31	6044	11085	趋向集中	非常集中
2011-09-30	8539	7846	趋向集中	较集中
2011-09-26	27206	2462		非常分散

图　2-40

小盘股长线都是看重组。一般超级小盘股都有长线资金驻守，都是有长庄在场内的，没有长庄的是因为股价已经被大幅炒高。所以，大牛市都会出现涨幅远大于大盘的情况。这就是小盘股的弹性。另外，小盘股跌到 4 元的价格，就会有很大的投机机会，就看投资者能不能等得起了。

短线技术突破交易要点

对 K 线图形态归类这个基本技能非常重要。在这个基础上，再做短线突破的训练，成功概率才会提高。我见过的涨停板“敢死队”之所以能够成功，就在于他们对盘口的定义能力极强。他们就是靠从每天的盘口读出对手盘的建仓程度和战略意图而盈利的，他们基本上对股票上涨预测的成功概率在 70% 以上。我所知道的真正的技术派高手只有三个，一个是涨停板“敢死队”，一个是我的朋友章强（本书推荐序的作者），最后一个就是我自己，我们在盘口上都有 20 年的功力，在 K 线图上摸爬滚打了 20 年，什么当都上过，都有过爆仓的经历。

每个人都想把自己训练成短线交易的顶级高手，短线突破是技术交易的最高境界之一，最后的目标实际是成为涨停板“敢死队”的一员。但是，一个人在没人指导的情况下成为涨停板“敢死队印钞机”的概率极低，真正是万里挑一。假设现在有 5000 万名股民，玩涨停板成功的人恐怕实际不到 5000 人。即使是有人指导要点，成功概率也不过千分之一。之所以如此，是因为**难以突破思维能力局限和难以拥有做盘的胆略**。思维能力是判断力，对事物精准的判断力需要 5～10 年的训练才能形成系统，即对风险和收益根深蒂固的决断力，追涨杀跌不是一件简单的事情。胆略是一个人几十年人生经历历练出来的，极个别是源自天成。

我个人认为做短线突击最好的办法就是拿 1 万元，不停练习追涨杀跌，三五年后经过大量的练习，如果能在 3 个月内做到把 1 万元翻番，那就把资金追加到 5 万元。练好这项本事，用这 5 万元钱就足以在几年内实现财务自由。

做短线突破的第一阶段是提高准确率；第二阶段是控制住出手的欲望，降低交易次数；第三阶段是只做自己非常熟悉的领域，把握少数机会。整个过程实际是一个降低交易次数的过程，在这点上做中线、长线都是一样的。

短线交易的要点

从技能上说，短线交易的主要工具是成交量、价（K 线图趋势或组合）和盘口。在实战中，投资者可以从以下几个方面去提高和训练。

第一，注意趋势，即大盘（或板块）在某一趋势下的个股走势协同性。一旦大盘（或板块）和个股两者同时突破，追涨突破成功的概率就会较高。

第二，注意市场背景。市场炒作某一题材如火如荼的时候，追涨成功的概率将大幅提高（别买在涨幅过大时，要买在启动阶段上）。

第三，注意前期资金持仓数量。如果能在前期分辨资金持仓数量，追涨成功的概率也就更高，即使错也不需要“割肉”，等一段时间一定能涨回来（这需要很强的看盘能力）。

第四，注意协同效应。比如有 A 股和 B 股的上市公司，A 股、B 股同时突破追涨容易成功的概率会大幅提高。

第五，短线突击最重要的是要懂得“割肉”，没有人能次次判断准确，短线正确率能达到 50% 的都算是高手，重要的是对的时候大赚，错的时候成功离场。能够在恰当的时间“割肉”或平仓是最为难得的。

1. 注意大盘和板块趋势的重要作用

如果大盘（或板块）都走突破上涨的趋势，个股就有极高的成功突破概率。

投资者可以自己复盘历史上的大盘突破长期盘整的位置（如图 2-41 所示），追放量突破的个股是不是成功概率很高？大盘连续突破长期盘整的只有大牛市，而这种情况是不多见的。既然我们是做短线交易，那就坚持短线交易的原则：大盘趋势向上时，我们不停地做突破个股，一旦趋势改变，或趋势力度不强，就要立刻停手。所以，不同时期采用不同的对待方式很重要。就像箭来盾挡，在什么时候采用什么方式很重要。

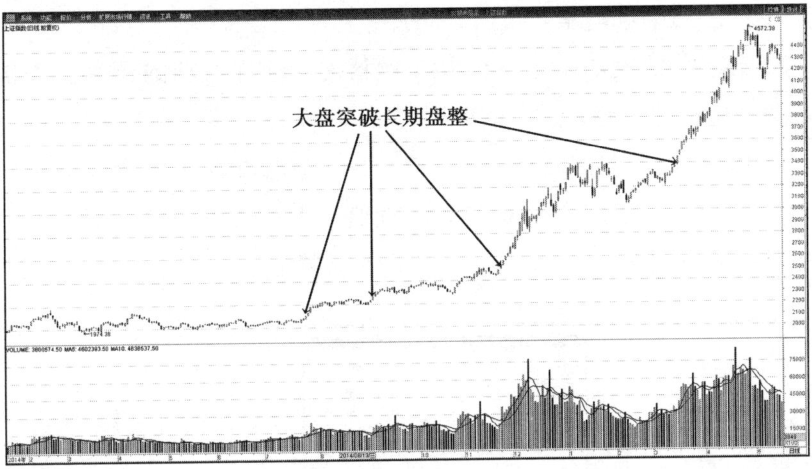

图 2-41

如果一个板块具有很强的协同性如银行（如图 2-42 所示），那么当整个板块放量突破的时候，就很有可能遇到可操作的机会，而且有可能抓到主升段。即便判断错误，也还有平推的可能。所以，在遇到板块协同性突破时，领头个股继续上攻的概率非常高。

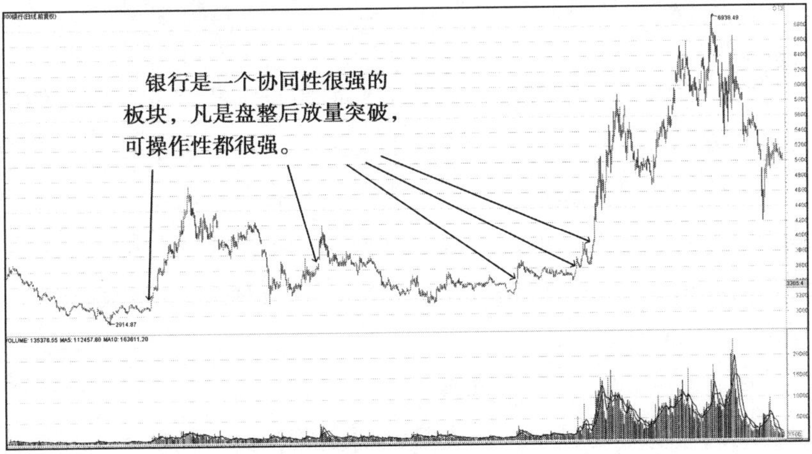

图 2-42

2. 注意市场背景

当市场如火如荼地炒作某一题材时，追涨成功的概率会大幅提高（但也别买涨幅过大的股票）。

2014 年 7 月 4 日前后一两天，我与章强在网上聊天，他说航天晨光盘整最多四个交易日突破就追，而且最少能拿到两个涨停板（航天晨光 2014 年 7 月 4 日的走势如图 2-43 所示）。

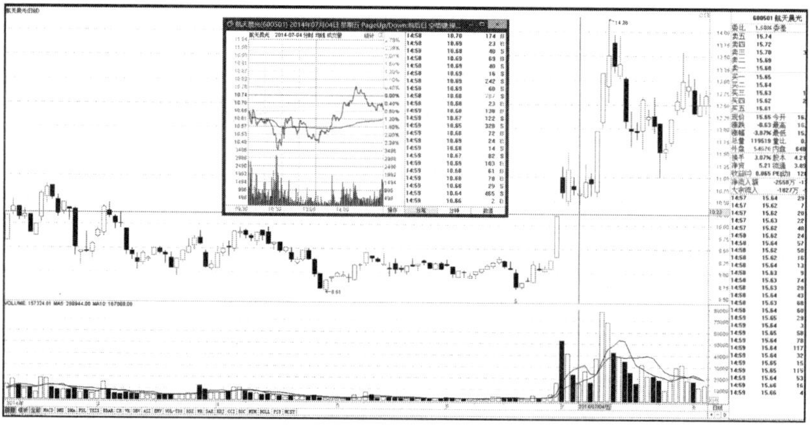

图 2-43

为什么我对他的技术盘口功力佩服得五体投地呢？因为他能清楚地知道 6 月 30 日、7 月 1 日和 7 月 2 日成交量都是资金突击建仓，而且能判断该题材即将爆发第二次拉升。判断这几天盘口是加仓不难，同时判断这个题材即将拉升也不难，难的是能计算出后期涨幅，能提前说出两个涨停板，这是对持仓量和题材炒作空间综合判断的结果。

当时军工指数正好是盘整后即将突破新高（如图 2-44 所示），他的说法无疑契合板块指数突破的时候做领头羊成功上涨概率较高的原理。像我们这样的交易者一般不需要看指数，因为我们已经对整个指数变动了然于胸。

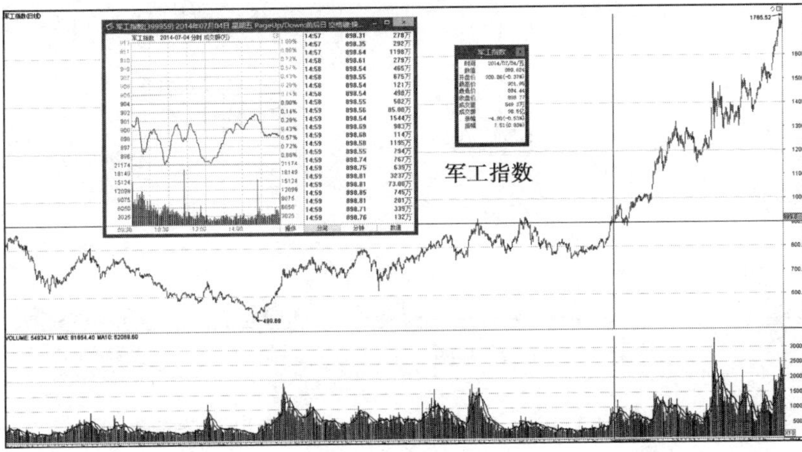

图 2-44

3. 注意前期资金持仓数量

如果能够分辨出前期资金持仓数量，追涨成功的概率也会很高，即使错判也不需要“割肉”，等一段时间一定能涨回来（这需要很强的看盘能力）。

这是涨停板“敢死队”朋友做的案例（如图 2-45 所示）。他做中电投旗下的核电资产整合预期，中电投旗下有两家上市公司。做完上海电力（600021），调仓到吉电股份（000875），原因就是上海电力的价格已经炒得很高，而吉电股份同样是中电投旗下的上市公司，由于基金定向增发股份大幅减持一直没涨，导致性价比大幅提高。突破被利空打压反而是一个最佳的加仓点。

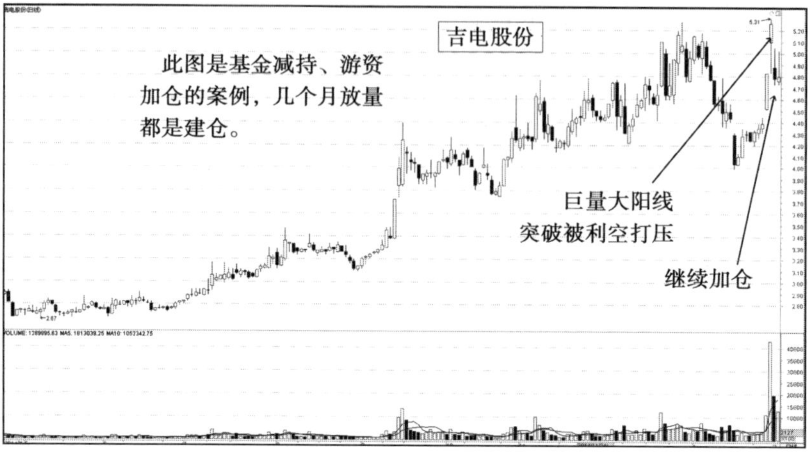

图 2-45

【2015-02-04】刊登提示性公告（详情请见公告全文）

吉电股份提示性公告

吉电股份接实际控制人——中国电力投资集团公司《关于联合重组事宜的通知》，内容如下。

“国务院国资委通知我公司启动与国家核电技术公司联合重组的工作，具体方案待定，我公司将根据工作进展情况依据有关规定及时履行信息披露义务”。

公司指定信息披露媒体为《中国证券报》《证券时报》《上海证券报》和巨潮资讯网。公司所有信息均以在上述指定媒体刊登的信息为准，敬请广大投资者关注公司后续公告。

【2015-02-02】刊登股票交易异常波动公告（详情请见公告全文）

吉电股份股票交易异常波动公告

公司股票（证券简称：吉电股份，证券代码：000875）交易价格连续三个交易日（2015 年 1 月 28 日、1 月 29 日和 1 月 30 日）

收盘价格涨幅偏离值累计超过 20%，根据《深圳证券交易所股票上市规则》的有关规定，该情形属于股票交易异常波动。

针对公司股票异常波动，公司对有关事项进行了核查，并函询了公司控股股东实际控制人中国电力投资集团公司，有关情况说明如下：

（一）经公司核实，截至目前，公司经营状况正常，不存在应披露而未披露的重大信息；

（二）经公司向中电投集团书面问询，截至目前及未来三个月内，公司及中电投集团不存在影响吉电股份股票价格异常波动的重大事宜，不存在涉及吉电股份的重大资产重组、发行股份、上市公司收购、债务重组、业务重组、资产剥离和资产注入等应披露而未披露的重大信息。

【2015-01-31】刊登股东减持股份公告（详情请见公告全文）

吉电股份股东减持股份公告

2015 年 1 月 30 日，吉电股份收到持股 5% 以上的股东华安基金管理有限公司减持股份的《简式权益变动报告书》，截至 2015 年 1 月 30 日下午收盘，华安基金管理有限公司通过深圳证券交易所交易系统以集中竞价的方式累计减持公司无限售流通股股份 62 324 400 股，占公司总股本的 4.27%。

本次权益变动后，华安基金管理有限公司不再是持有本公司 5% 以上股份的股东。

截止日期：2015－03－31

十大流通股东情况　A 股户数：216 898

户均流通股：5143

累计持有：6529.38 万股，**累计占流通股比例**：5.85%，**较上期变化**：－666.11 万股↓

股东名称	持股数（万股）	占流通股比（%）	股东性质	增减情况
吉林省能源交通总公司	3 565.81	3.20 A 股	公司	未变
中国电能成套设备有限公司	953.00	0.85 A 股	公司	未变
吉林省信托有限责任公司	400.00	0.36 A 股	信托公司	未变
张凤桐	357.12	0.32 A 股	个人	新进
许鑫磊	266.12	0.24 A 股	个人	新进
周志坚	263.65	0.24 A 股	个人	新进
孙益忠	216.70	0.19 A 股	个人	新进
李挺	192.72	0.17 A 股	个人	新进
杨月欢	159.26	0.14 A 股	个人	新进
中海信托股份有限公司——中海·浦江之星 119 号证券投资结构化集合资金信托	155.00	0.14 A 股	私募基金	新进

一季报较上个报告期退出的前十大流通股东有：

股东名称	持股数（万股）	占流通股比（%）	股东性质	增减情况
中国光大银行股份有限公司——中欧新动力股票型证券投资基金（LOF）	567.52	0.86 A 股	基金	退出
中国建设银行股份有限公司——中欧价值发现股票型证券投资基金	421.00	0.64 A 股	基金	退出
肖长生	321.58	0.49 A 股	个人	退出
中国工商银行股份有限公司——中欧价值智选回报混合型证券投资基金	302.00	0.46 A 股	基金	退出
幸治强	243.15	0.37 A 股	个人	退出
朱惠蓉	221.43	0.34 A 股	个人	退出
华能吉林发电有限公司	200.00	0.30 A 股	公司	退出

截止日期：2015-03-31 **十大股东情况 A 股户数**：216 898

户均流通股：5143 **累计持有**：40 871.74 万股

累计占总股本比：27.98% **较上期变化**：−45 219.31 万股↓

股东名称	持股数（万股）	占总股本比（%）	股份性质	增减情况
吉林省能源交通总公司	3 565.81	2.44	无限售 A 股	未变
	17 900.50	12.26	限售 A 股	—
中国电力投资集团公司	15 888.50	10.88	限售 A 股	未变
中国电能成套设备有限公司	953.00	0.65	无限售 A 股	−953.00↓
	708.37	0.48	限售 A 股	—
吉林省信托有限责任公司	400.00	0.27	无限售 A 股	新进
张凤桐	357.12	0.24	无限售 A 股	新进
许鑫磊	266.12	0.18	无限售 A 股	新进
周志坚	263.65	0.18	无限售 A 股	新进
孙益忠	216.70	0.15	无限售 A 股	新进
李挺	192.72	0.13	无限售 A 股	新进
杨月欢	159.26	0.11	无限售 A 股	新进

一季报较上个报告期退出的前十大股东有：

股东名称	持股数（万股）	占总股本比（%）	股份性质	增减情况
华安基金—民生银行—北方国际信托—北信·吉电股份定向增发股票投资单一资金信托	13 842.75	9.48	限售 A 股	退出
北方国际信托股份有限公司—北信·吉电股份定向增发股票投资单一资金信托	7 200.00	4.93	限售 A 股	退出
建信基金—民生银行—北方国际信托—吉电股份定向增发股票投资单一资金信托	7 090.00	4.85	限售 A 股	退出
广发基金公司—农行—国投信托金雕 119 号单一资金信托计划	5 807.20	3.98	限售 A 股	退出

（续）

股东名称	持股数（万股）	占总股本比（%）	股份性质	增减情况
华安基金公司—农行—国投信托金雕 119 号单一资金信托计划	5 807.20	3.98	限售 A 股	退出
金元惠理基金公司—农行—国投信托金雕 119 号单一资金信托计划	5 807.20	3.98	限售 A 股	退出
中国光大银行股份有限公司——中欧新动力股票型证券投资基金（LOF）	567.52	0.39	无限售 A 股	退出

吉电股份（000875）整个上涨过程就是基金大幅减持（如图 2-46 所示）、游资轮番炒作的过程，所以在股东户数没有变动的情况下股价大幅上涨。

【2.股东户数】

截止日期	股东户数	户均持股
2015-06-30	306240	4769
2015-03-31	216898	6734
2014-12-31	113384	12881
2014-09-30	116849	12499
2014-06-30	115312	12666
2014-03-31	117020	12481

图 2-46

现阶段已经没有资金再青睐该股了。尽管中电投核电资产整合预期还在，但为什么游资不做了呢？道理其实很简单，没有游资真正想做中电投资产整合的，他们都是来炒作投机的，借助一个好的题材拉高股价在高位派发，这就是中国股市投机的精髓。

4. 注意协同效应

有 A 股和 B 股的上市公司，A 股、B 股同时突破追涨成功的概率将大幅提高。A 股、B 股仅仅是协同效应的一种，其实大盘背景、行业背景也可以算是协同效应。

请看招商地产（000024）在 2014 年发生过很多次突破，唯独 11 月 24 日的突破是 A 股、B 股同时放巨量涨停，此时突破可信度就很高（如图 2-47、图 2-48 所示）。

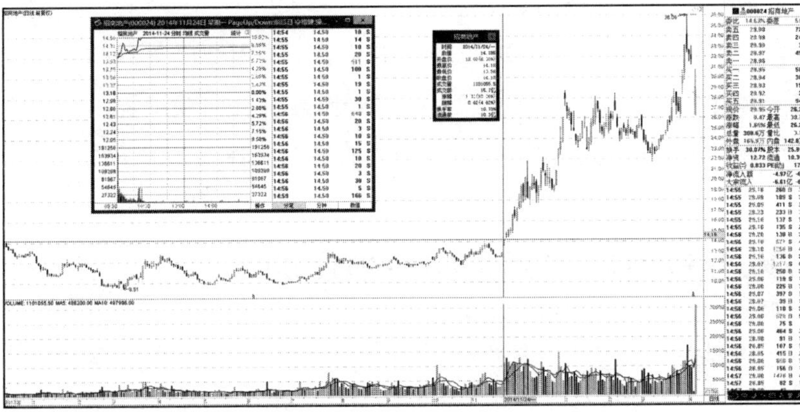

图 2-47

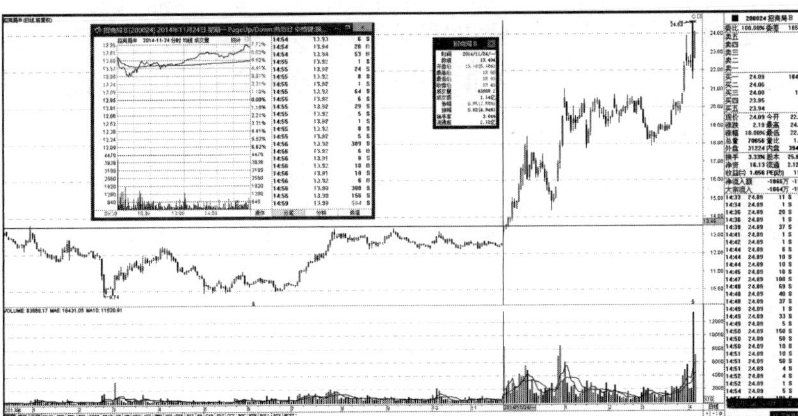

图 2-48

5. 短线突击最重要的是要懂得“割肉”

没有人能次次判断准确，短线正确率有一半的都是高手，重要的是对的时候大赚，错的时候成功离场。能否在恰当的时间“割肉”或平推是最难得的。

“割肉”其实是练习短线突破交易的一个重要的里程碑。投资者一旦懂得什么时候“割肉”，就等于懂得什么时候追涨，最后走到追涨杀跌只做超级大题材的涨停板的最高境界。

技术分析梅雁吉祥是如何坐庄的

我们先看一个实战案例，然后再去讨论什么是建仓以及建仓实际的操作方法。谈到建仓就离不开出货，包括洗盘，三者不可分割。你不仅要知道自己建仓的数量，还要知道对手盘减仓的数量，然后才能卖出。如果中间洗盘，就要持有，建仓就是这样一个逻辑。

中国证券史上有一只叫作梅雁吉祥的妖股，我今天把它从 2012 年开始至今的走势拿出来分析，看看它建仓、出货的过程是怎样的（如图 2-49 所示）。

我们是怎么看待这只股的，包括在 2015 年 9 月 25 日（该股走势如图 2-50 所示），我们都在沟通它是怎么出货的。第二天，该股就放量一路减持了。

为什么在 2015 年 9 月 20 日附近，我认为它会出货？这只是一个经验的预判，没有绝对的对错（如图 2-51 所示）。

我们从 2012 年开始讲起，图 2-52 是该股从 2012 年 7 月 11 日至 2012 年 12 月 28 日的走势。2012 年 7 月 27 日的爆出利空，大概意思是股价低于 1 元的个股会被退市，当时几乎所有 2 元左右的股票都疯狂大幅下跌。跌得如此凶狠，是不是反而意味着有机会呢？只要再涨回 2 元不就不会下市了吗？这个利空不就造不成影响了吗？

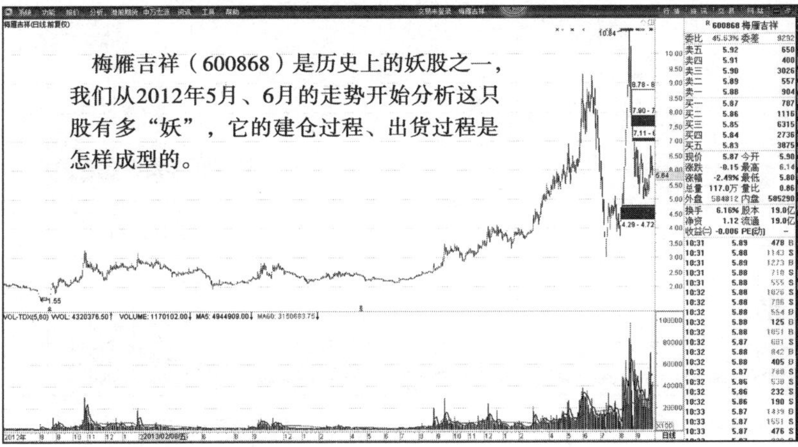

图 2-49

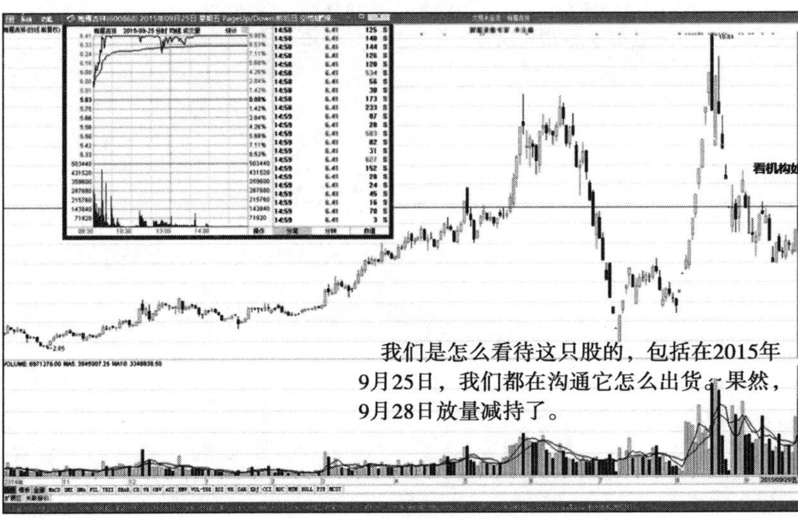

图 2-50

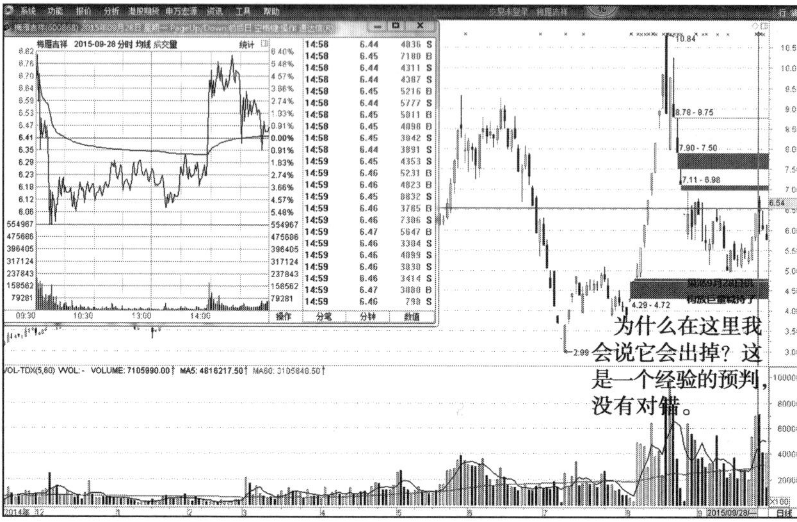
为什么在这里我会说它会出掉？这是一个经验的预判，没有对错。

图 2-51

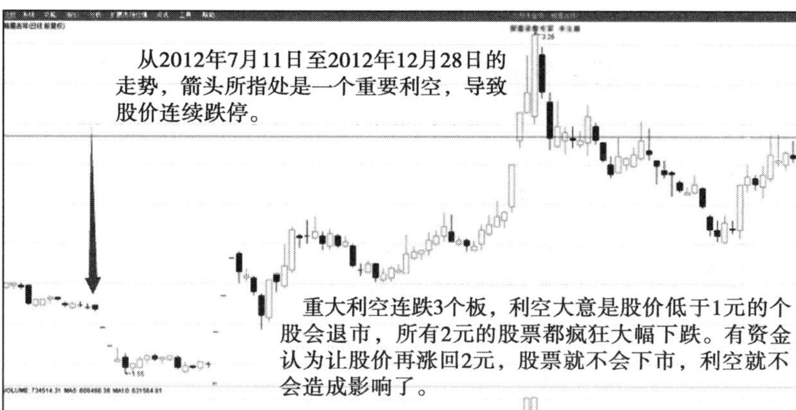
从2012年7月11日至2012年12月28日的走势，箭头所指处是一个重要利空，导致股价连续跌停。
重大利空连跌3个板，利空大意是股价低于1元的个股会退市，所有2元的股票都疯狂大幅下跌。有资金认为让股价再涨回2元，股票就不会下市，利空就不会造成影响了。

图 2-52

2012 年 8 月 1 日，有一笔资金在跌停板上吃货，成交量是 2000 万股，成交额为 1.18 亿元。在当时，这个成交量算很大的了，前一天的成交量只有 400 万元，而现在突然成交 1.18 亿元，成交额是以前的 20 多倍，可以想见在跌停板上必有资金进入。而后该股一直横盘，之后这笔资金三个一字涨停封住（如图 2-53 所示）。其间有没有出利好我不知道，但假如前几天都是一个资金在加仓，那么在 2012 年 8 月 27 日的疯狂出货，第一笔单成交高达 2000 多万元，集合竞价共成交 3000 万 ~4000 万元，这几次成交可以让 8 月 1 日 ~8 月 26 日所有加仓的资金统统离场。可以说这第一波做得相当漂亮，从 1.62 元直接做到 2 元多钱，净赚 30% 以上（如图 2-54 所示）。

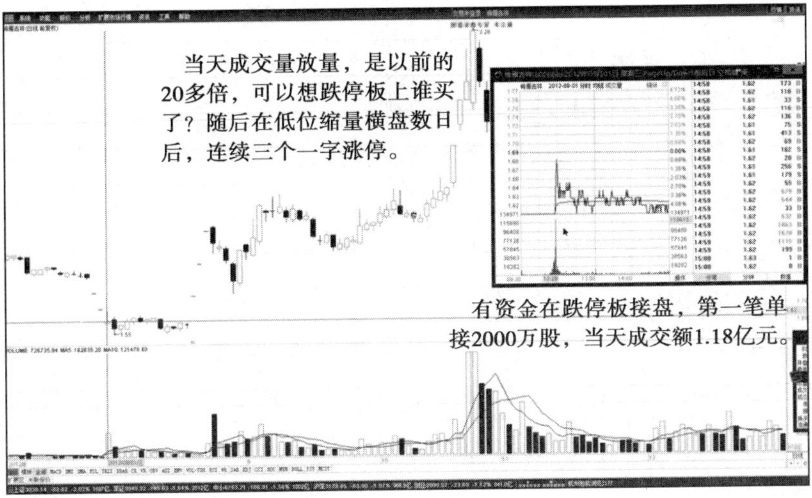

图 2-53

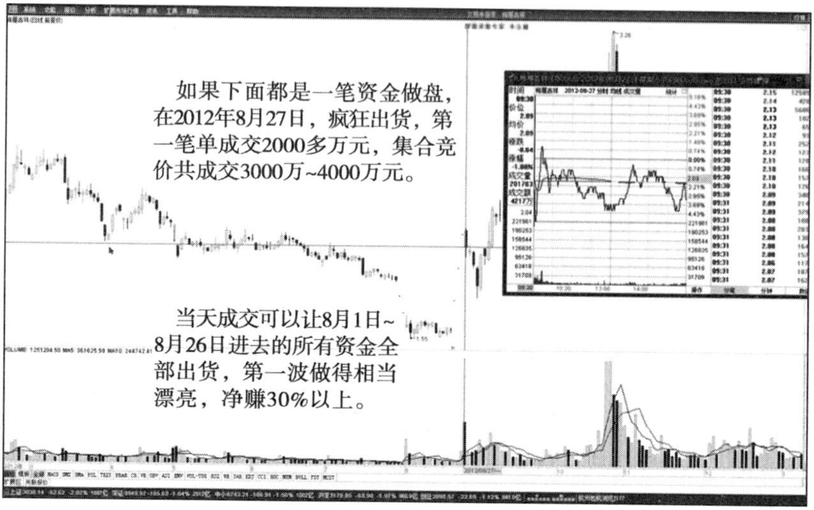

图 2-54

杀跌之后接回来，然后再往上推，这是我们事后看，当时真的看不懂。

能顶住 8 月 31 日这个涨停板的（如图 5-55 所示），只有长期操盘的人才能明白，有人出完货后在底下又接回来，再在 9 月 3 日震荡一下，盘面走势很轻松，波动幅度很小（如图 2-56 所示）。因为如果要出货，就要不停地往下打，来回不停折腾。

后面几个交易日主动推高（如图 2-57 所示），9 月 6 日以后慢慢减仓了。这几个交易日定义为减持，而不叫出货，参考 8 月 27 日那根出货的大阴线可知，之所以如此，是因为庄家后面没有量了。

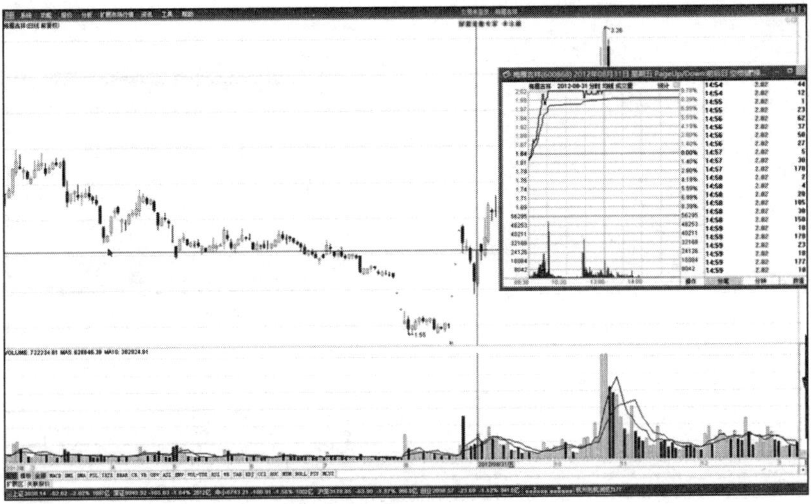

图 2-55

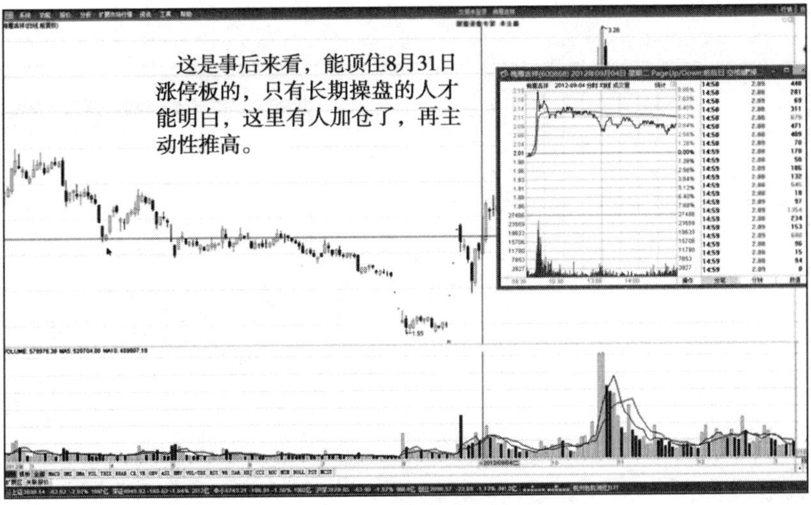

图 2-56

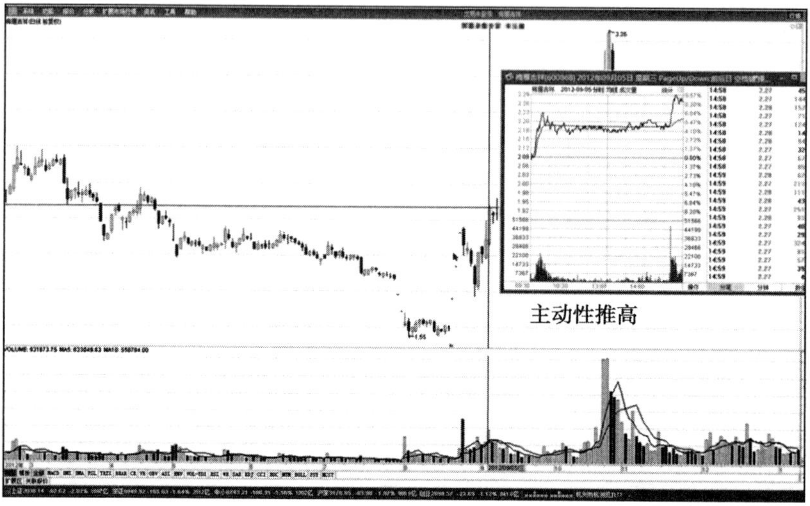

图 2-57

有前面几天减持后，于 9 月 26 日，反手推起来加仓（如图 2-58 所示）。

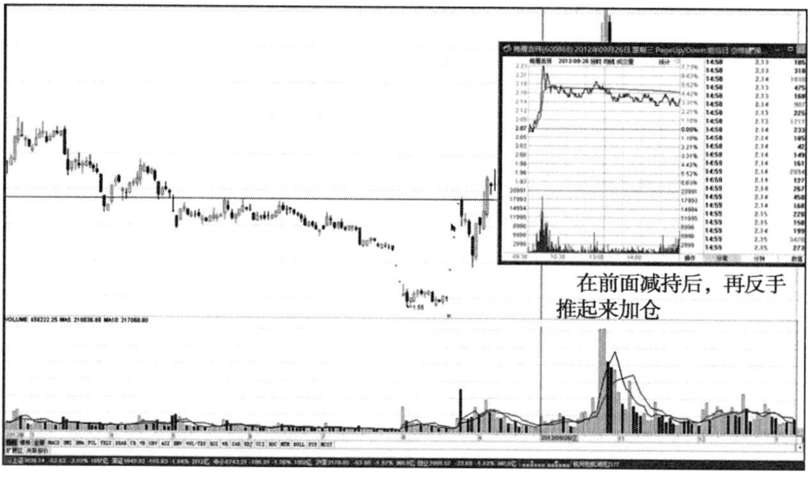

图 2-58

这几天连续的带量阳线，慢慢加仓推高（如图 2-59 所示）。

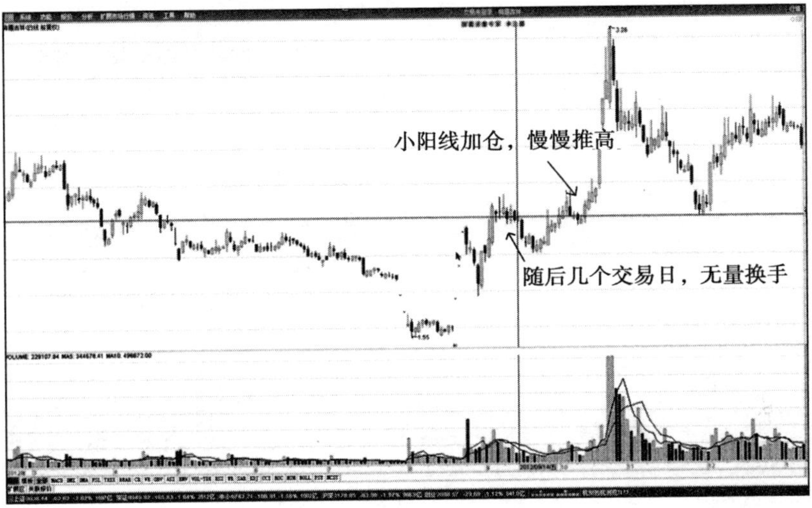

图 2-59

10 月 23 日跳空突破（如图 2-60 所示），几笔单子，两亿多元快速封住涨停。主力仓位已经够多了，不想再让人跟仓了。

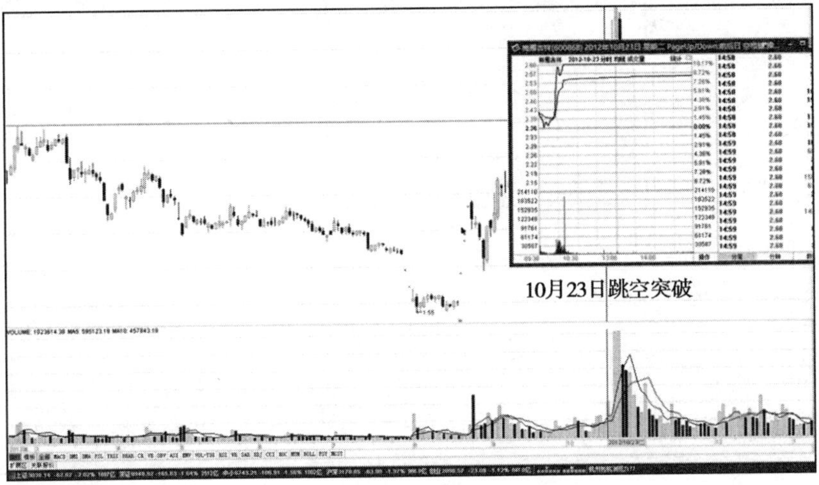

图 2-60

第二天再跳空主动加仓封住涨停（如图 2-61 所示）。

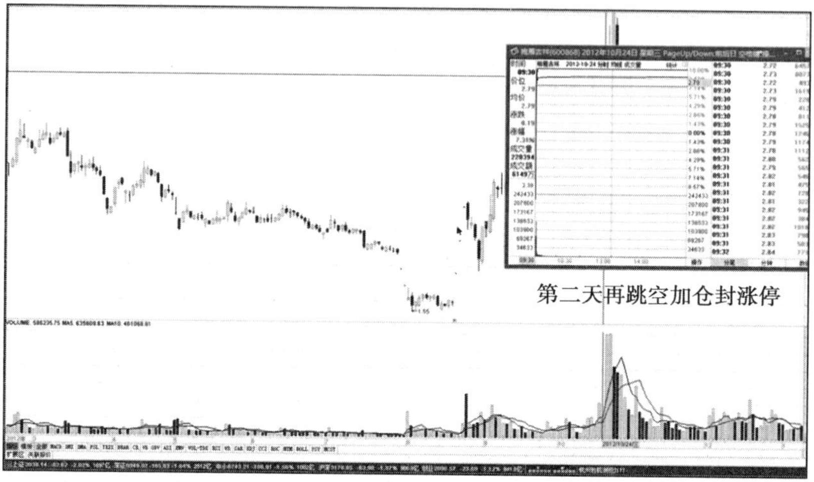

图 2-61

两涨停后停牌 1 小时，该股复牌后，在 10% 和 2% 之间震荡（如图 2-62 所示）。

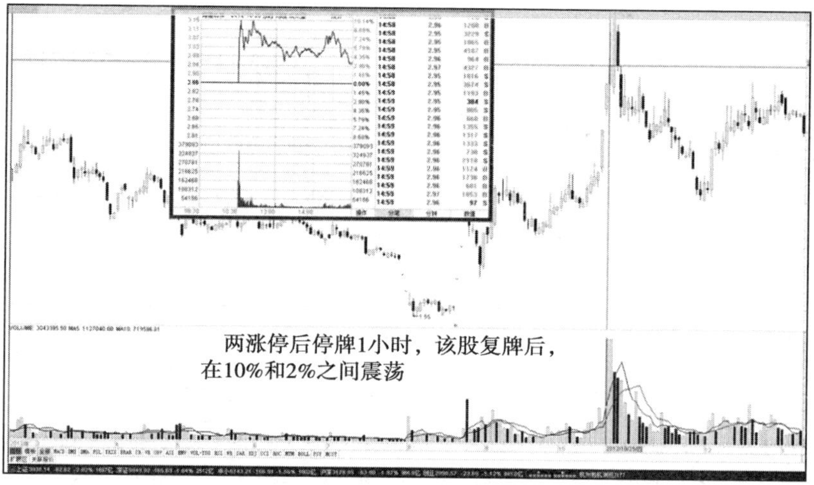

图 2-62

我没有看后面一天的 K 线图，我现在推论第二天应该是快速封涨停，很可能是白天都震荡，因为 9 月 25 日已经开始减持了，量已经达到了 9 亿多元，主力仓位砸出去很多，但不一定出得完，根据我的经验，第二天应该是快速上攻，而且是尾盘拉涨停的概率较高。

这是个经验图，这里提到一个出货手法（如图 2-63 所示），开始的时候放量对倒往上推，因为昨天放量很大，肯定有很多人在这里卖出了，今天资金在很多人尚未反应过来的时候快速推进，一边推，一边对倒减持，进行放量。到尾市的时候，涨幅才 5%，为什么尾市的时候一定有推高呢？因为资金把价格推高之后，第二天就能在这个高位的幅度里面再继续减仓。

图　2-63

第二天的盘面跌停了（如图 2-64 所示），这印证了当初的判断，即资金为了在第二天减持而推高。这个空间就很好，因为出货都出在所有上影响线的位置之上了，我们算一下主力持仓均价，第一波 2 元，做到现在的 3 元多，轻松赚到 50% 以上。资金疯狂做空，让大家都认为 2 元以下股票会大幅下跌，然后接仓推起来，再减持做了个价差，然后接回来，换手、推高，然后在 3 元多出货。

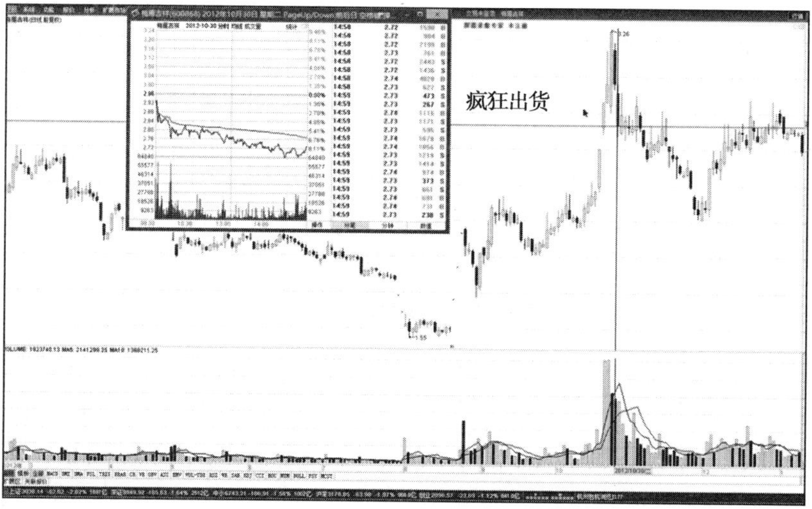

图 2-64

资金在建仓时，形成连续的阳线（如图 2-65 所示），结果建仓就有人买，在这个时候你就要观察资金的建仓。不能一看到连续的阳线就买，你要看懂资金前期是在反手加仓然后推高，之后换手。需要注意的是，换手与减持是两个概念，在这里大家买进卖出，是换手，然后推起来。然后，在 10 月 29 日、10 月 30 日就可以出货了。推高的过程，迅速封涨停，成交量也就是一两亿元，基本在后面几天内就能出得干干净净。

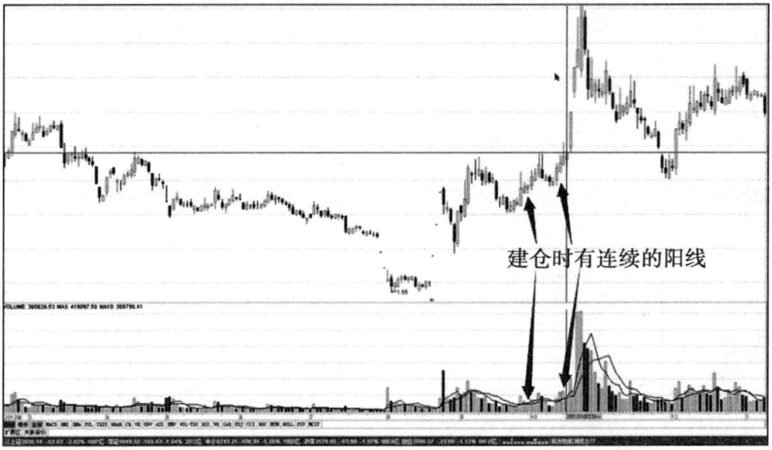

图 2-65

随后再维护一下盘面，机构不一定出得光，即使出光，新接手的也有可能自救一下，在离前期高点附近上冲，有可能做第二个头部，但是也很有可能向下（如图 2-66 所示），所以在这里不管怎么涨，投资者都坚决不能碰。

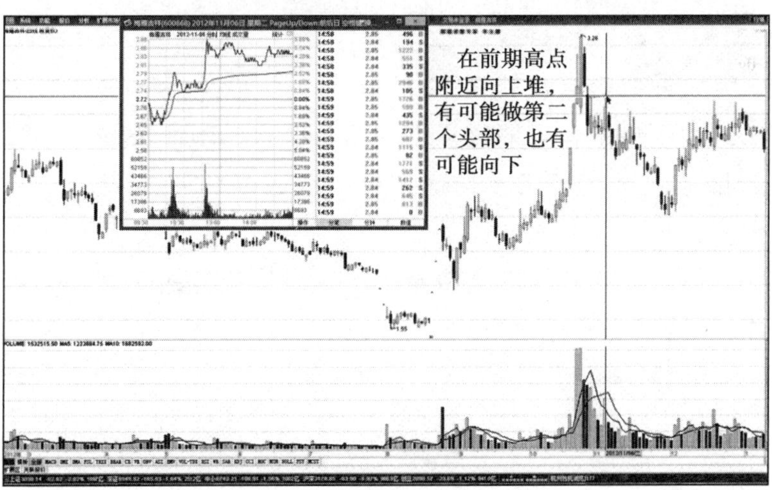

图 2-66

然后大幅下跌，这里有资金抄一把短线的意图在内（如图 2-67 所示），因为跌幅太大，然后慢慢向上。随后单日冲高，慢慢做第二个大头部。

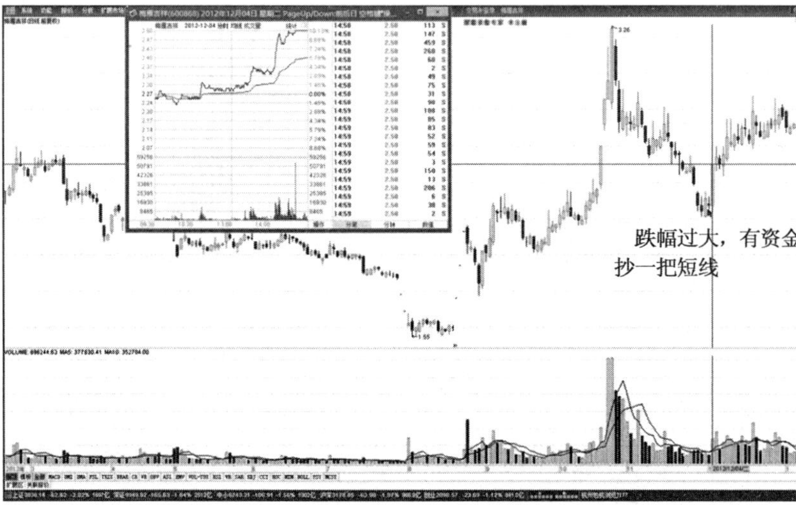

图 2-67

因为近期套牢盘就在 12 月 26 日，所以单日的冲高会受到打压，冲不过的，只能慢慢地冲高，做第二个大头部，把资金全部出光，至此第二波彻底结束如图 2-68、图 2-69、图 2-70 所示。

2013 年 9 月 10 日，有资金加仓，虽然成交量相对于前期放得不算大，但也有 1 亿多元（如图 2-71 所示）。

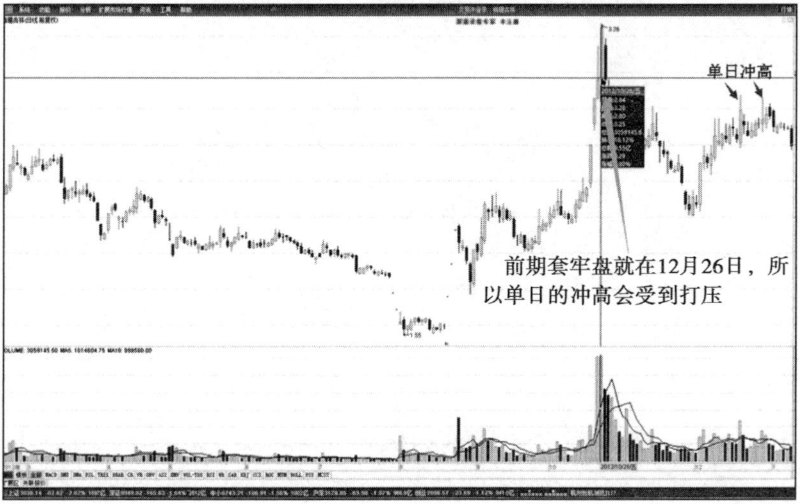

图 2-68

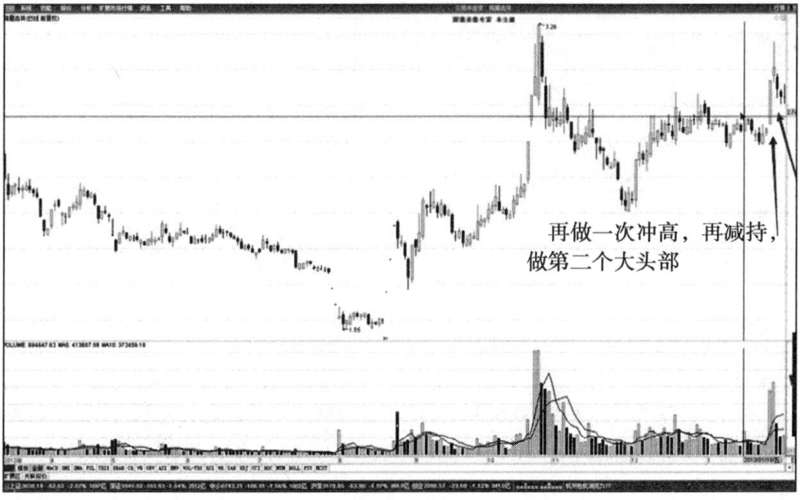

图 2-69

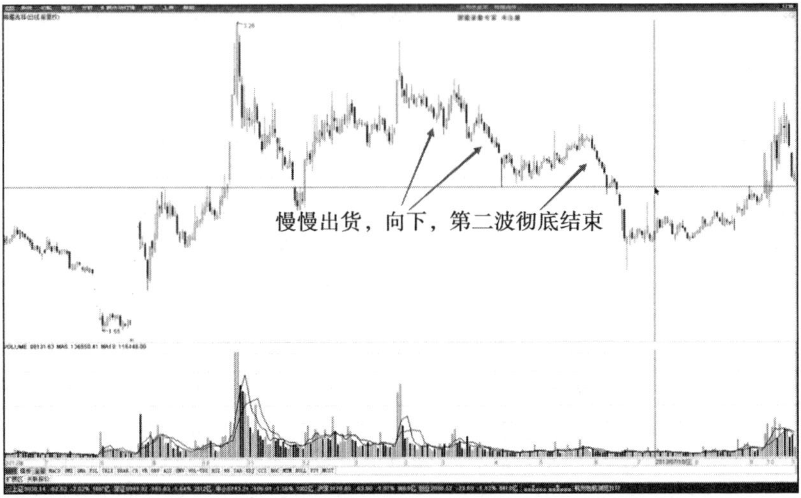

图 2-70

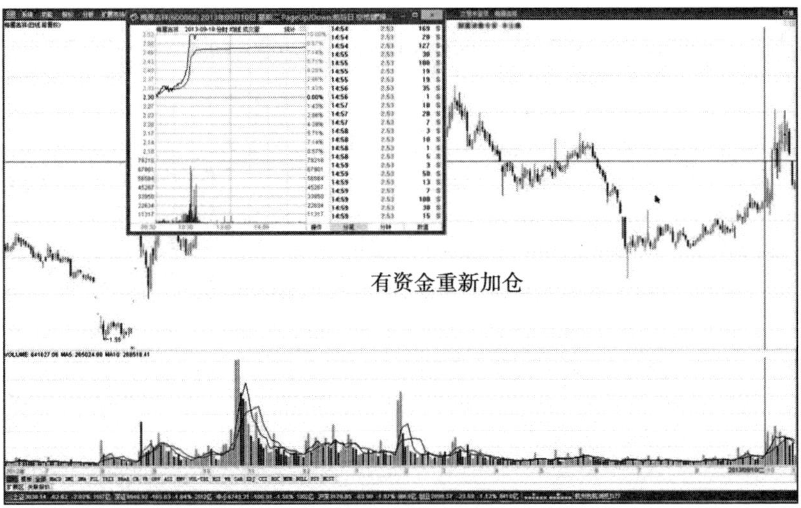

图 2-71

2013 年 10 月 18 日，肯定是出了利空，该笔资金不得不再次加仓，加两天后，向上推高，再震荡减持（如图 2-72 所示）。因为上面的套牢盘就在这一带，不可能做得很高。我不能断定这一波资金与前期有没有关系，但这一波冲起来还是为了减持。很有可能前一波资金手上还有一个仓位，在底部还加仓的概率太高了，尤其在利空打压下来，不得不再加仓，否则难以挺住。然后再推高，减持，做放量的图，然后出货。后期量慢慢降下来了，暂时可以不做关注。

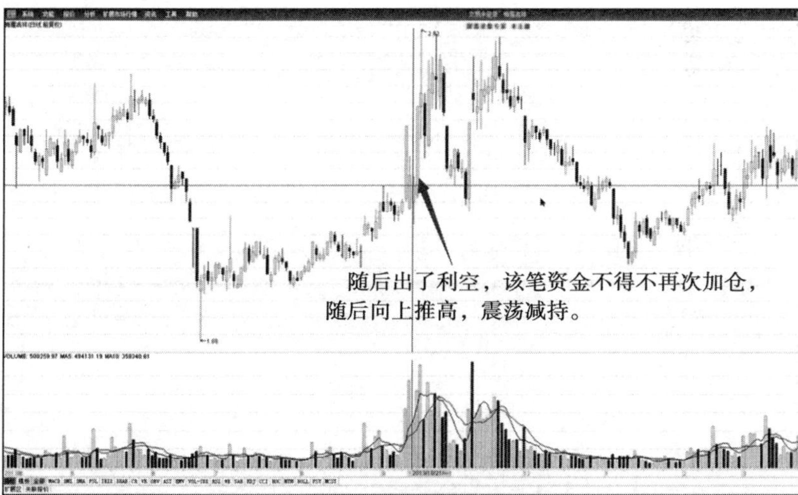

图 2-72

到 2014 年 6 月 27 日，突然有 7000 多万元资金建仓，将股价拉了起来，慢慢向上推（如图 2-73 所示）。

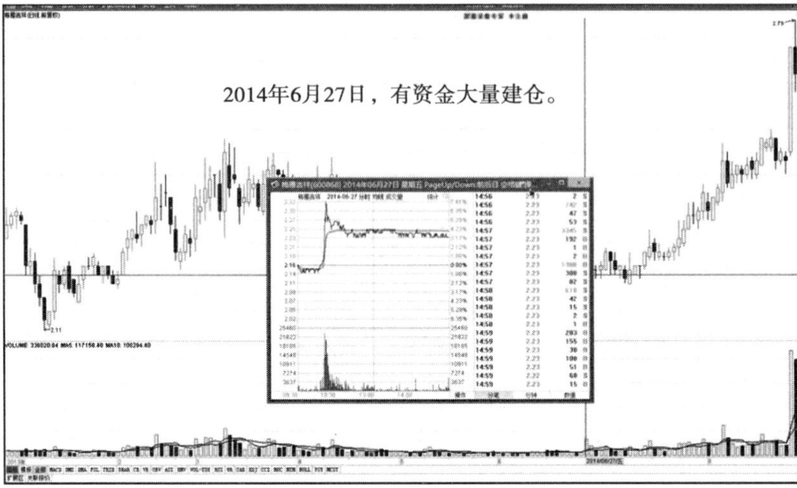

图 2-73

2014 年 8 月 26 日，突然出现 5.8 亿元的成交量，开盘不久大单封住涨停，而当天大盘却是下跌的（如图 2-74 所示）。可以判定，当天成交的 5.8 亿元一定是资金加仓，可以预见随后两天的洗盘。

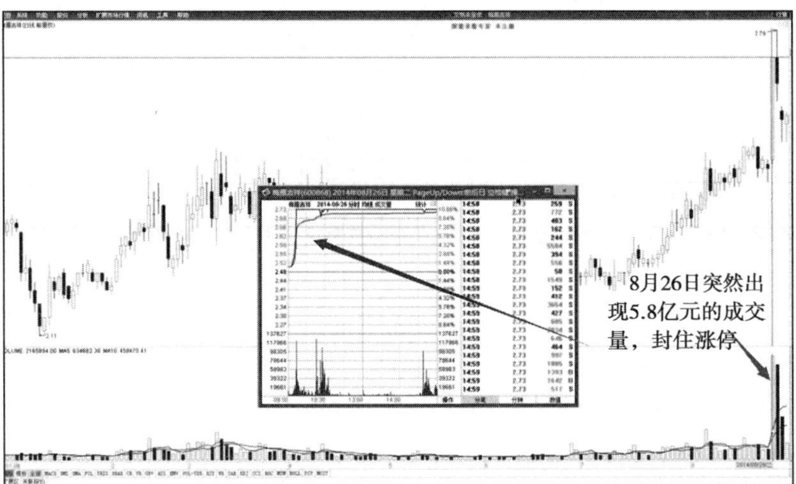

图 2-74

2014 年 8 月 6 日，当天成交 1.5 亿元，大于前期 1700 多万元的成交量，加上前期连续阳线的向上推高（如图 2-75 所示）。但是在这个上攻期间不能轻易买入，因为不能确认一定会上涨。

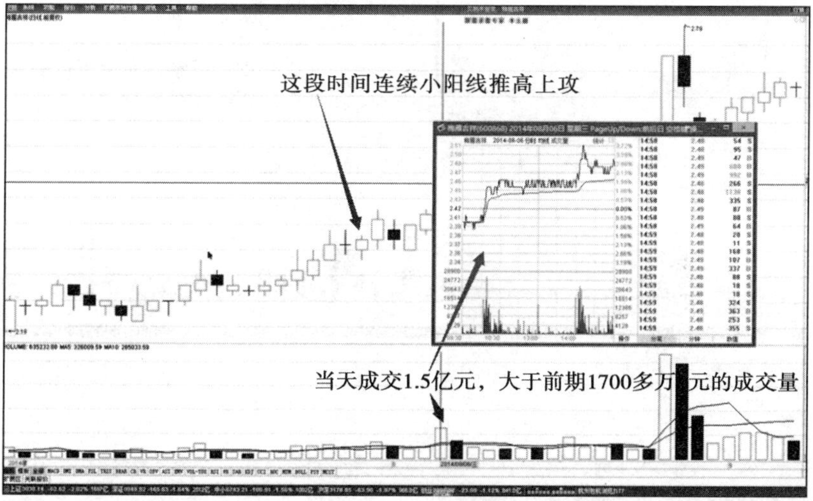

图 2-75

2014 年 9 月 16 日，当天放巨量（如图 2-76 所示），庄家大量进行减持，让跟风盘抬高成本。随后几天，慢慢换手，庄家一边护住盘，一边进行减持（如图 2-77、图 2-78 所示）。

一直到 2014 年 12 月 5 日，连续的大量阴线出来，可以确认这一波减仓又开始了。随后几天量慢慢地放了出来。

2014 年 12 月 22 日，当天又是尾市冲起来，凡是这种股价变化诡异的大盘股，尾市拉起来的概率很高，随后几天减持结束（如图 2-79 所示）。

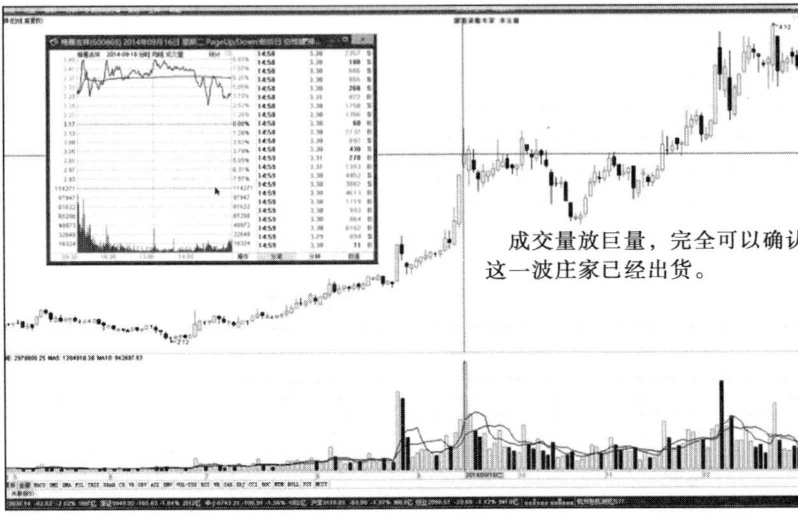

图 2-76

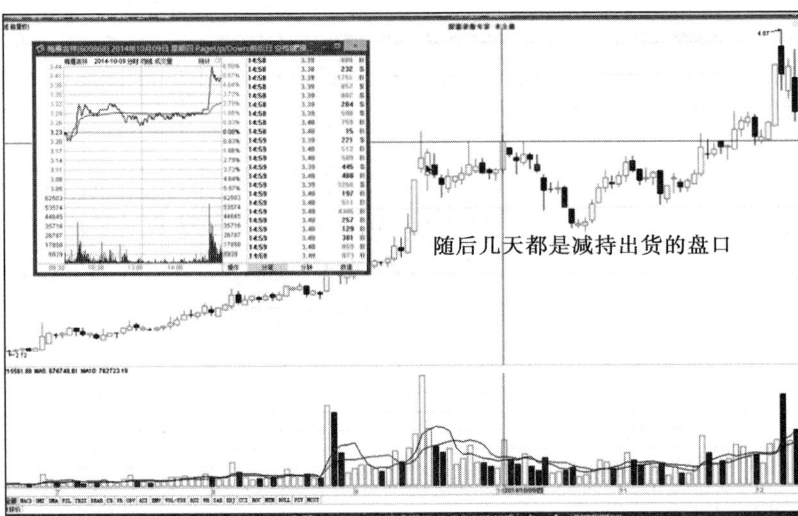

图 2-77

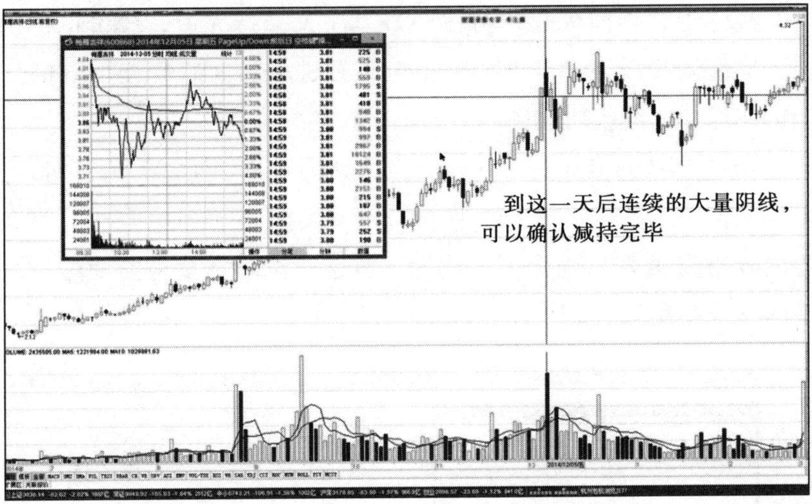

图 2-78

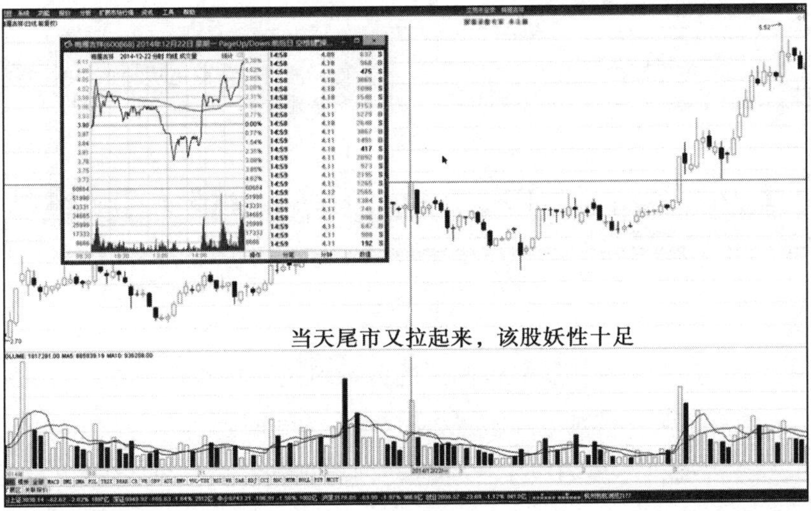

图 2-79

实际上，当时大盘走势比较好，庄家减持完后，股价也护得住，实际可以认为，前期在 2.4 元左右进场，而后慢慢加仓的资金，在近期已经成功离场。

2015 年 3 月开始的这一波，可以认为是从 2015 年 3 月 3 日开始拉涨停进场的（如图 2-80 所示），后面的一波涨幅，与当日资金的建仓很有关系。也许可以认为，做这一波的资金与前期的资金是同一个庄家所为。

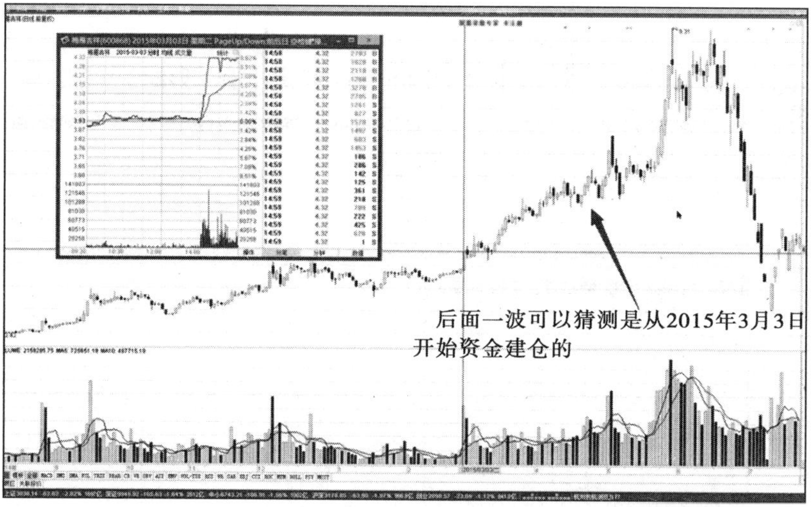

图 2-80

大家注意，在历史新高附近的巨量阳线容易形成突破。

随后几天继续加仓（如图 2-81、图 2-82 所示）。

随后几天连续阳线不停加仓，创历史新高的阳线突破后，高位继续换手（如图 2-83 所示）。

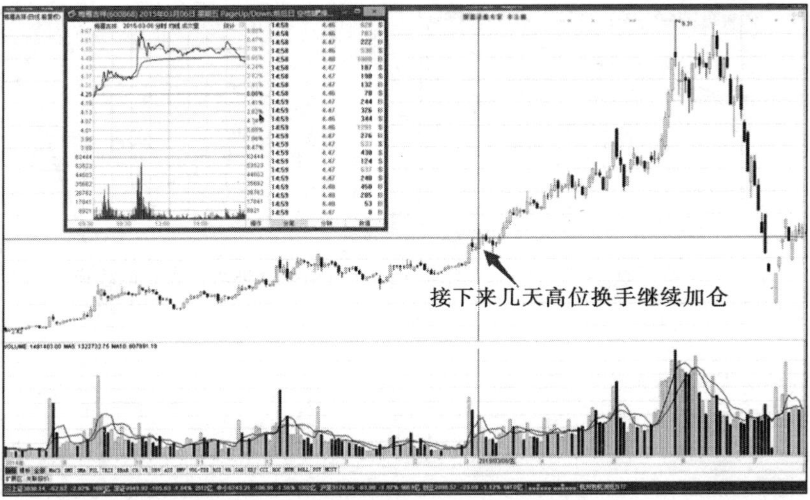

图 2-81

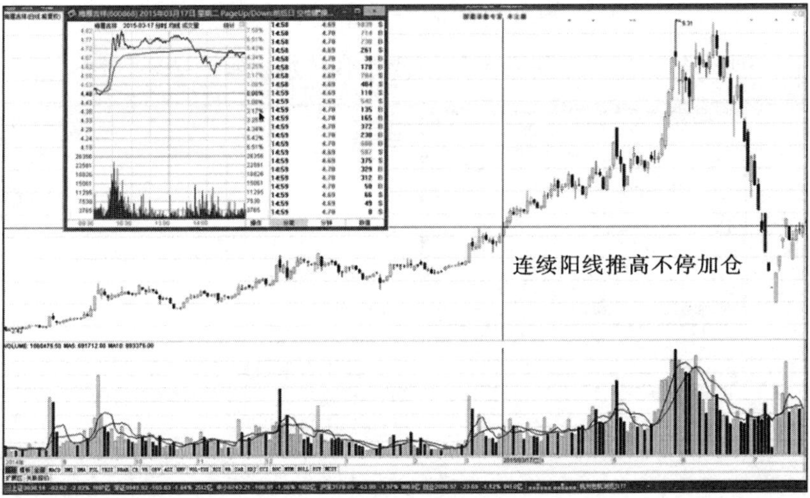

图 2-82

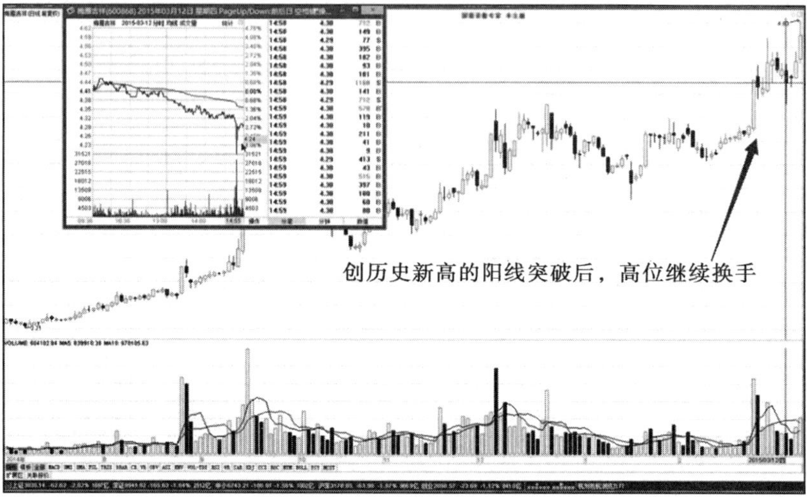

图 2-83

2015 年 3 月 26 日，这根阳线出来后，可以知道该股已经建仓了，但是不敢买入，因为不知道他怎么洗盘（如图 2-84 所示）。

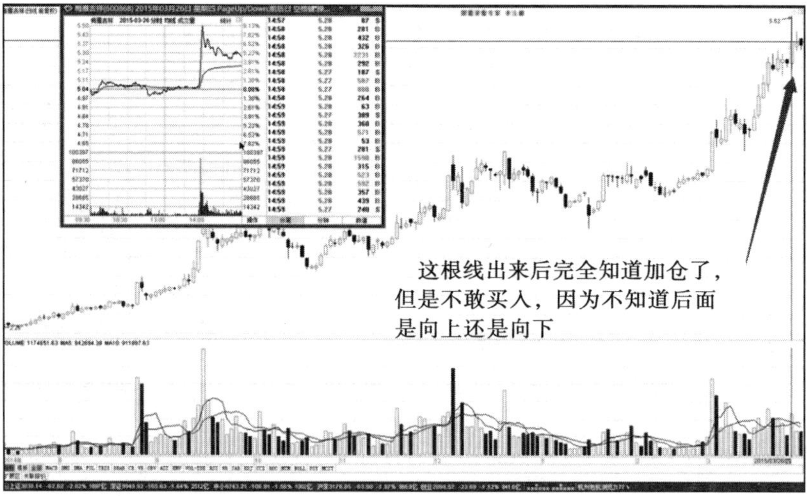

图 2-84

2015 年 4 月 2 日，到这个位置基本敢买了，因为当日分时图卖盘上冲比较容易识别，随后该股一路向上推高（如图 2-85 所示）。

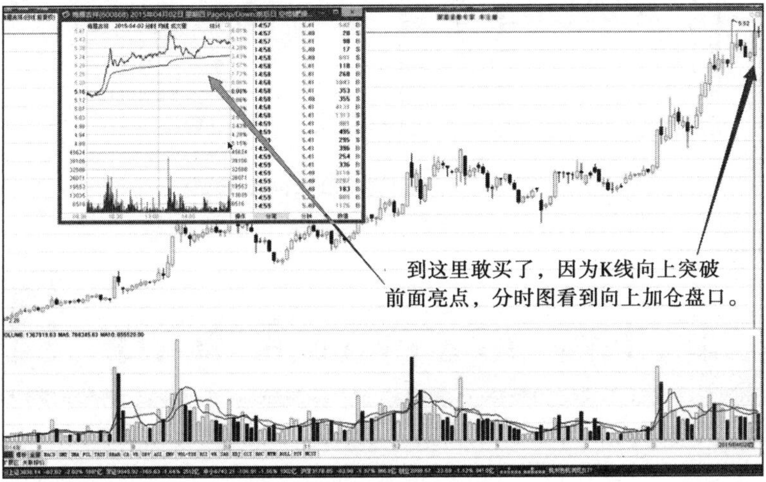

图 2-85

5 月 4 日、5 日当天的主力加仓情况如图 2-86、图 2-87 所示。

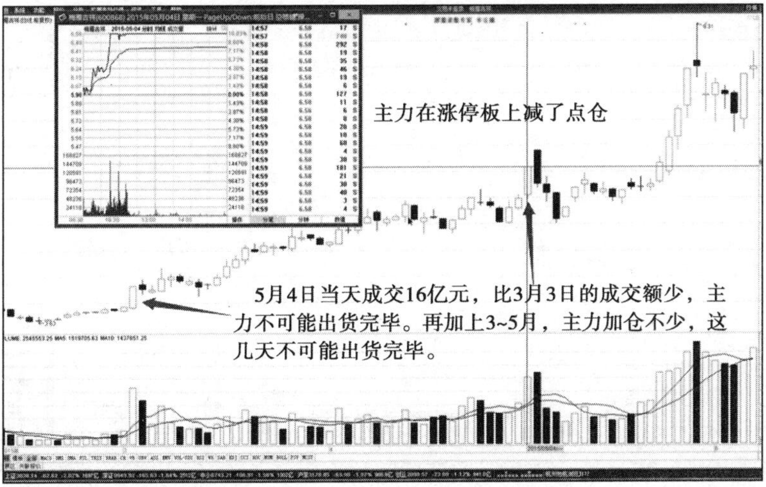

图 2-86

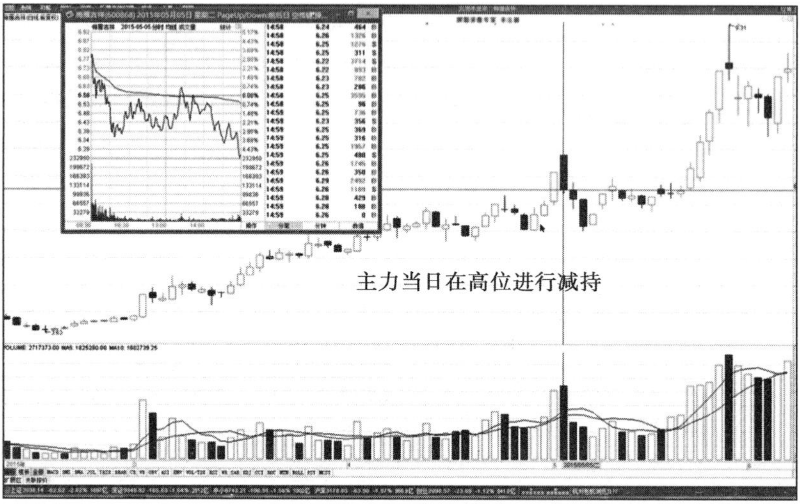

图 2-87

这是一个超大规模的洗盘（如图 2-88、图 2-89 所示）。

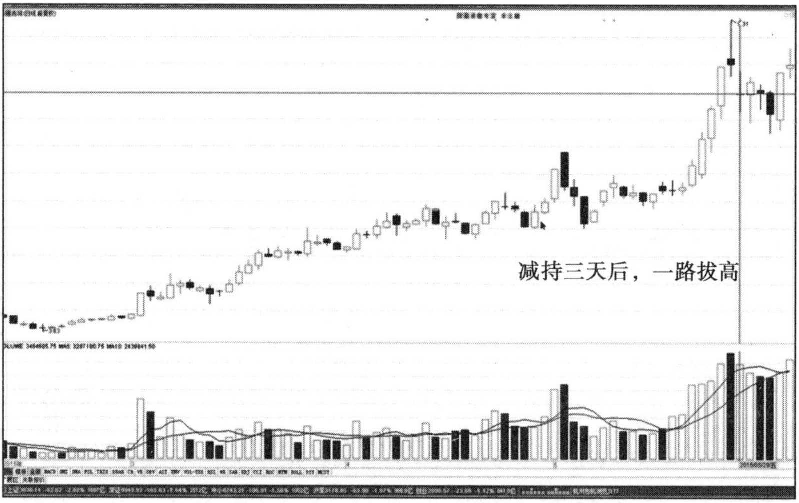

图 2-88

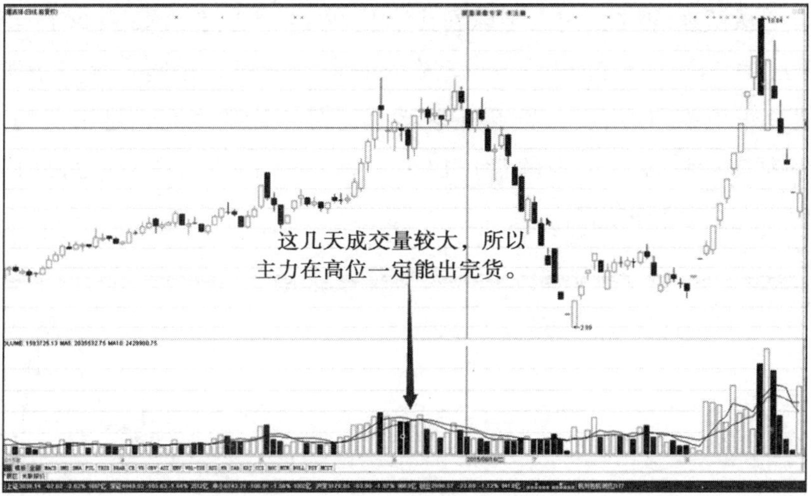

图 2-89

股东户数显示（如图 2-90 所示），从 2014 年 3 月 31 日到 2015 年 3 月 31 日，股东户数从 30 多万人降到了 21 万多人，减少了近 8.7 万人，这些人的股票被主力收走了。

【2. 股东户数】

截止日期	股东户数	户均持股	较上期变化	筹码集中度
2015-06-30	296602	6399	趋向分散	非常分散
2015-03-31	215760	8707	趋向集中	非常分散
2014-12-31	250712	7571	趋向集中	非常分散
2014-09-30	284086	6681	无明显变化	非常分散
2014-06-30	296130	6409	无明显变化	非常分散
2014-03-31	302268	6277	无明显变化	非常分散
2013-12-31	311244	6098	无明显变化	非常分散
2013-09-30	313702	6050	无明显变化	非常分散
2013-06-30	323311	5870	无明显变化	非常分散
2013-03-31	332642	5706	无明显变化	非常分散
2012-12-31	342809	5537	无明显变化	非常分散
2012-09-30	341942	5551	无明显变化	非常分散
2012-06-30	342363	5544	无明显变化	非常分散
2012-03-31	352592	5383	无明显变化	非常分散
2011-12-31	361113	5256	无明显变化	非常分散
2011-09-30	361201	5255	无明显变化	非常分散
2011-06-30	372251	5099	无明显变化	非常分散
2011-03-31	369994	5130	无明显变化	非常分散
2010-12-31	384772	4933	无明显变化	非常分散
2010-09-30	405791	4677	无明显变化	非常分散
2010-06-30	426401	4451	无明显变化	非常分散

股东户数从2014年3月的30万人降到2015年3月的21万多人。

图 2-90

从股东户数的变化可以看出，从 2014 年 3 月 31 日到 2015 年 3 月 31 日，整个过程是同一笔资金在收集筹码，是同一笔资金做盘（如图 2-91 所示）。如果主观地认为是不同的资金，是错误的，因为在后期没有建仓的盘口出现。该笔资金在 2015 年 6 月底以后，完全获利出局。

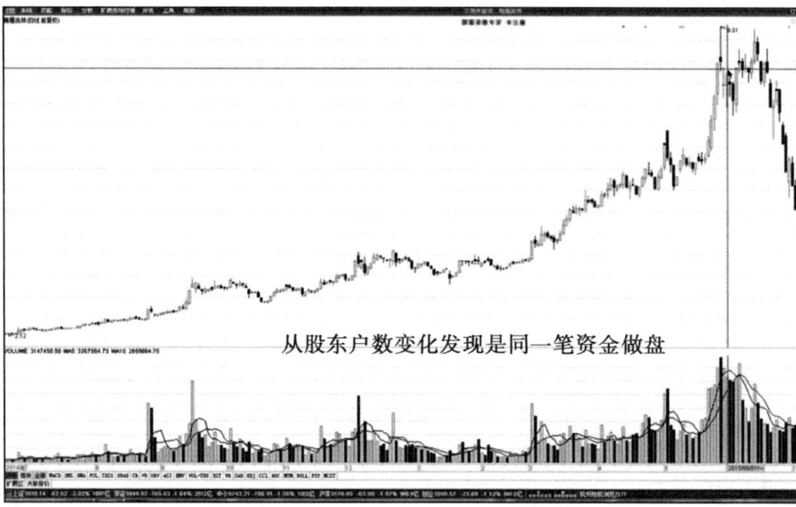

图　2-91

这一波，证金公司抄底（如图 2-92 所示）。

从 2015 年 8 月 6 日开始，该股的“妖气”出来了，当天成交了 24 亿元的历史天量，不是有人买是什么呢（如图 2-93 所示）？

随后几天，无数游资在该股里做盘，来回做，做得太漂亮了（如图 2-94 所示）。

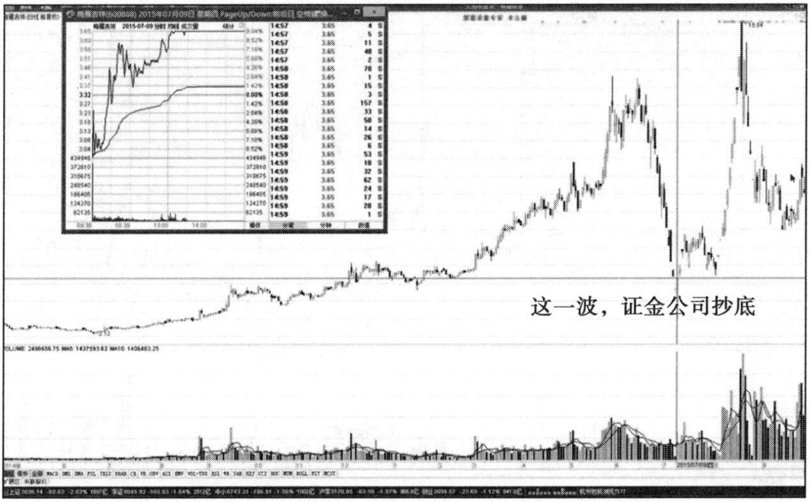

图 2-92

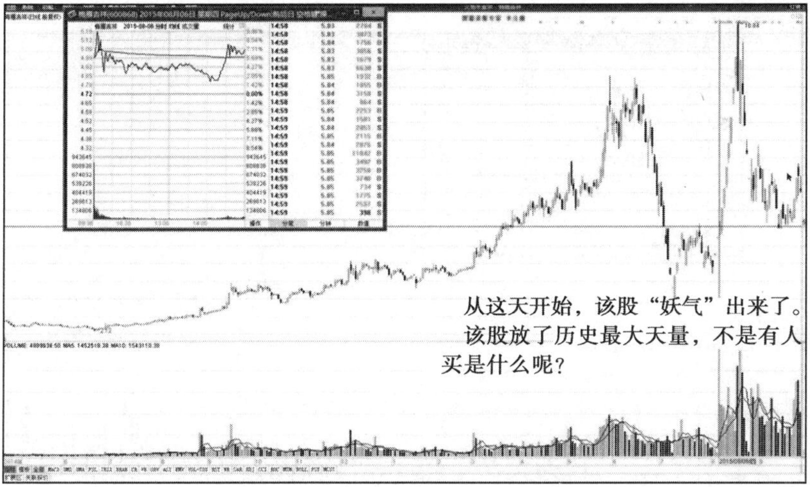

图 2-93

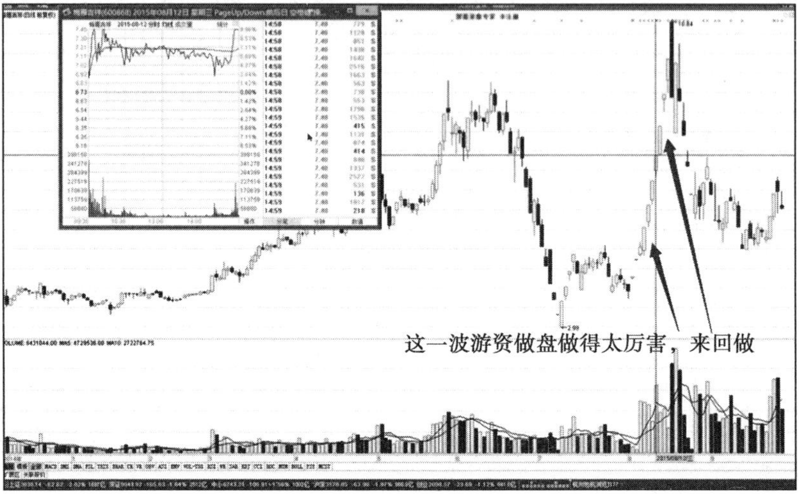

图 2-94

到 2015 年 8 月 18 日，游资疯狂出货，成交 80 多亿元，惊掉了很多股民的“下巴”(如图 2-95 所示)。

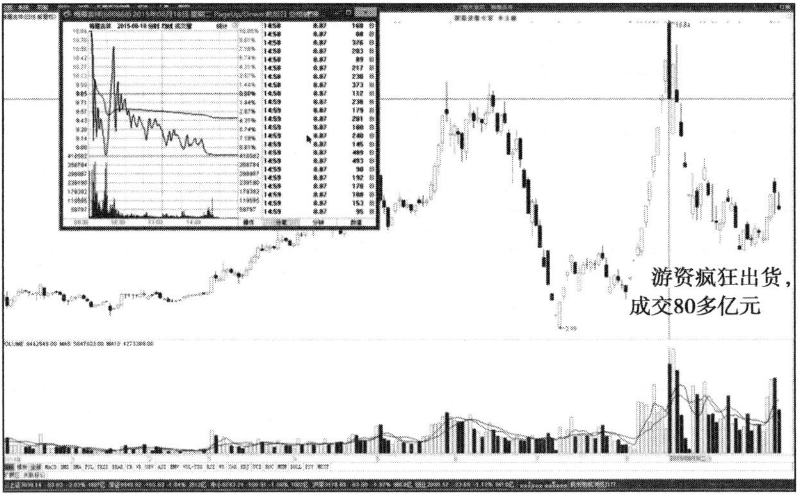

图 2-95

从跌停板打到涨停板，还是一个出货的过程（如图2-96所示），因为期间这么大的量，只有在高位连续折腾几天，才出得了货。

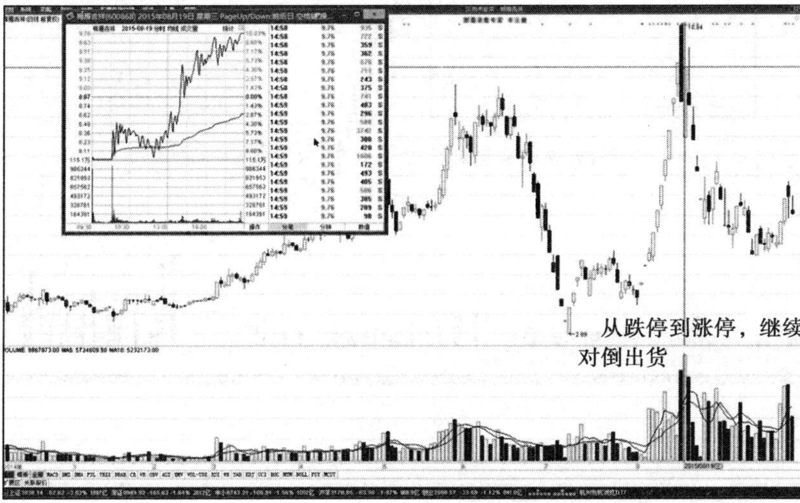

图 2-96

2015年9月24日，我看着该股推起来了（如图2-97所示），但是我还是不敢做，因为不能判定前几天主力是否在加仓。

到2015年9月25日冲起来之后，才能断定前几天是在加仓，因为9月24日的成交量太大，肯定加了仓（如图2-98所示）。

9月25日，看盘时，我当时就说：要封住涨停，要顶住，才能在后面几天出好货。

9月25日，大盘是向下的跌2%，而该股却逆市涨停（如图2-99所示）。

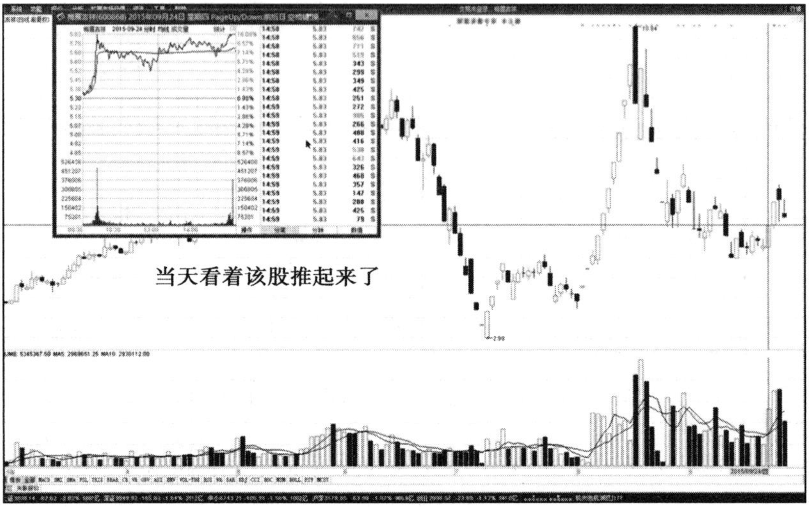

图 2-97

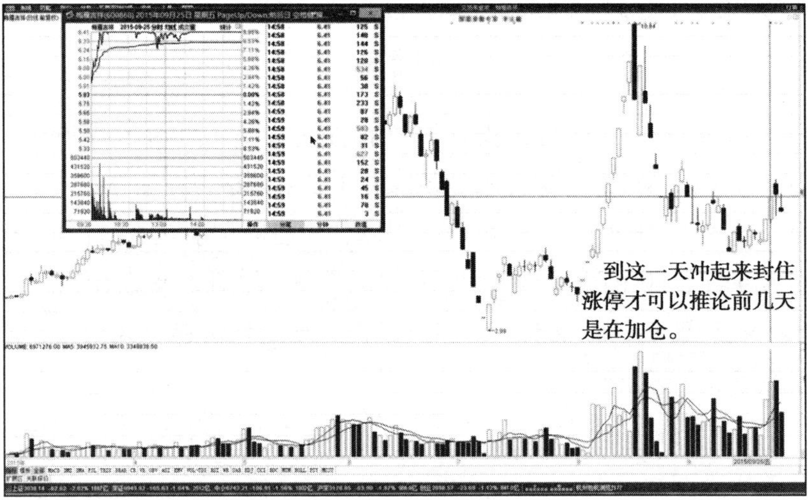

图 2-98

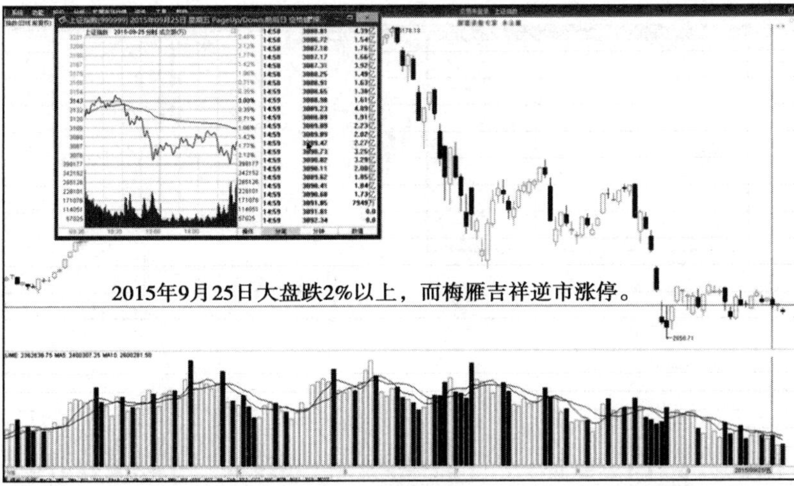

图　2-99

第二天该股跳空高开向下打出货，前三笔单子成交 4000 多万手，成交额 2.4 亿多元，倒完货，尾市还向上勾一下，以便后一天继续倒货（如图 2-100、图 2-101 所示）。

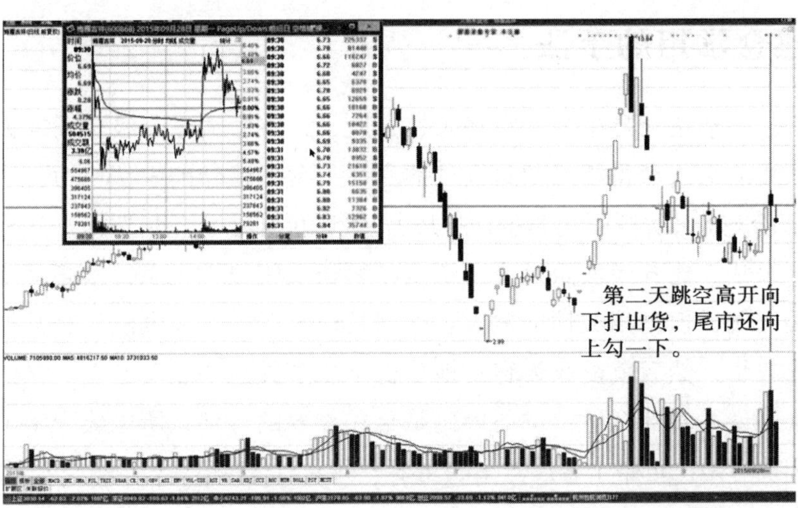

图　2-100

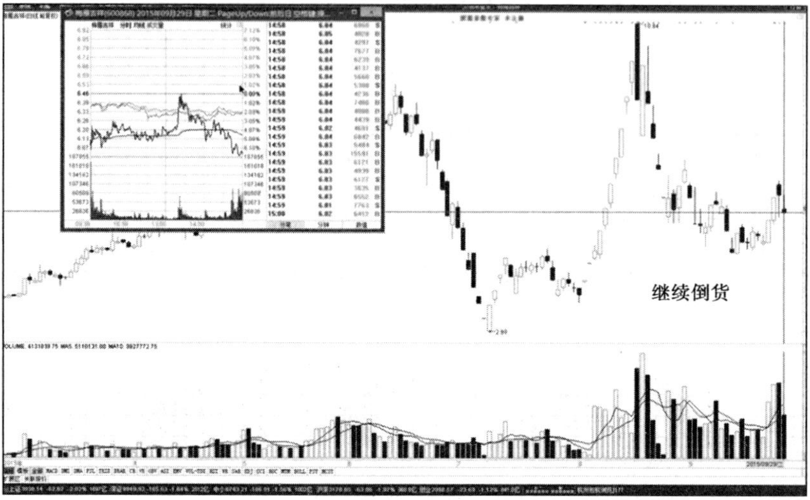

图 2-101

（2015 年 9 月 29 日成稿，微信公众号：classstock）

建仓常用的手法

股票建仓是指为了在将来拉升股价，主力通过二级市场或大宗交易买入获得相当数量仓位的交易行为。建仓的手法包括打压建仓（分主动打压和非主动打压）、快速拉升建仓、长期横盘建仓等手法。建仓手法跟短庄、中线庄和长线庄很有关系，未必呈线性比例，但是相关性非常大。根据其建仓手法，大致能计算其持仓数量，然后就能较为容易地分析出庄家做盘的战略意图。对庄家来说，拿到合适价位的筹码是至关重要的一环，所以建仓手法和技巧是决定整个坐庄方案的重要一环。

上节选取梅雁吉祥（600868）讲解，主要是因为这只股票弹性十足，基本上主要的建仓手法都在它身上出现过。

建仓手法之打压建仓

1. 主动打压建仓

2011 年 1 月 18 日，苏州高新（600736）就是典型的打压建仓盘口，在这之前的阳线是该笔资金建底仓，然后在 1 月 18 日疯狂抛售打压，把其他资金充分挤出来（如图 2-102、图 2-103 所示）。盘口特征为满是大单往下砸，但是股价下跌却有限。

图 2-102

2. 非主动打压建仓

梅雁吉祥 2012 年 8 月 1 日的建仓是市场利空打压，有资金干脆在跌停板一把抓单，然后横盘在建仓（如图 2-104 所示）。

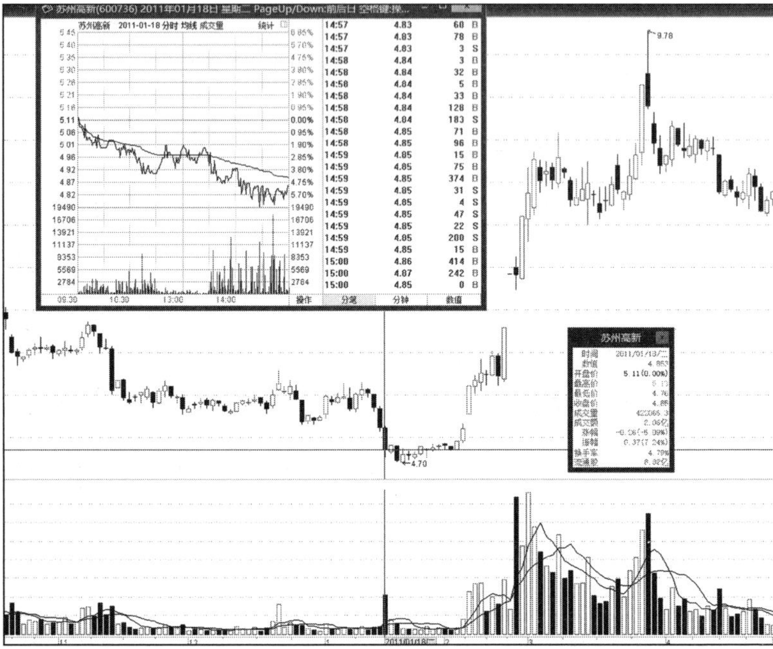
苏州高新(600736) 2011年01月18日 星期二 PageUp/Down:前后日 空格键:操...
苏州高新 2011-01-18 分时 均线 成交量
操作
分笔
分钟
数值
9.78
4.70
苏州高新

图 2-103

2.34
1.55

图 2-104

这种手法在市场中很常见，如海欣食品（002702）全天成交16亿元，在跌停板成交10亿元就是跌停板接仓的建仓（如图2-105所示）。这笔资金操作是游资常用的手法，非常经典。如何区分避免买到华闻传媒（000793）和云南铜业（000878）跌停板之后再大幅下跌，这里面的学问比较深（如图2-106、图2-107所示）。

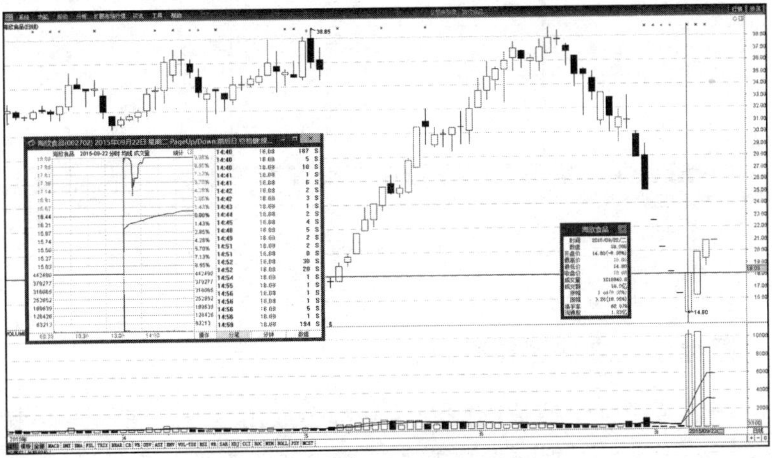

图 2-105

图 2-106

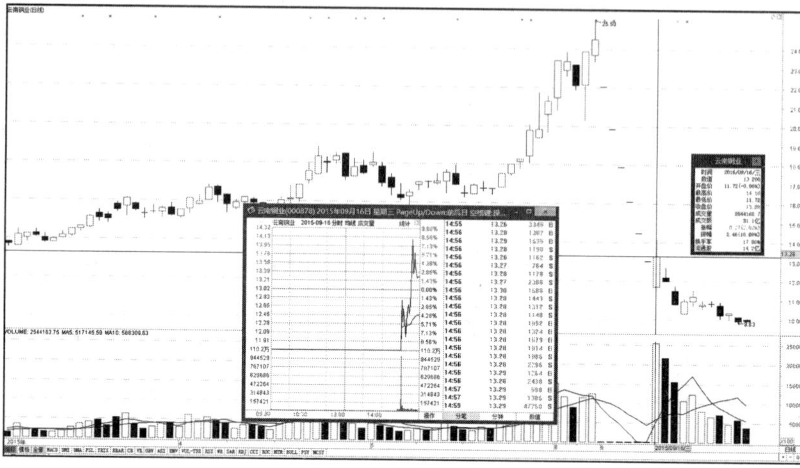

图 2-107

建仓手法之快速拉升建仓

一般来说，快速拔高建仓通常都会放出巨量，在不同的市场背景下会走出符合当时大盘走势的 K 线图或非常强劲有力的阳线。例如，图 2-108、图 2-109 中的梅雁吉祥（600868）两次都采用快速拔高一根大阳线的方式建仓，主要是前期手上有一定量的仓位，快速拔高等同于进入拉升阶段。

但是在图 2-110 中，2006 年 10 月 13 日的连续阳线，是典型的资金建仓，跟前面两个月连续阳线建仓息息相关，持续两个月都是建仓过程，随后才有超级大牛股走势。2016 年 10 月的建仓属于拔高建仓，有基金减持有基金加仓，减持和加仓的数量基本上能计算出来。

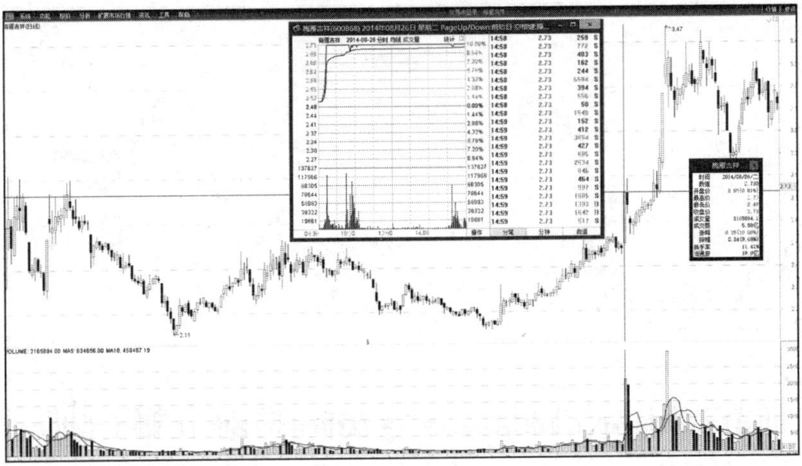

图 2-108

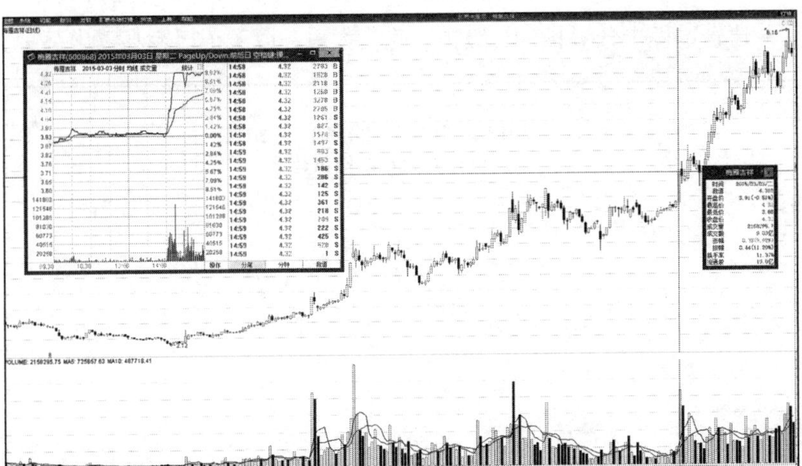

图 2-109

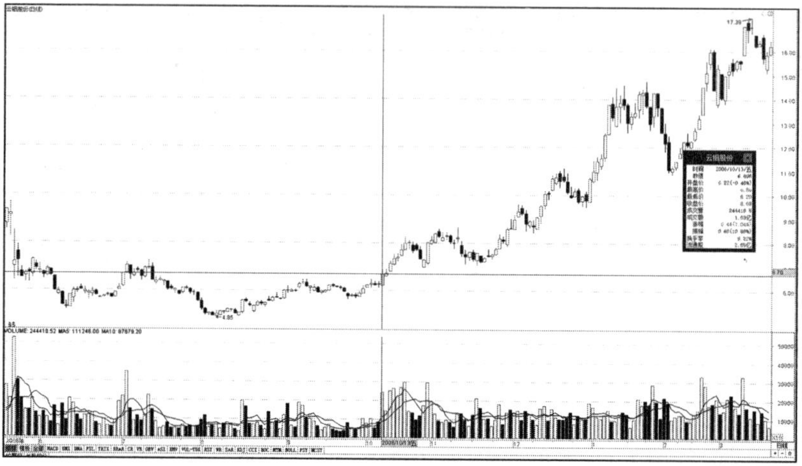

图 2-110

建仓手法之长期横盘建仓

如图 2-111 所示，这类盘面是最好跟踪的，这类资金持仓量巨大，建仓过程十分漫长，二级市场吃货太重，以至于很容易露出马脚。

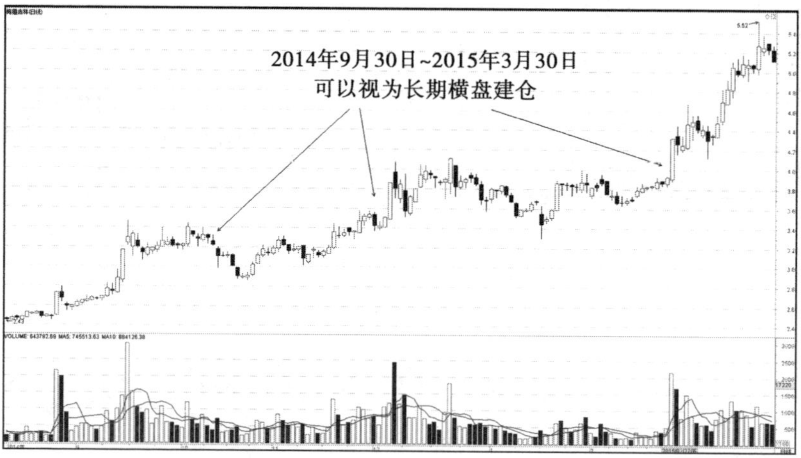

图 2-111

这段时间梅雁吉祥（600868）的股东户数下降情况，明显可以看到股东户数的大规模减少（如图 2-112 所示）。

【2.股东户数】

截止日期	股东户数
2015-06-30	296602
2015-03-31	215763
2014-12-31	250712
2014-09-30	284086
2014-06-30	296130
2014-03-31	302369
2013-12-31	311244

图　2-112

大家再看图 2-113、图 2-114，章强在 7 元多建仓，我当时就预感到他要大赚。

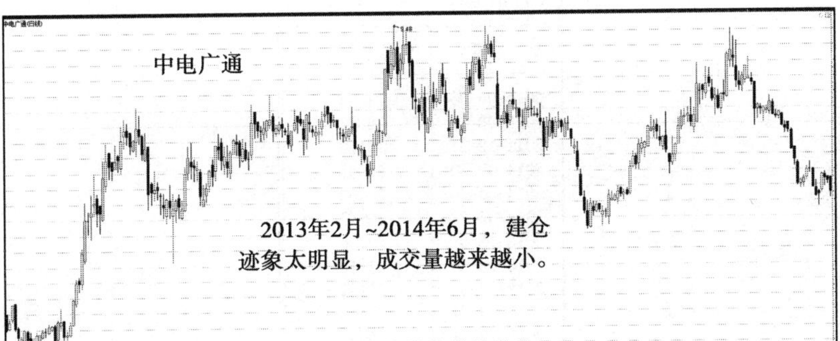

图　2-113

其间该股股东户数大规模减少（如图 2-115 所示），跟 K 线图走势透漏的信息完全一样，有资金在二级市场大规模横盘加仓。

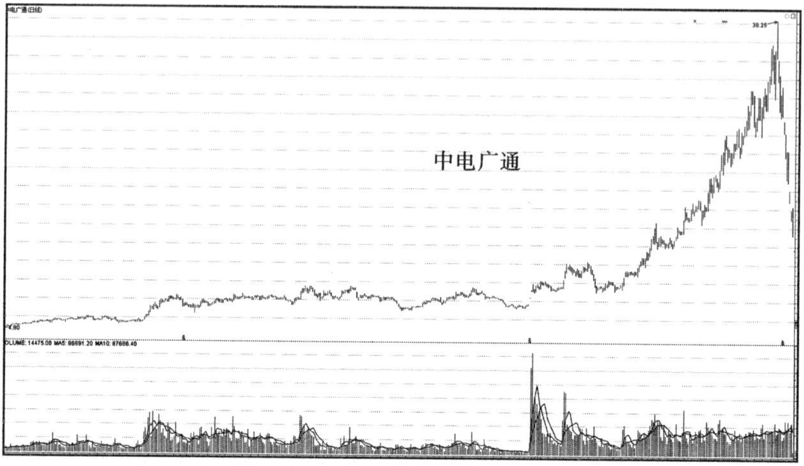

图 2-114

【2.股东户数】	
截止日期	股东户数
2015-06-30	17329
2015-03-31	18329
2014-12-31	19113
2014-09-30	19945
2014-06-30	20000
2014-03-31	19948
2013-12-31	20796
2013-09-30	21710
2013-06-30	27142
2013-03-31	25410
2012-12-31	26233
2012-09-30	26673
2012-06-30	27142
2012-03-31	27414
2011-12-31	29565

图 2-115

图 2-116 是一个股东户数图，大家能看到该股从 2013 年 9 月 30 日～2014 年 9 月 30 日股东户数从 3.1 万人降低到 1.7 万人，12 个月时间的建仓，这种股票很容易被人在 K 线图上识别出来。2015 年 6 月 30 日该笔资金成功减持，股东户数增加了一倍。

【2. 股东户数】

截止日期	股东户数
2015-06-30	34463
2015-03-31	23510
2014-12-31	17881
2014-09-30	17336
2014-06-30	21113
2014-03-31	22644
2013-12-31	28149
2013-09-30	31577
2013-06-30	29867
2013-03-31	31282
2012-12-31	33411

图 2-116

图 2-117 是 2013 年 9 月～2014 年 9 月的该股建仓图，不妨对照我上面讲的特性分析它的 K 线图。其难度要比中电广通（600764）稍大，但是也是比较容易分辨的。图 2-117 所示的股票在 2015 年最高股价曾达到过 38 元，短期翻 7 番。所以如果能掌握长线资金横盘建仓的技能，那么很容易成为市场上的大赢家。

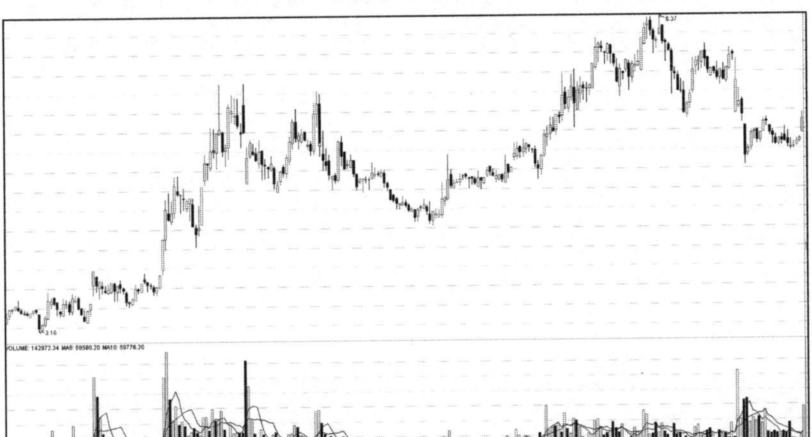

图 2-117

后记：2015 年 6 月后的大幅下跌，导致市场 K 线图基本不存在横盘走势，所以要识别这类股票需要等到 2015 年第三季度报表股东户数变化出台才能比较容易和肯定地识别。将来在《实战训练器》中会推出股东户数缩量到什么程度可以视为长线资金建仓的选股工具，计算公式其实是不难的。

出货常用的手法

出货：二级市场主力减持手中持仓即可视为出货，出货和换手的最大区别是换手减持仓位数量不到持仓的 30%，而且后期会接回来，意图是继续拉高。出货是二级市场主力完全减持，意图上是以全面离场为主。出货一定要有成交量的放大，一般来说出货成交量比建仓成交量大很多才能成功离场。而换手仅仅是为抬高对手盘成本，并不是想完全离场。

短庄、中长庄和长庄出货是完全不同的。短庄出货就是高举高打之后放量立刻减持，成交量会在高位巨幅放大，资金减持速度非常快。一旦出货成功，短期内很难再冲破出货价格区间。中长庄出货在高位会有很长时间的停留，而且大部分会有二次头部，二次头部成交量可能会缩减。道理很简单，一次头部出货未必能成功，但是二次头部怎么做，能否做成是一个未知数。因为长线庄根据基本面（业绩、重组）很难用技术派分析，所以在其股价涨得很高后，不停地上下震荡即可视为出货。

短庄出货案例如图 2-118、图 2-119 所示。

中长线主力减持如图 2-120、图 2-121 所示。

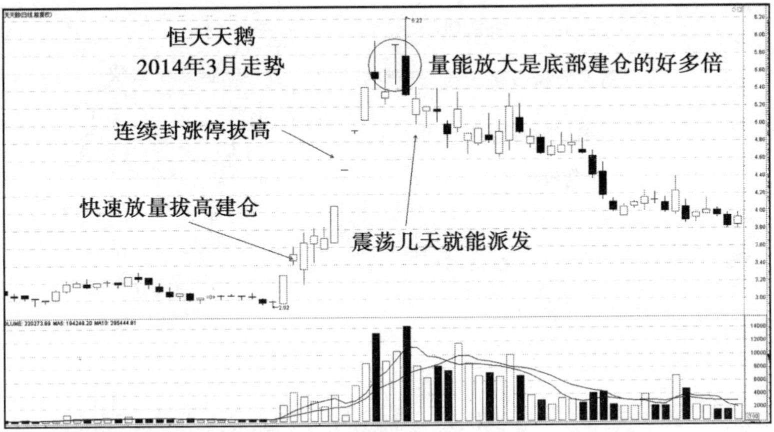
恒天天鹅
2014年3月走势
量能放大是底部建仓的好多倍
连续封涨停拔高
快速放量拔高建仓
震荡几天就能派发

图 2-118

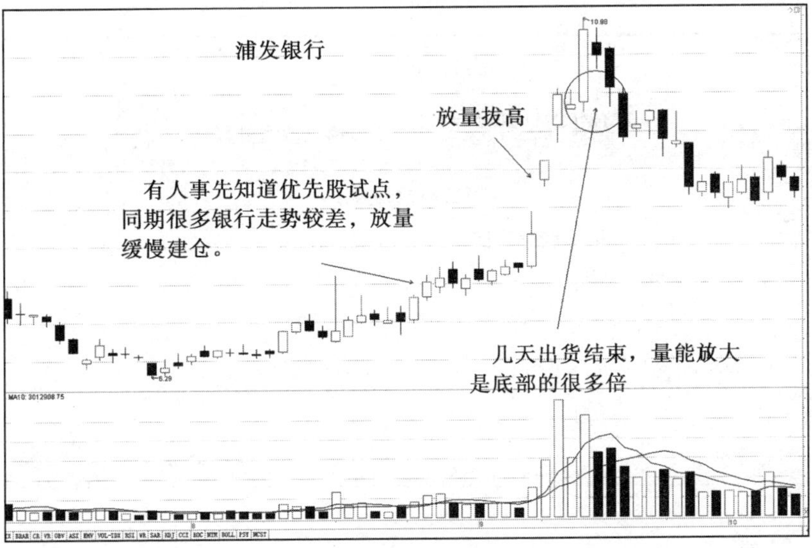
浦发银行
放量拔高
有人事先知道优先股试点，同期很多银行走势较差，放量缓慢建仓。
几天出货结束，量能放大是底部的很多倍

图 2-119

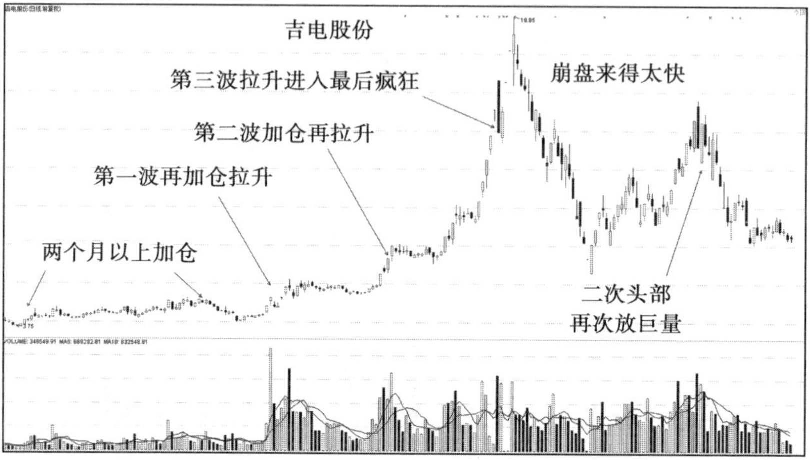

图 2-120

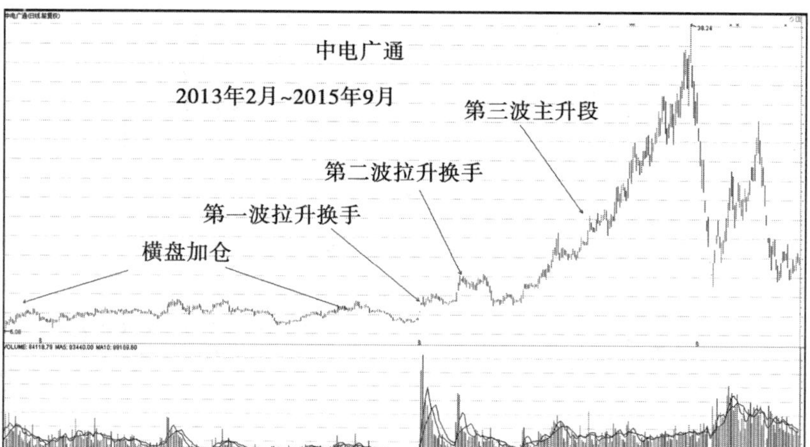

图 2-121

超级长线资金减持一般就是公司持有条件改变，从而出现大幅下跌离仓。我们未来会在《实战训练器》中推出大量建仓、拉升和出货的实战案例训练。

（2015 年 10 月 4 日成稿，微信公众号：classstock）

拉升常用的手法

股票拉升：指主力为达到盈利的目的，已经持有或想通过买入行为持有一定数量的二级市场股份，采用大单买入、对敲等手法，推高股价的行为。短线、中线和长线主力拉升的方式是完全不同的，技巧也不一样。

短庄拉升的手法

主力建仓后，在二级市场用资金优势直接推高股价，在达到一定高度后开始震荡换手或再拉高，放量就派发。派发量一定要大于建仓量，不然无法离场。整个过程在 10～20 个交易日基本完成，充分体现了短平快的特点。主力不一定要拿到多少仓位，主要是看题材爆发的时间。**短庄主要靠识别盘口建仓程度分析持仓量，K 线图组合都不是第一位。**短庄只有盘口才能反映资金建仓的程度，K 线图组合会滞后几天乃至十几天，反应太慢。盘口一天最多至几天就能确定资金的战略意图。

图 2-122 充分说明了短庄的特性，建仓放量，然后几天换手后就大幅拔高，拔高过程直接封住涨停。达到目标价位后，主力直接开始放巨量出货。这是一种毫不犹豫，非常快速的坐庄过程。

图 2-123 是这期间股东户数变化的情况。

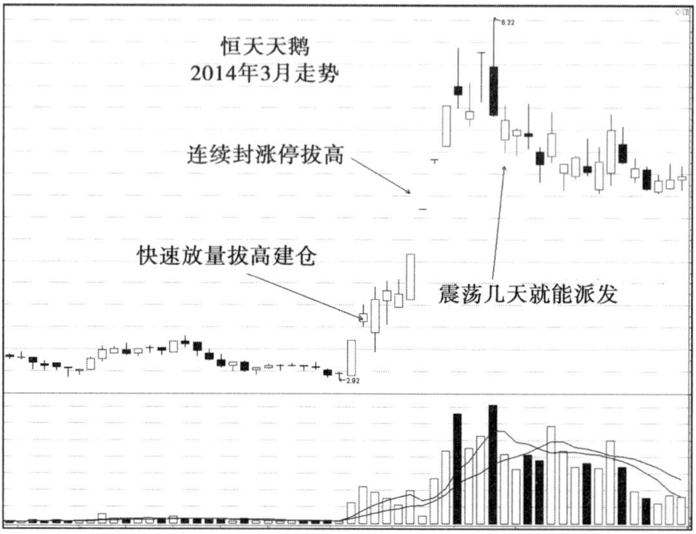

图 2-122

2014-03-31	62577
2013-12-31	48828
2013-09-30	52472

图 2-123

大量的重大题材是短庄做盘，例如著名的自贸区、优先股等都是游资拔高建仓、震荡换手后继续拔高，一路高举高打，连封涨停，高位把仓位倒出来。

短庄做盘最大的特点就是拔高极快，连续封住涨停。追这种股票必须提前知道在拔高前该资金持有股份的数量，这样再追第一个涨停板的风险才不会很大。

恒天天鹅（000687）和浦发银行（600000）这两个案例在突破性大涨之前都有建仓过程，恒天天鹅是连续放量再突破；浦发银行是前期连续推高的阳线即建仓，一根大阳线的突破明显有题材故事（如图 2-124 所示）。限于篇幅，如何识别短庄建仓数量，可以在我的《实战训练器》的盘口训练中获得更加详细的讲解。另外，有关猛狮科技的内容（如图 2-125 所示），在此不赘述。

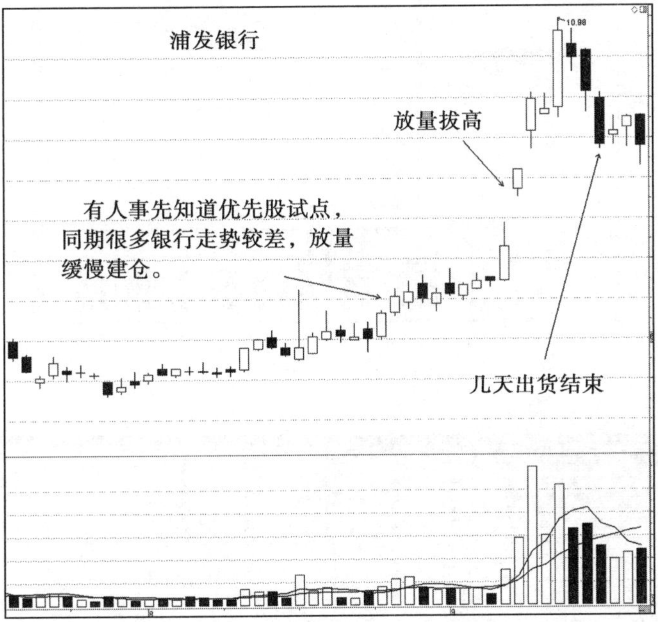

图 2-124

短期大幅上涨一倍，只能通过盘口识别资金建仓的程度，看 K 线图组合会有相当的滞后性。

这也是梅雁吉祥（600868）短线资金炒作证金概念，一天就加够仓位，无数的游资倒手不断炒高热点的过程。唯一的漏洞就是 8 月 6 日放量过大（如图 2-126 所示），谁在这个低价区买入呢？同时市场又流传证金概念，谁一手策划和制造这个概念呢？

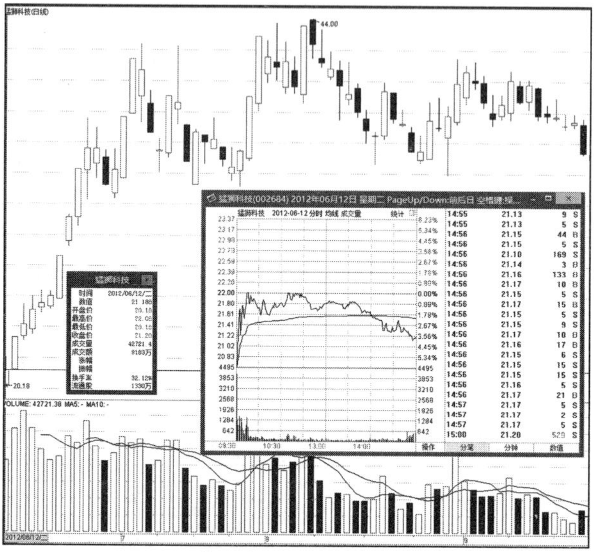

图 2-125

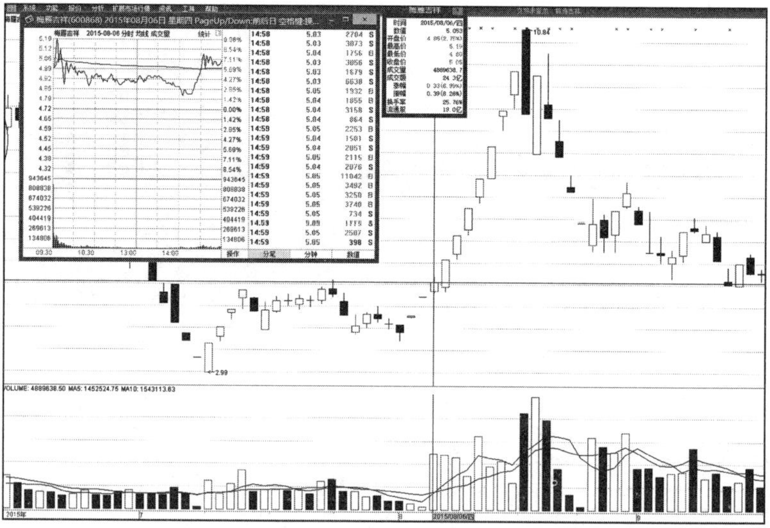

图 2-126

中线坐庄拉升的手法

中线坐庄一定要持有相当的仓位，所以其建仓之后一般会回调清洗盘面，不断加仓的过程，拉升也是一波一波，上涨不会一次性结束。对于交易者来说可观察的时间比短线资金长很多，更容易把握。同时，拉升过程伴随不断抬高其他资金成本的换手，其实就是主力资金在做差价。中线坐庄主要看 K 线图组合，其建仓时间过长，能获得大量时间去判断和分析建仓占可流通盘的比例。根据其建仓数量占可流通盘的比例，投资者大致能计算出其上涨的幅度。短庄就不能，只能根据放量分析资金离场的程度，中线坐庄则可以根据建仓数量大致分析拉升需要的幅度。至于如何计算，可以在我的《实战训练器》中看到详细讲解。

大家可以看到，在整个梅雁吉祥（600868）拉升的过程中，出现一波又一波的回调，实际没有过大的资金减持，完全是抬高对手盘成本的过程（如图 2-127 所示）。主力连差价都做不出来，最主要的目的是抬高对手盘的成本，将来再拔高到高价区，获利盘回吐力量小很多，容易在别人犹豫的时候减仓。

图 2-128 中船防务（600685）是典型的中线资金建仓的走势，连续推高，然后高位没有任何减仓迹象，这种建仓 K 线图还是很好识别的。广船国际（600685）改名为中船防务（600685）是非常大的资产规划和整合，估计坐庄该股的资金，一定能提前知道这类信息。

总之，中长线坐庄一般持仓数量较大，难以一次性出清仓位，所以拉升过程会是一波接一波的（如图 2-129 所示）。极少横盘一年半载的中长庄股票，往往一步到位拉升（停牌重组类除外），所以识别难度小，可跟踪的概率大。

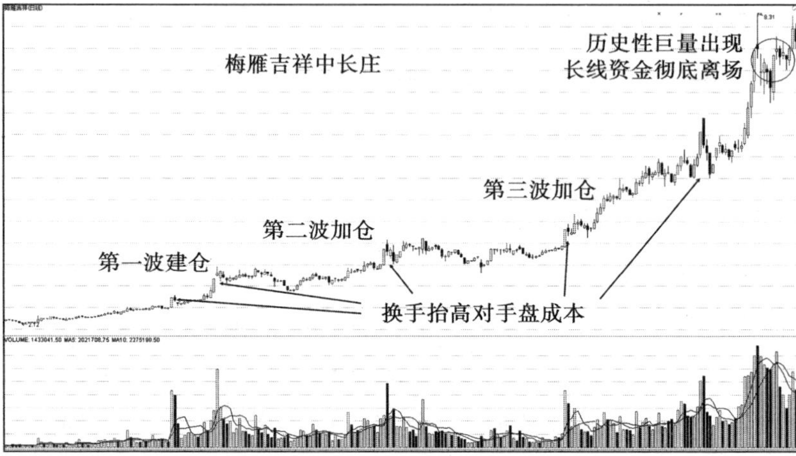

图 2-127

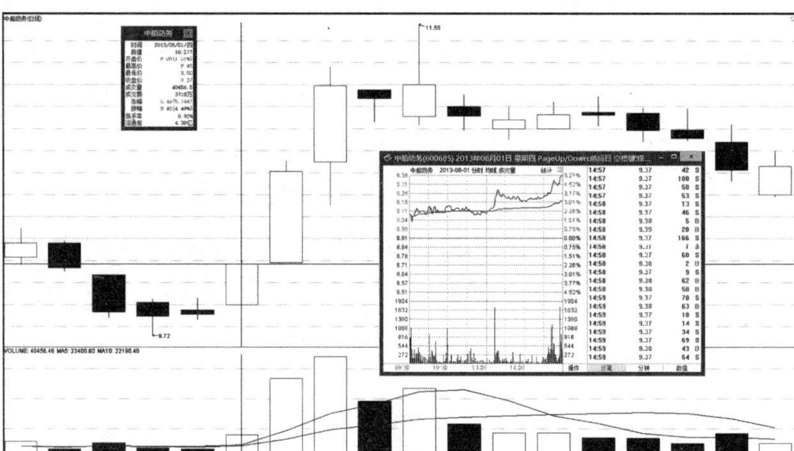

图 2-128

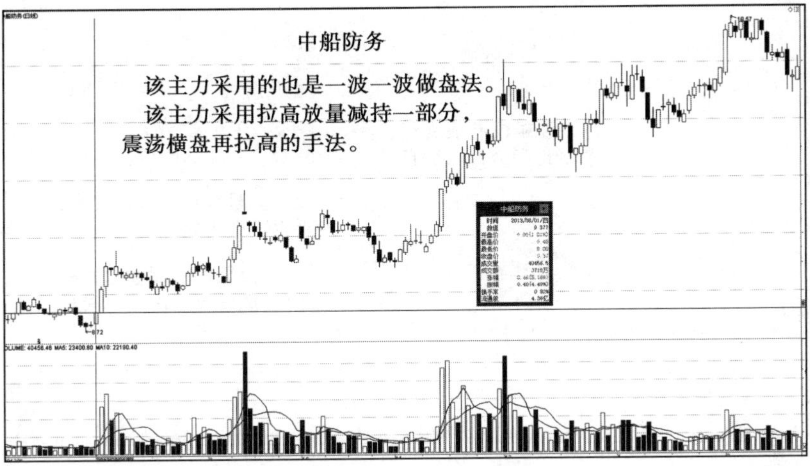

图 2-129

长庄拉升的手法

长庄指长期持有上市公司二级市场股票，根据上市公司基本面（业绩、重组预期）等重大题材一直持有一年至几年的坐庄方式。实际上，我个人认为长庄拉升跟中长线拉升区别不大，都是因为持仓数量较大，不太可能跟短庄一样做盘（快速建仓、快速拔高、放量快速离场），而且进驻的时候就抱有很强的战略目的，不会根据盘面做买进卖出的过多的动作，所以整个走势控盘迹象十分明显，做差价的行为比中长线还少。实际上，真正的长庄股流动性极差，以至于建仓都不容易，盘中基本上不需要考虑对手盘的行为，震荡洗盘抬高对手盘的现象几乎没有。所以其全面出货过程一定是公司原有基本面不存在，从而出现大量锁仓资金杀跌离场（如图 2-130 所示）。

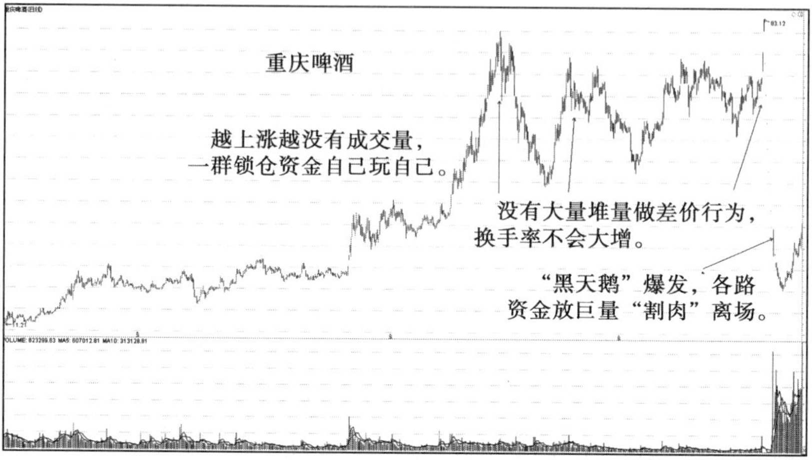

图 2-130

我对真正的长庄定义是：没有方法从二级市场 K 线图分析其持仓数量的变化，大量小盘股和壳公司、基本面极好的医药公司等都是真正意义上的超级长庄，这类公司没有买点也没有卖点，完全超越技术分析的范畴（如图 2-131 所示）。

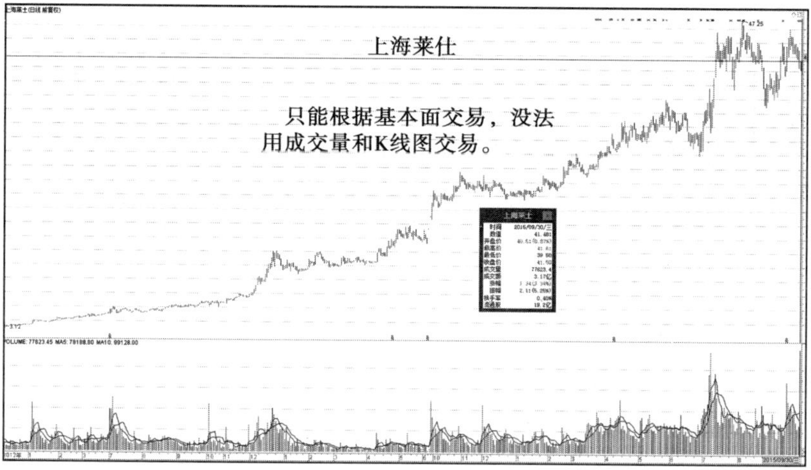

图 2-131

如果把长达几年高度控盘视为真正的唯一的大长庄，那么真正的长庄没法用技术面方法判断，所以也就不存在技术派根据基本面（业绩、重组）来分析和判断超级大长庄的拉升手法。

技术分析之出货的盘口

出货盘口一定要看价格区间，高价区出现的十分明显的盘口放量减持特征可以认为是出货概率大增。有些时候很难定义在某一个位置是不是真正的出货盘口，因为这与位置和大盘的背景有相当大的关系。这节课讲解几个典型的出货盘口。

建仓盘口的基本要素有以下几个方面。

第一，出货盘口一定要有资金退出，在高价位区资金大规模退出。

第二，从 K 线图组合看，高位大阴线，主动性卖单多上引线长和大幅震荡的盘口容易是出货的盘口（在股价非常低的时候，大幅震荡放量的盘口也容易是加仓的盘口，在低位巨量多空双方没法绝对确认谁会是最后的赢家，后市上涨则为加仓，下跌为减仓。）

举例：永泰能源（600157），如图 2-132、图 2-133 所示。

长庄减持盘口的主要特征

（1）由于长庄建仓持续性较强，长庄持有仓位大，进驻资金数量多，因此减持持续时间非常长，高位横盘的时间长。

（2）K 线图出现高位放量，高位不缩量，大量的放量阴线越来越多，成交量一直降不下来。

（3）盘面显示上涨的买单为对倒的可能会加大。

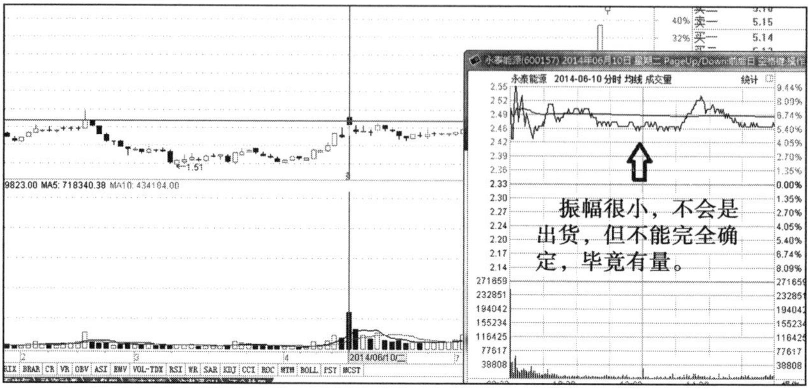

图 2-132

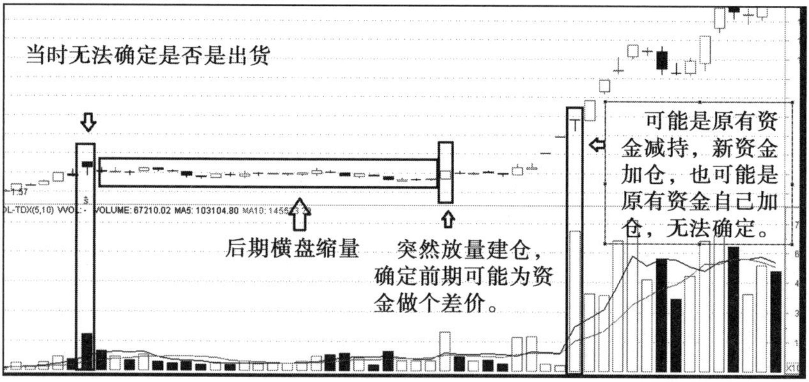

图 2-133

例 2-1 梅雁吉祥（600868）

大家可以看到图 2-134 中（梅雁吉祥），长庄要想出货一定要在高位反复震荡，反复折腾，这个过程中持续放量不缩量。

例 2-2 铜陵有色（000630）

铜陵有色于 2015 年 10 月 27 日有 93 亿元，于 2015 年 10 月 28 日有 65 亿元，位置这么高、量这么大，不可能会有资金去解救高位套牢盘，所以这样的结果便是后面只会有套牢盘不断地割肉，股价几个月之内无法见底（如图 2-135 所示）。当然，当这个股价跌到增发价（2.77 元）甚至更低时，就可以看好了，目前肯定是尽量远离。

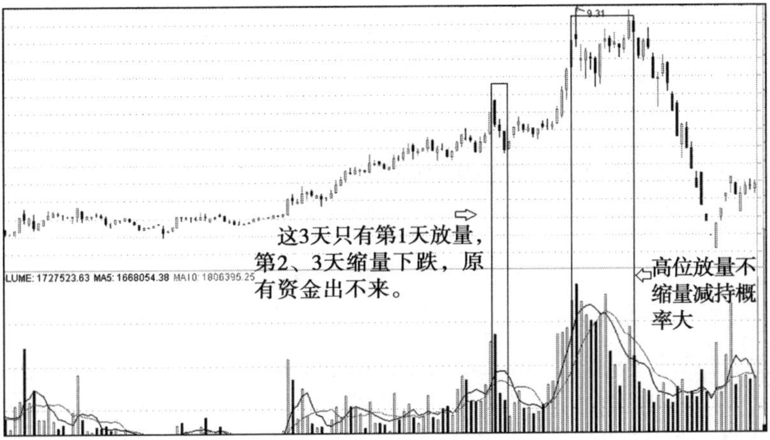

图 2-134

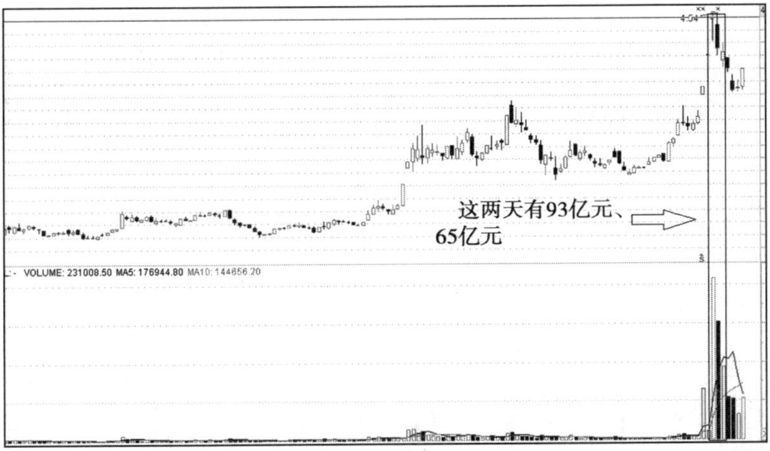

图 2-135

短庄减持的主要特征

（1）由于短庄不讲究建仓的数量，只要抓住筹码就敢拉升，只需要顶住涨停板往上推高，所以如果你发现在上涨的过程中突然放量了，那就很可能是减持了。

（2）一旦盘口显示大量的卖单出现就有可能是减持，概率较大，如果出现大单的卖压盘，则基本可以断定是减持。

（3）高价位区的长上影线的盘口，一定是减持盘口。

例 2-3　安彩高科（600207）

这只股票在第 2 个涨停板的时候我就在关注，等第 5 个涨停板出现时放出了巨量，我没敢买，因为这个位置太高，风险大，但没想到真的有资金认可这个题材的持续性，冲进去就连续拉高（如图 2-136 所示）。如果后期出现高位震荡的 K 线图（十字星），放巨量那就一定代表出货。这种股票我在第 1 个涨停板的时候敢追，第 2 个涨停板就不追，因为风险太大。

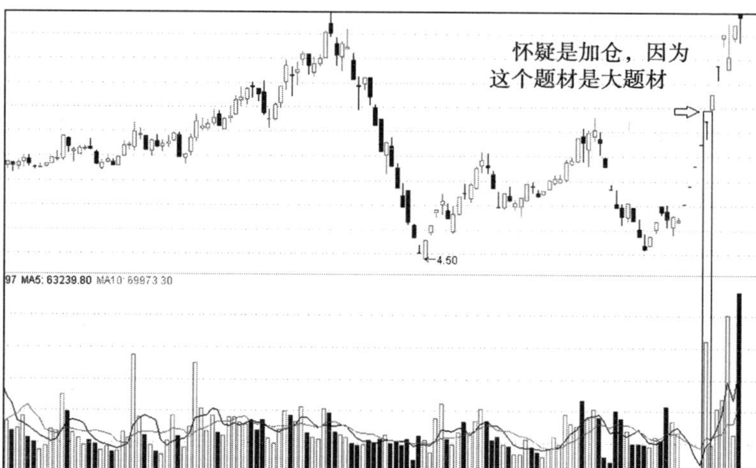

图　2-136

例 2-4　上港集团（600018）

分析这只股票可以看出来庄家前期不停地顶住涨停板，你不知道它何时出货，直到出现中间那根阴线，可以确定是出货，在这儿肯定要卖掉，后来资金进仓继续拉高是无法预测的（如图 2-137 所示）。

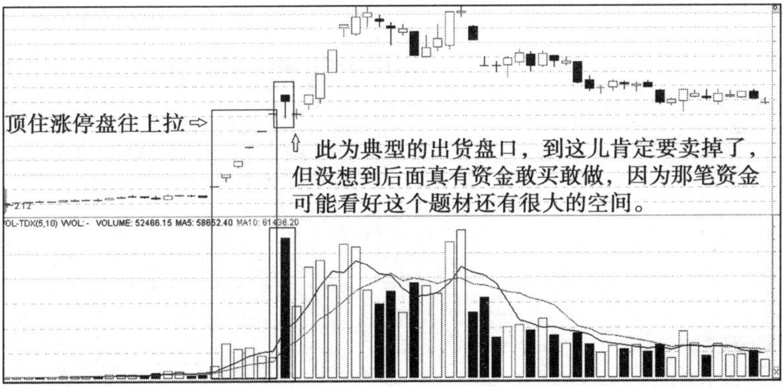

图 2-137

例 2-5 海伦钢琴（300329）

高位换手，巨幅震荡，低位加仓的资金全部可以跑得完（如图 2-138 所示）。

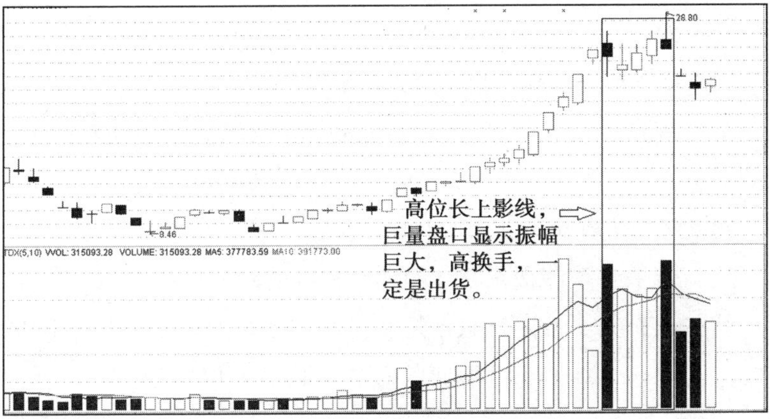

图 2-138

盘口都是震荡盘口，不断有大单往下砸（如图 2-139 所示）。

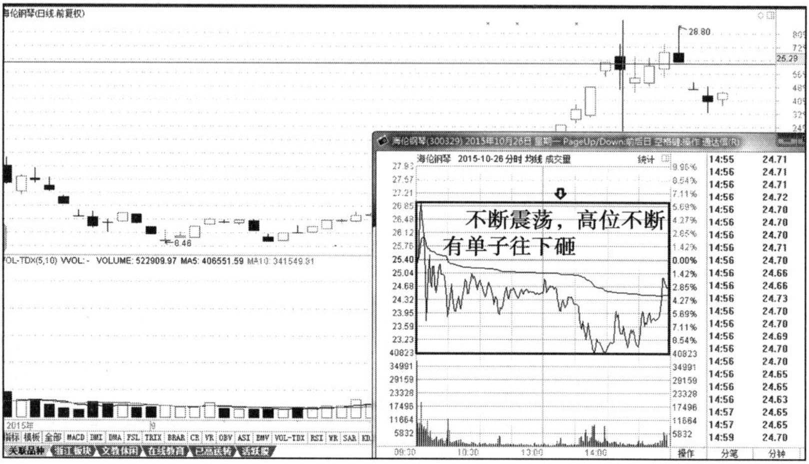

图 2-139

最恶劣的出货手法：杀跌出货

要点：一旦出现高位放量杀跌盘口，不管后市如何走一定要先出来再说。

例 2-6 景兴纸业（002067）

减持放量不够，后期才会有继续推高放量的减持（如图 2-140 所示）。

例 2-7 协鑫集成（002506）

从高位杀到跌停板出货（如图 2-141 所示）。

第二天有人买开跌停板，此时无法判断是有人高位接仓还是主力自己买自己，制造有人抄底的假象（如图 2-142 所示）。

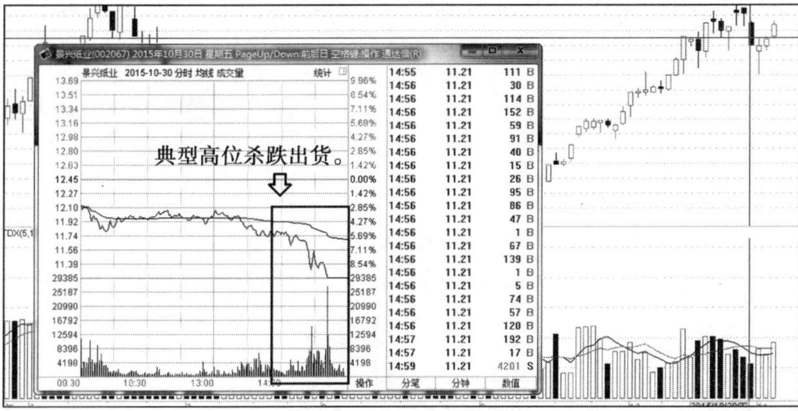

图 2-140

图 2-141

结果第二天及后几天连续杀跌停，可能就是庄家自己买开跌停板（如图 2-143 所示）。

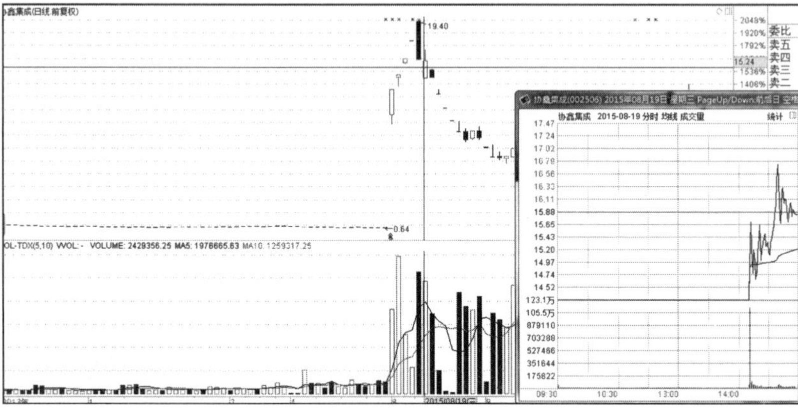

图　2-142

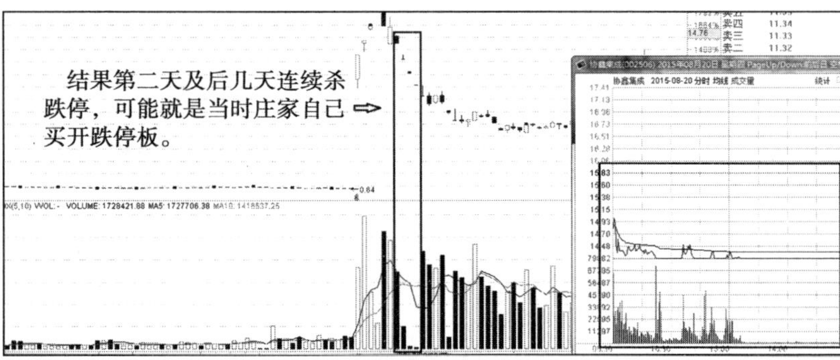

图　2-143

例 2-8　天茂集团（000627）

午盘之后一笔接近 1 亿元的单子买进来，给人一种要拉升的感觉，之后立马开始杀跌出货，手法恶劣（如图 2-144 所示）。

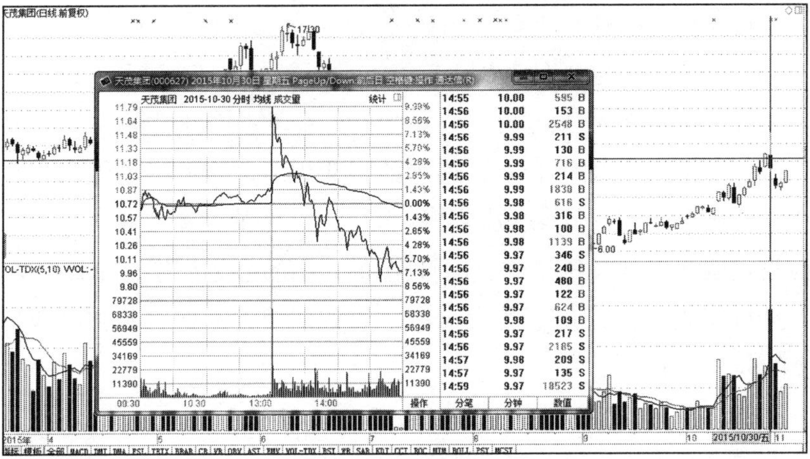

图 2-144

最终总结。

（1）长庄出货：高位横盘持续放巨量不缩量，出现震荡盘口。

（2）短庄出货：高位常上引线，巨量，高换手，出货概率大。

（3）碰到高位杀跌出货，不管后市如何先出来规避风险。

建仓的盘口

重要提示：很多人认为看懂了建仓的盘口就好像武林高手掌握了“一招鲜，吃遍天”的技能一样，其实这个想法大错特错，因为你仅看懂盘口依然无法准确地知道后市一定会怎么走，还需要结合 K 线图组合、成交量，只有把盘口、K 线图组合、成交量三者综合起来判断，才能相对准确地定义后市，并且修炼看建仓盘口的能力也需要长期的训练，功夫不可能一蹴而就，切记切记！

建仓盘口的基本要素。

（1）建仓一定要有资金从二级市场介入（大宗交易和一级市场不在盘口范围之内）。

（2）从K线图组合看，连续的阳线居多，同时主动性买单也会多，出现放量上引线或者封住涨停，加仓的概率大（当然也有打压式建仓，但长期这样主动性抛单，股价就被打飞了，比较少。而且打压式建仓还得顺着大盘做，如果逆着大盘做容易被常年盯盘的人识破）。

例 2-9　打压建仓——苏州高新（600736）

图 2-145 是苏州高新的趋势图。

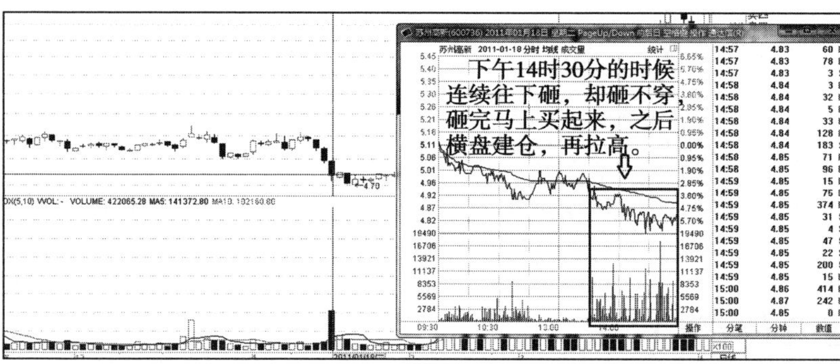

图　2-145

长庄建仓盘口的主要特征有以下两个方面。

（1）长庄建仓的持续性较强，因为长庄所需要的仓位较大，进驻资金的数量多，不可能一天就建仓完毕。

（2）其盘口特征是会经常出现大阳线，而且阴线下跌的成交量累积不如阳线加仓成交量大。

例 2-10　深康佳 A（000016）

2013 年 7 月 23 日堆量大单拉起股价，属于典型的加仓盘口（如图 2-146 所示），此时判断不了该股会成为大牛股，需要再结合后期走势综合判断。

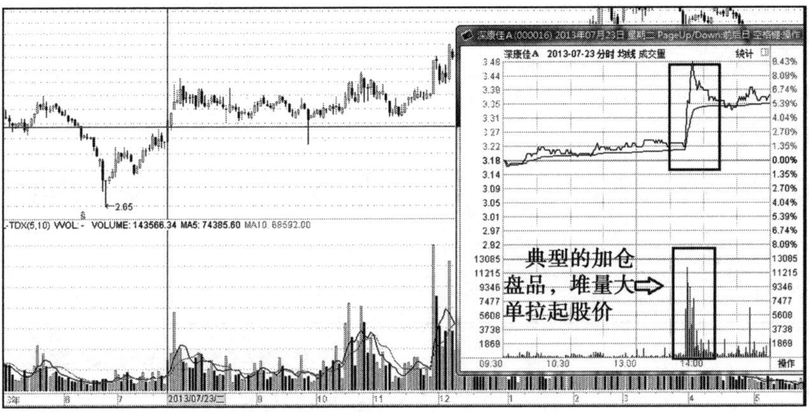

图　2-146

之后一路加仓的盘口如图 2-147、图 2-148、图 2-149、图 2-150 所示。

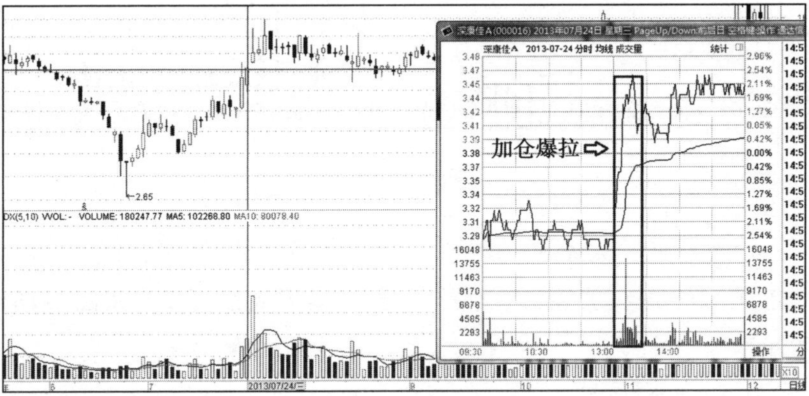

图　2-147

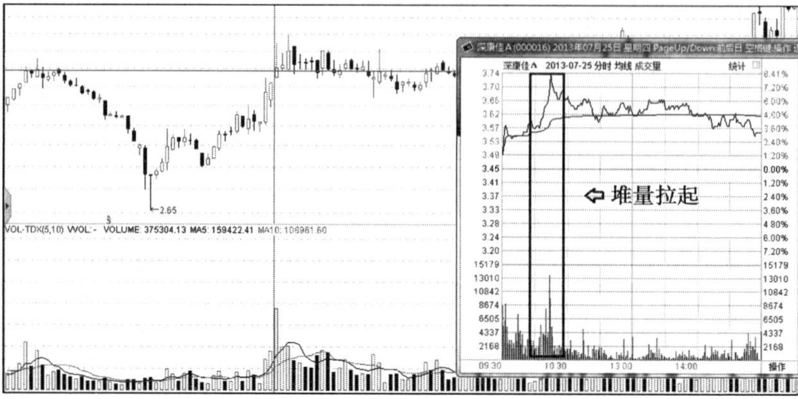

图 2-148

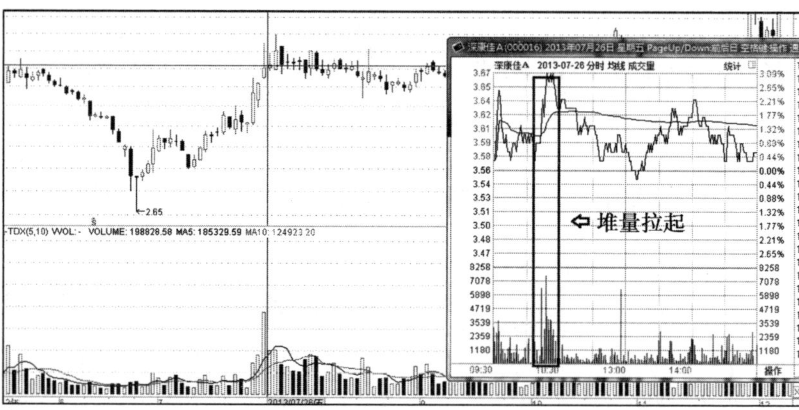

图 2-149

综上所述，大家可以看到连续几天都有堆量阳线出现，可以断定庄家一直在加仓，之后会出现连续的阴线无量（如图 2-151 所示）。

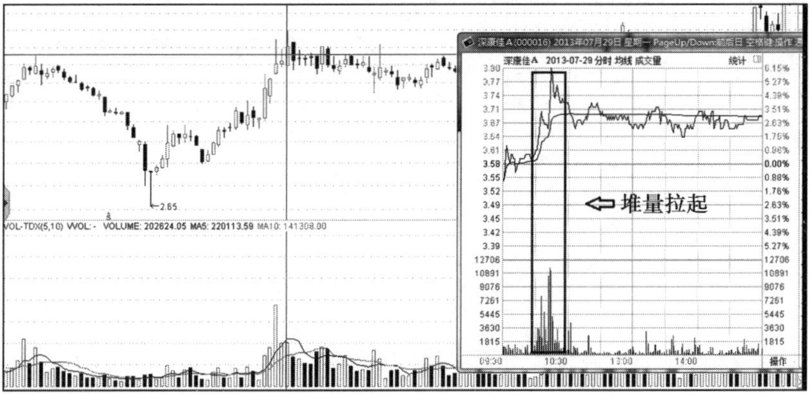

图 2-150

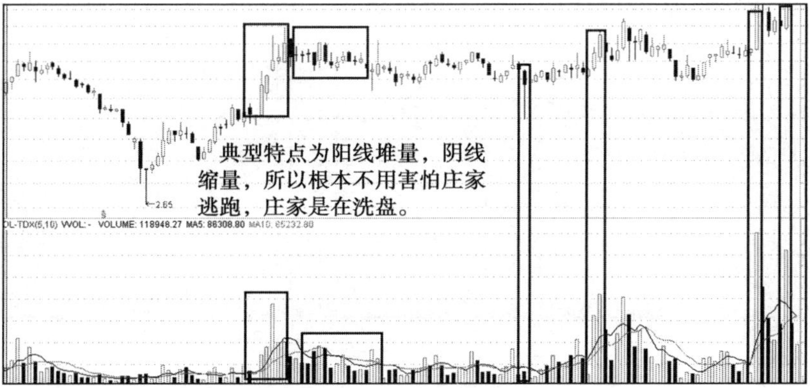

图 2-151

我们再往后看一段，如图 2-152 所示。

我们缩小了再看，如图 2-153 所示。

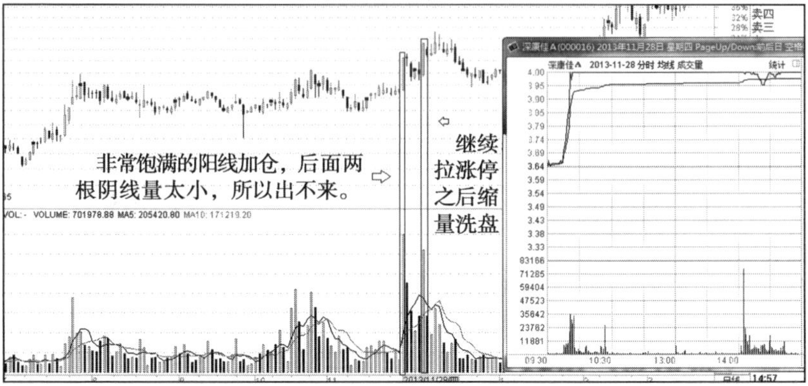

图 2-152

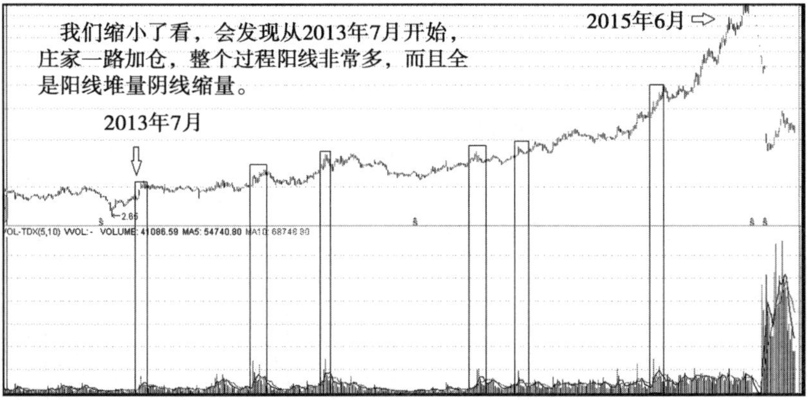

图 2-153

股东户数再次验证了这是超级大长庄（如图 2-154 所示）。

但是悲剧的是发生了股市震荡，如图 2-155 所示，此庄家在当时没能及时出来。

结合股东户数判断，发现从2013年3月31日起到2015年6月30日，庄家一直在加仓，股东户数再次验证了这是超级大长庄。

【2.股东户数】

截止日期	股东户数	户均持股	较上期变化	筹码集中度
2015-09-30	138542	17380	趋向分散	较分散
2015-06-30	51744	23267	趋向集中	非常集中
2015-03-31	62436	19283	无明显变化	较集中
2014-12-31	67755	17769	趋向集中	较集中
2014-09-30	77479	15539	无明显变化	较集中
2014-06-30	82786	14543	无明显变化	较集中
2014-03-31	85726	14044	无明显变化	较集中
2013-12-31	91428	13168	无明显变化	较集中
2013-09-30	92703	12987	无明显变化	较集中
2013-06-30	96366	12493	无明显变化	较集中
2013-03-31	99771	12067	无明显变化	较集中
2012-12-31	100130	12024	无明显变化	较集中
2012-09-30	100764	11948	无明显变化	较集中
2012-06-30	100085	12029	无明显变化	较集中
2012-03-31	103562	11625	无明显变化	较集中
2011-12-31	105086	11457	无明显变化	较集中
2011-09-30	108294	11117	无明显变化	较集中
2011-06-30	109913	10953	无明显变化	较集中
2011-03-31	115886	10389	无明显变化	较集中
2010-12-31	111080	10838	无明显变化	较集中
2010-09-30	109055	11040	无明显变化	较集中

图 2-154

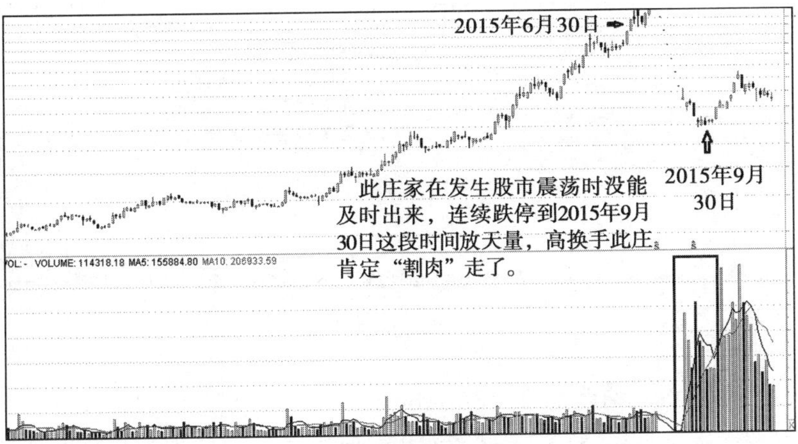

图 2-155

利用股东户数进行验证（如图 2-156 所示）。

我们再分析一下，此庄挣到钱了吗（如图 2-157 所示）？

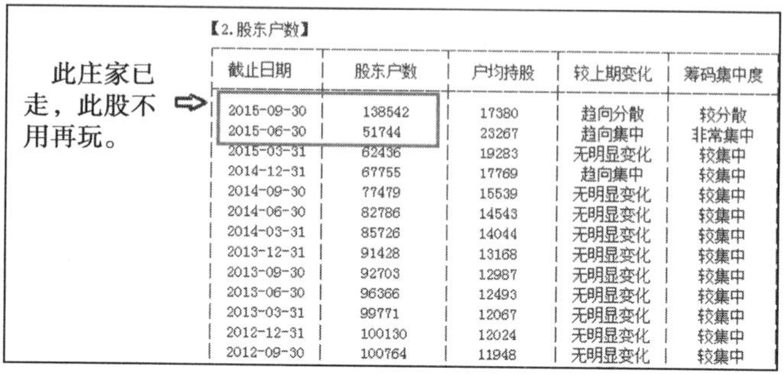

【2.股东户数】

截止日期	股东户数	户均持股	较上期变化	筹码集中度
2015-09-30	138542	17380	趋向分散	较分散
2015-06-30	51744	23267	趋向集中	非常集中
2015-03-31	62436	19283	无明显变化	较集中
2014-12-31	67755	17769	趋向集中	较集中
2014-09-30	77479	15539	无明显变化	较集中
2014-06-30	82786	14543	无明显变化	较集中
2014-03-31	85726	14044	无明显变化	较集中
2013-12-31	91428	13168	无明显变化	较集中
2013-09-30	92703	12987	无明显变化	较集中
2013-06-30	96366	12493	无明显变化	较集中
2013-03-31	99771	12067	无明显变化	较集中
2012-12-31	100130	12024	无明显变化	较集中
2012-09-30	100764	11948	无明显变化	较集中

图 2-156

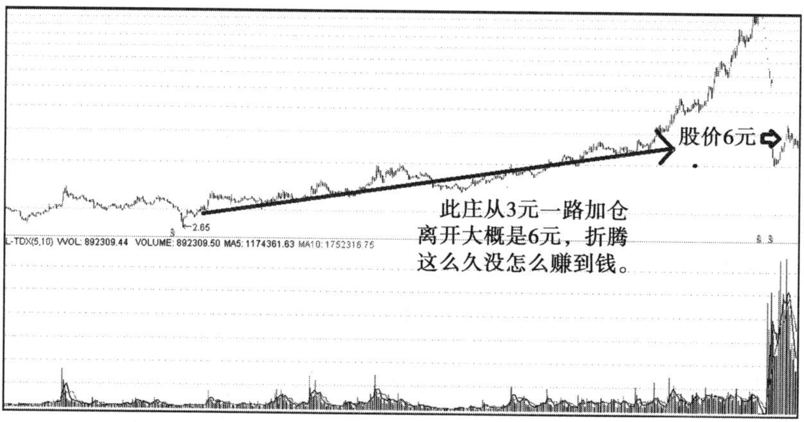

图 2-157

例 2-11 梅雁吉祥（600868）

2014 年 6 月 27 日梅雁吉祥突然加仓后，连续小阳线缓慢推高（如图 2-158 所示）。

再往后看，如图 2-159 所示。

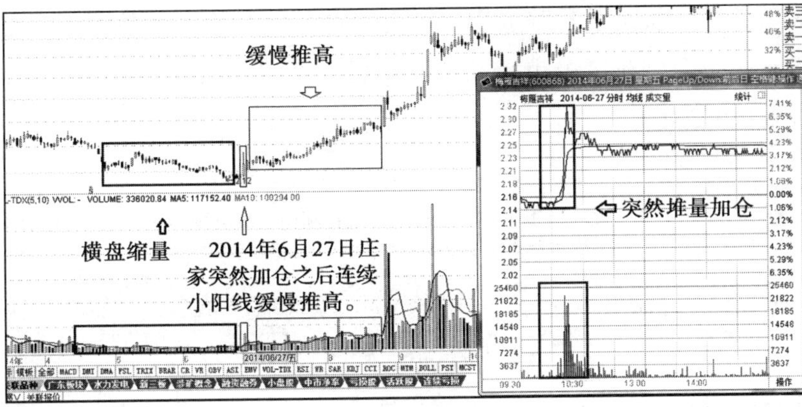

图 2-158

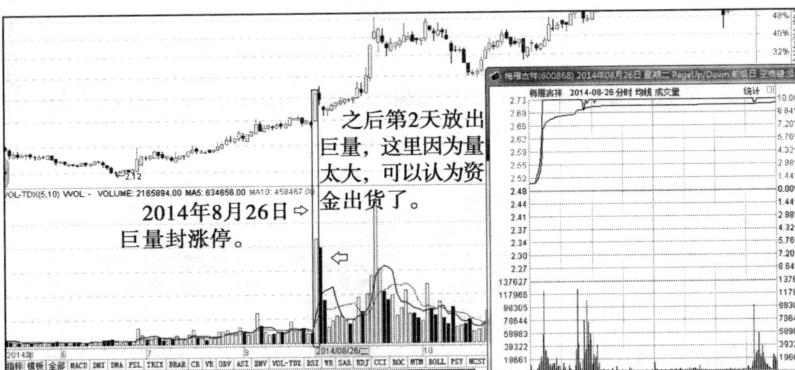

图 2-159

第 2 天量太大，可以认为是出货，不过你会发现第 4 天它又重新接回仓位，可能是货没出完，也可能是第 2 天的时候做个差价。（梅雁吉祥简单讲解，详细分析可见视频“解读妖股梅雁股份是如何坐庄的”。）

例 2-12 精伦电子（600355）

这是一个一二级市场配合的长庄，它和苏州高新的区别是苏州高新的庄家属于一路加仓，没有减持，而精伦电子是利用一级市场推高后再在二级市场减持，然后再接回仓位不断做差价（如图 2-160 所示）。

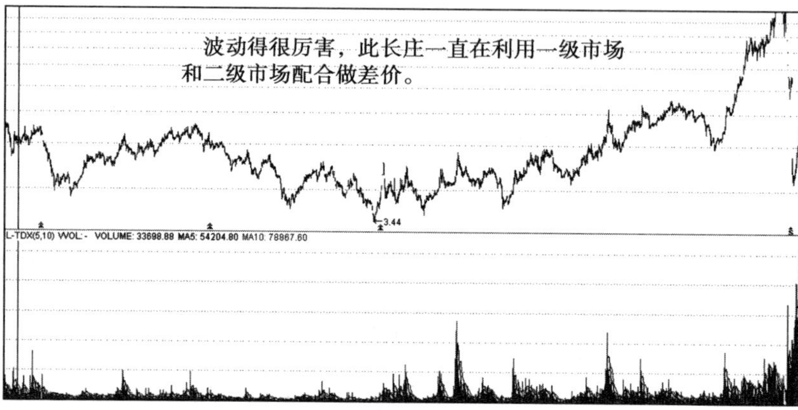

图 2-160

股东户数的变化如图 2-161 所示。

结合股东户数，你会发现，股东户数不是始终减少，而是一段时间减少，一段时间增加，说明此庄在不断地买卖，持续做差价。

截止日期	股东户数	户均持股	较上期变化	筹码集中度
2015-09-30	38268	12859	无明显变化	非常集中
2015-06-30	20719	11875	趋向分散	非常集中
2015-03-31	15932	15443	趋向集中	非常集中
2014-12-31	19902	12362	无明显变化	非常集中
2014-09-30	21097	11662	无明显变化	非常集中
2014-06-30	22509	10930	无明显变化	非常集中
2014-03-31	20424	12046	趋向集中	非常集中
2013-12-31	23178	10615	无明显变化	非常集中
2013-09-30	25264	9738	无明显变化	较集中
2013-06-30	26912	9142	无明显变化	较集中
2013-03-31	29527	8332	趋向分散	较集中
2012-12-31	23533	10455	无明显变化	非常集中
2012-09-30	24220	10158	无明显变化	非常集中
2012-06-30	22406	10981	无明显变化	非常集中
2012-03-31	24102	10208	无明显变化	非常集中
2011-12-31	23610	10421	无明显变化	非常集中
2011-09-30	23313	10553	无明显变化	非常集中
2011-06-30	22979	10707	无明显变化	非常集中
2011-03-31	22685	10846	无明显变化	非常集中
2010-12-31	24807	9918	无明显变化	较集中
2010-09-30	26277	9363	趋向集中	较集中
2010-06-30	29600	8312	趋向集中	较集中
2010-03-31	36629	6717	无明显变化	较集中

图 2-161

在 2015 年 1 月 29 日开始往后就趁着牛市做了一波（如图 2-162 所示）。

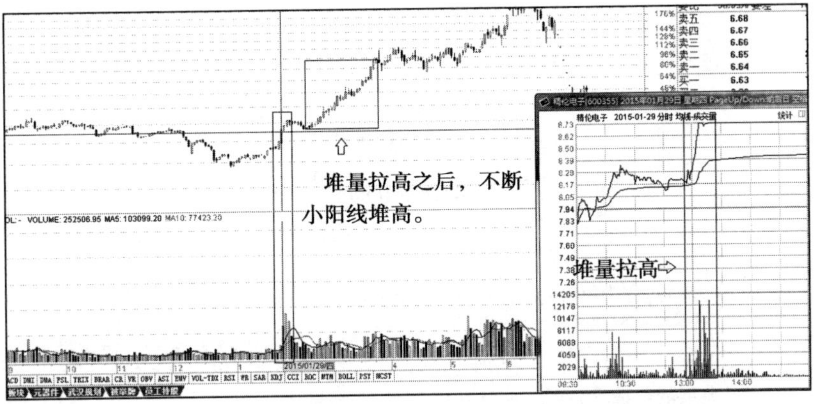

图 2-162

再往后看，如图 2-163 所示。

图 2-163

例 2-13　中电广通（600764）

第 3 波拉升之后，碰到大牛市，趁机做一把（如图 2-164 所示）。

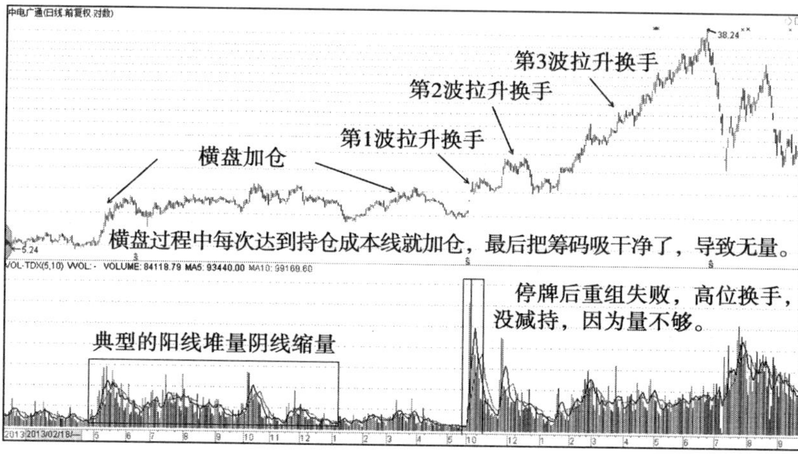

图　2-164

短庄建仓盘口的主要特征

（1）不讲究加仓的数量，根据不同情况加仓到一定程度即可，只要抓到筹码就敢拉升（不一定是廉价筹码，也可能是高位加仓）。

（2）持仓数量和程度不重要，借着市场氛围，快进快出最重要。

（3）短庄低位换手一定要足够充分。

例 2-14　深康佳 A（000016）

深康佳 A 的走势如图 2-165、图 2-166、图 2-167 所示。

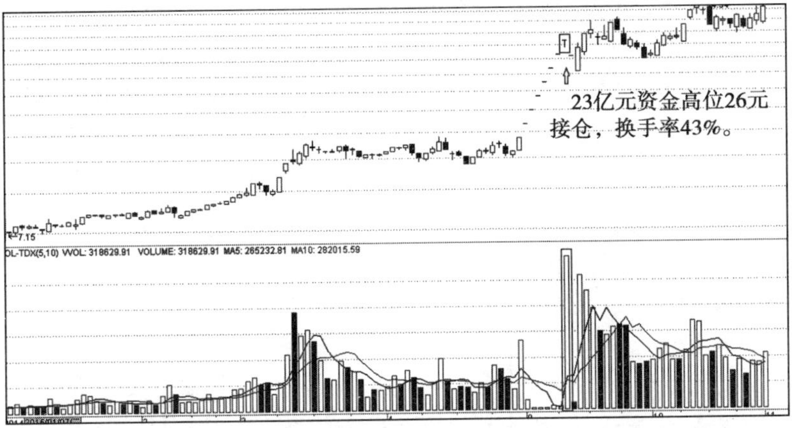

图 2-165

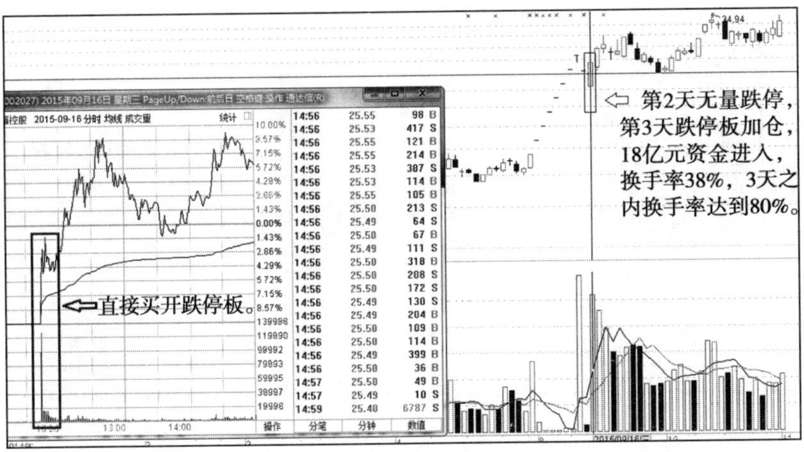

图 2-166

例 2-15　中技控股（600634）

中技控股（现更名为富控互动）2015 年 10 月 19 日走势如图 2-168 所示。

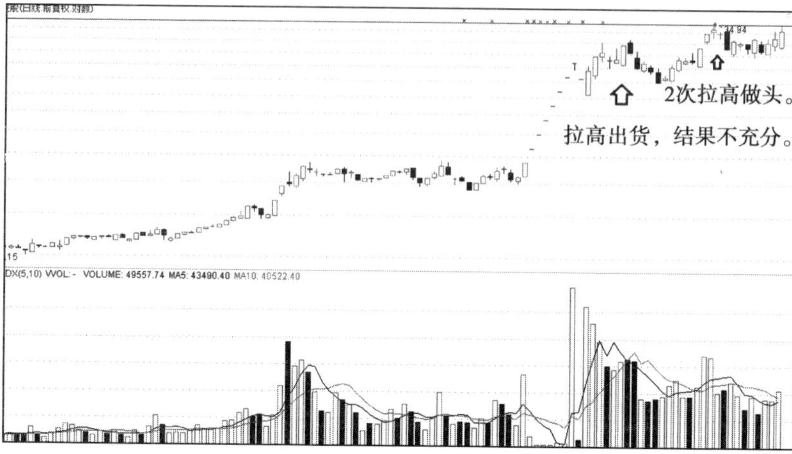

图 2-167

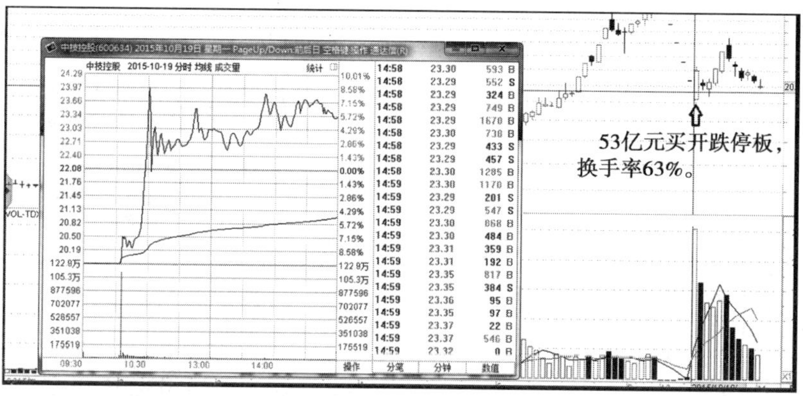

图 2-168

之后几天开始拉升，接着迅速出货（如图 2-169 所示）。

例 2-16 兔宝宝（002043）

兔宝宝（002043）的相关案例如图 2-170 所示。

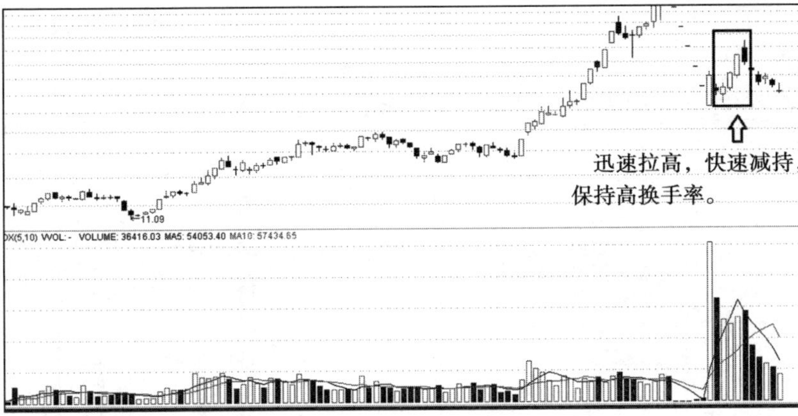

图　2-169

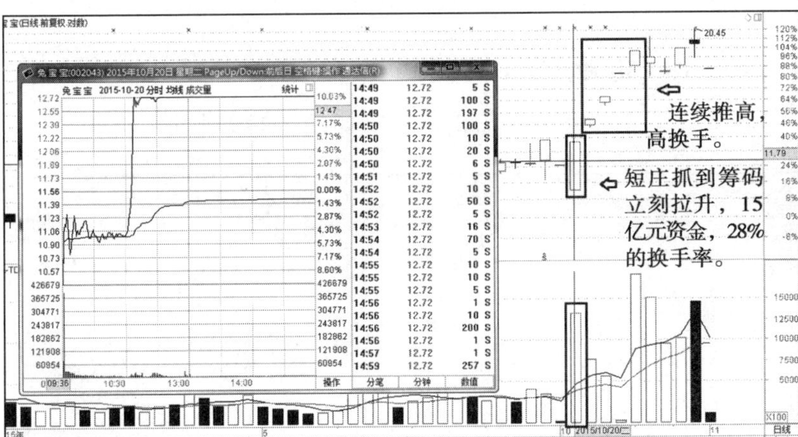

图　2-170

例 2-17　海欣食品（002702）

海欣食品（002702）的相关案例如图 2-171 所示。

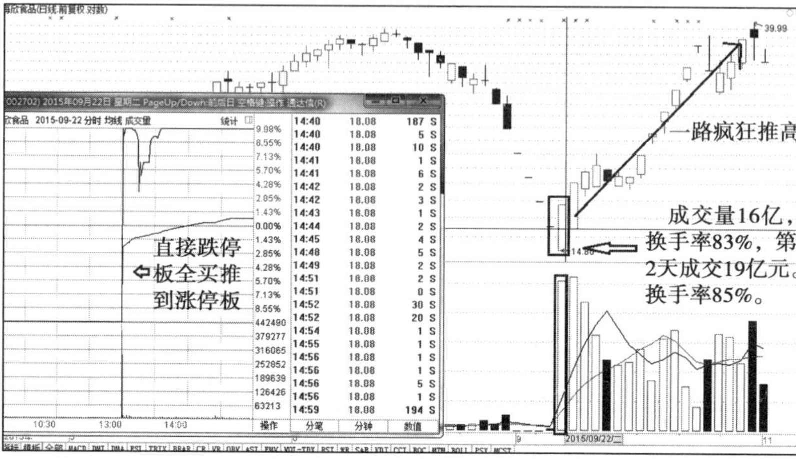

图 2-171

例 2-18 梅雁吉祥（600868）

梅雁吉祥（600868）的相关案例如图 2-172 所示。

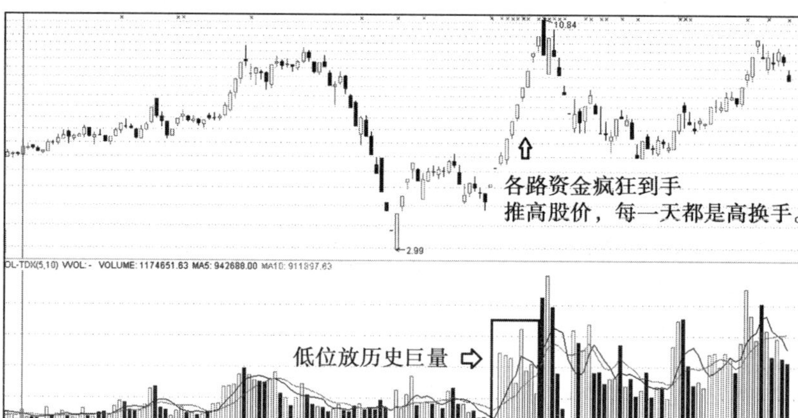

图 2-172

例 2-19 协鑫集成（002506）

协鑫集成的相关案例如图 2-173 所示。

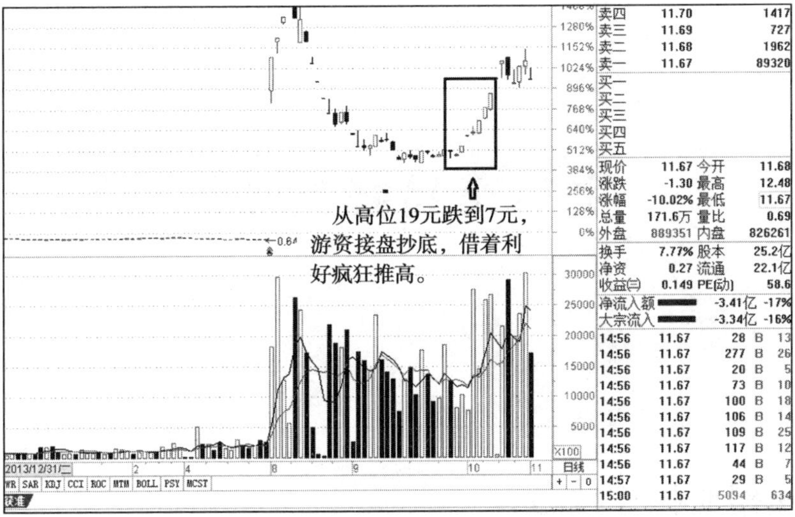

图 2-173

第 3 章

实战交易必备知识

重组股操作技巧

2013 年前做资产重组的主要方法

在 2013 年之前，重组股票一般以 ST 股票为主，它们由于面临下市风险不得不重组。重组的步骤一般分为三步：①债务重组；②资产剥离，员工处置；③资产注入。从资产剥离到资产注入时间一般都在一年以上，每一步都会进行详细的公告，当债务重组公告后，还要经过较长时间才会出资产剥离、人员安置公告，投资者有充足的时间等待买点出现再买股票，直接持股到资产注入利好公布再卖出。

例如，2003 年德隆系旗下新疆德隆从债务重组到资产剥离过程整整持续两年，真正形成债务重组决议到资产注入相差两年时间，而这两年时间股票价格上涨几倍。2013 年以前发现某公司债务重组成功，即可确认该公司重组成功概率极高。2003～2013 年重组最大的难题是债务和资产剥离，债务和资产剥离都要发公告，通过解读公告很容易找到重组大牛股。

2014 年后做资产重组的主要方法

2014 年后，大量优质企业由于新股发行太慢难以上市融资，不得不通过买壳的方式直接进驻上市公司，通过借壳上市，第二年增发来融资（借壳上市 12 个月内不能增发）。由于中小板主要是民营企业（这几年民营企业上市公司数量超过国企），越来越多的非 ST 的民营公司成为准备上市优质企业借壳的对象。卖壳方原民营企业股东通过股权转让获得巨额收益，买壳方获得融资权，双方一拍即合，整个资产重组过程会在很短的时间内谈成，如世纪游轮（未来叫巨人网络）、科冕木业（现在叫天神娱乐）等都是一步重组到位，买卖双方都获得各自的需求。但是对二级市场投资者来说就没有盈利机会，股价上涨一步到位，没有买入的机会。

2014 年后仍有一种情况能让我们依然享受资产重组的超级大收益，就是分步走的重组。由于壳资源难找，资产注入也不是一朝一夕能办成的事情，买壳方资产也需要时间整理和规划才能合法合规地注入上市公司，导致重组还会分几步进行。例如艾迪西被申通快递借壳，跟南通泓石投资有限公司在 2014 年成为大股东有分不开的关系，艾迪西大股东的转让就是该公司被借壳的前兆。大量大股东转让公司实际背后隐含重大资产重组的信息，通过发掘该类信息，依然能提前进驻重大资产重组题材个股。

这类公司的重组一般也分三步：①引进新大股东；②剥离资产；

③资产注入。例如，京蓝科技（000711）的重组就是分三步走，第一步引进大股东京蓝，第二步剥离资产给以前的大股东（即现任的二股东），第三步就是停牌重组。当我们看到引进大股东京蓝的时候就能关注这只个股，说明它重组概率极高。当看到 95% 的资产剥离到原大股东（现任二股东）的时候，就知道资产注入迫在眉睫。剩下的操作就是找到大盘大幅下跌带来的低价买点，此时难度已经不大。发现大股东更换就应持续关注，有的公司很快就会剥离资产，如黑牛食品大股东变更后立刻开始进行资产剥离，充分说明资产注入迫在眉睫。由于该公司有公告称 6 个月内不重组，那么 6 个月内该公司出现大幅下跌时就是买点。

重大资产重组股票买入和卖出的时机

重大资产重组永远是股市的热点，掌握重大资产重组个股的选股和买卖时机很重要。发现大股东地位变更后，就能把该上市公司作为备选标的。一旦发现股票出现大幅下跌，即跌幅达到 20% 以上，接下来持续 10～20 个交易日不创新低即为较佳买点。一般持有到公司重组成功后再卖出，其间可以高抛低吸做差价。图 3-1 是 ST 京蓝重组买入时机的详细解析。

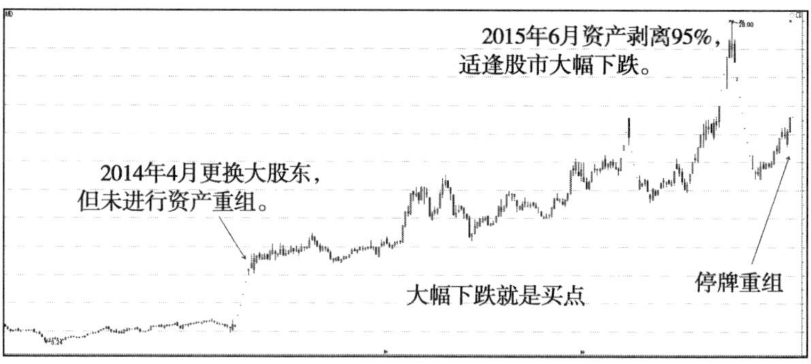

图 3-1　ST 京蓝重组买入时机详解

2016 年重组股操作技巧

1. 2016 年资产重组依然是市场的大戏

2016 年新股发行依然是堰塞湖，根据证监会公布数据统计，截至 2015 年 12 月 24 日，上会 696 家，上会通过待发行 96 家，近一个月申报 79 家，近一个月上会通过 23 家。按照 12 月 IPO 发行 27 家计算，过会待发行 96 家需要 3 个半月才能发行结束。以上数据可见新股上市有多难，一家公司按 IPO 排队上市，以每月发行 30 家计算需要排到 2 年以后。

上市难成为中概股回归的大难题。大量中概股在国外交易市盈率极低，低估值融资摊薄股本是做赔本买卖。但这些公司本身盈利能力极强，通过私有化拆除 VIE 结构后在国内上市，然后再融资背后有巨额收益，能在两年内让公司资产规模放大几倍乃至十倍。例如，巨人网络 2014 年 7 月在美国以 30 亿美元、不到 200 亿人民币私有化成功，然后借壳世纪游轮成功登陆 A 股。按 6 亿股股本 200 元价格计算，市值达到 1200 亿元，是退市前的 6 倍。不出意外，上市成功 12 个月后巨人网络就能融资，发行 1 亿股就能融资 200 亿元，轻松收回成本。千亿账面利润的生意人人都会去做。

在巨大的盈利效应下，买壳、卖壳成为 2016 年市场的重头戏。买壳、卖壳就是资产重组，2016 年大量企业、个人会利用上市难，做买壳卖壳的资产重组造富运动。如何发现其中的蛛丝马迹？如何确定哪些机构和个人操作的项目可以持续关注！这都是有极高技巧的。

2. 哪些企业收购上市公司壳资源不值得关注

第一类不值得关注的是股票信托、股票私募基金举牌成为大股东的企业。原因是他们资金来源不稳定，有可能面临资金赎回风险。股票信托运作的资金来源于一般投资者，认购有封闭时间，但到期要连本带息归还投资者。如果股票信托到期不能成功重组上市公司，股价将面临巨大的抛售压力。股票私募基金一般没有锁定期限，但投资者可以随时退出再或大盘发生系统性风险，那么他们运作的资金就有可能被巨额赎回，很容易导致运作失败，甚至有崩盘风险。另外还有一个最致命的缺点，即股票信托和股票私募基金很少持有优质未上市公司的股权（法规也不允许持有），旗下一般没有大量实体资产，运作一级市场的能力有所欠缺。按照法律规定，股票信托和股票私募基金只能运作二级市场，不能参与一级市场。先天缺陷使得股票信托和股票私募举牌的公司重组想象力低，不成功概率大幅提升。

第二类不值得关注的是保险公司举牌的上市公司。之前宝能系举牌万科使得保险举牌成为热门，但我认为保险公司举牌企业被大规模重组概率不高，而产业升级的可能性大。产业升级是在原有在基础上加强，和资产重组不是一个概念。保险公司举牌的原因是出于资产的布局，而不是为了重组这家公司（这里指的重组是指改变原有公司经营方向，彻底和原来的公司完全不同）。保险公司收购的股权一般都是基本面较好，在行业内有较高地位的公司股权，其购买股权的目的是享受这家优秀上市公司所在产业将来可能带来的收益，类似于仅仅是做一件价值投资的事情，而不是要改变公司原来的经营方向做资产重组，一般是在原有基础上做资产优化和提升。**简单理解就是保险公司是为了享受优秀上市公司未来可能带来的收益而进驻，而不是为了通过重组上市公司来造富。所以保险公司举牌的企业资产重组概率低，资产提升概率高。股价变动一般不会超过一倍，和彻底的资产重组动不动就**

翻几番是完全不同的事项！

第三类不值得关注的收购是刚成立公司收购上市公司股权！法律规定，注入上市公司资产必须有持续的盈利性，需要有三年的持续盈利并达到一定规模。所以刚成立的公司收购上市公司股权成为第一大股东，短期内重组概率不高！例如天马精化的买壳公司就是刚成立的成员，其重组能成功的时间会比较长。

3. 需要关注哪类公司收购的上市公司壳资源

投资者需要关注旗下有大产业、大资本的企业收购上市公司股权成为大股东。为什么这类股权收购值得关注呢？愿意花巨额真金白银购买法人股股权做大股东，背后肯定有重大战略意图，很可能是为剥离原有上市公司资产，注入该公司旗下资产实现资产重组获取战略高溢价收益。如果举牌的公司本身很有实力，那么借壳重组成功的概率就会很高。

郑永刚先生通过杉杉股份财务投资中信证券获得巨大成功后，通过资本市场运作获得几十亿元的巨额收益。最近两年郑永刚先生通过控股子公司财务投资希努尔，战略控股入驻艾迪西，最近这两家公司都已经成功重组，股价都出现几倍涨幅。不久前郑永刚先生又收购一家上市公司江泉实业（600212）的股权，未来这家公司极值得关注（重组股买点如果和法人股交易价格相差无几，安全性极高）。

早年成功过或旗下有巨大资产的公司收购上市公司股权，就值得关注，而且是非常值得关注！这样的公司有很多，我们可以密切注意和留心。

“白捡钱”的吸收合并套利

真正的牛人是在做事情之前能看到结果。市场上存在着白捡钱的套利机会，很多人不信，其实真的有。今天再讲一种利用吸收合并来套利的技巧。将来市场上一定会有，每年都有几次，大家只要认真做就能获得高额收益。

基本逻辑：吸收合并有多种情况，其中吸收合并后属于把“老股变成了新股”这种最具价值。

“老股变新股”套利的逻辑

（1）先解释何为“老股变新股”。就是 A 公司吸收合并 B 上市公司后，B 公司退市，A 公司上市。那么这里就存在一个问题，B 公司退市之后持有 B 公司股票的股东怎么办呢？不可能让人亏本吧。这里注意，因为 B 公司被 A 公司合并，所以 B 公司的股票（老股票）就自动按照一定比例和价格更换成了 A 公司的股票（新股票），这就是所谓的“老股变新股”。

（2）再解释套利空间在哪里。当 B 股票变成 A 股票之后，这里需要注意，虽然持有的股票数量和股票价格由于置换比例的关系会发生改变，但股票价值总额不变。例如，“我持有 B 公司股票 200 股，每股 10 元，则总额为 2000 元”，B 股票（老股）数量成功按照 1∶0.5 的比例置换成 A 股票（新股）时，股票数量变为原有的一半，但价格变为原来的 2 倍，此时“我持有 A 股票 100 股，每股 20 元，总额依旧为 2000 元”。**注意，这里的重点是不管按照什么比例置换，置换之前的股票总市值和置换之后的股票总市值不变，因此大家在读公告的时候不用在意置换比例。**

（3）那可能又有人有疑问了，既然总市值不变，那相当于我的股票没有增值，那套利空间在哪里呢？其实套利空间就在于“老股变成了新股”。大家都知道新股上市一般都会大幅上涨，所以当你 10 元的 B 股（老股）置换成 20 元的 A 股（新股）时，上市当天开盘价就是 20 元（成本价），高开即赚钱，低开则亏钱，若高开价为 30 元，则你的套利空间为 50%，所以所谓的套利空间就是由其高开的幅度所决定（因为新股在很大程度上都是高开，所以这个盈利模式可以认为是较为稳定的套利）。

“老股变新股”存在高收益套利的第一种情况

要点：集团公司（非上市公司）吸收合并旗下 A 股公司（已上市公司）。

例 3-1 温氏集团吸收大华农

温氏集团吸收大华农期间的涨停板情况如图 3-2 所示。

图 3-2

获得核准之后的公告如图 3-3 所示。

大华农：关于本次吸收合并获得中国证券监督管理委员会核准批复的公告

公告日

广东大华农动物保健品股份有限公司

证券代码：300186　　证券简称：大华农　　公告编号：2015-085

广东大华农动物保健品股份有限公司

关于本次吸收合并获得中国证券监督管理委员会核准批复的公告

本公司及董事会全体成员保证信息披露的内容真实、准确、完整，没有虚假记载、误导性陈述或重大遗漏。

广东大华农动物保健品股份有限公司（以下简称“公司”）于2015年10月8日收到中国证券监督管理委员会（以下简称《关于核准广东温氏食品集团股份有限公司吸收合并广东大华农动物保健品股份有限公司的批复》（证监许可[2015]2217号）内容如下。

一、核准广东温氏食品集团股份有限公司以新增435,247,380股股份吸收合并广东大华农动物保健品股份有限公司。

二、本次吸收合并应当严格按照报送中国证监会的方案及有关申请文件进行。

三、应当按照有关规定履行信息披露义务。

四、应当按照有关规定办理本次吸收合并的相关手续。

五、本批复自下发之日起12个月内有效。

六、本次吸收合并在实施过程中，如发生法律、法规要求披露的重大事项或遇重大问题，应及时报告中国证监会。

公司和广东温氏食品集团股份有限公司将根据上述批复要求，在规定期限内办理本次吸收合并相关事宜，并按照有关规定披露义务。敬请广大投资者注意投资风险。

特此公告。

广东大华农动物保健品股份有限公司董事会

二〇一五年十月八日

图　3-3

第 2 天，2015 年 10 月 9 日出 5 天后停牌的通知（如图 3-4 所示）。

公告日期：2015-10-09

广东大华农动物保健品股份有限公司

证券代码：300186　　证券简称：大华农　　公告编号：2015-089

广东大华农动物保健品股份有限公司

关于公司股票连续停牌直至终止上市、实施换股吸收合并的提示性公告

本公司及董事会全体成员保证信息披露的内容真实、准确、完整，没有虚假记载、误导性陈述或重大遗漏。

广东大华农动物保健品股份有限公司（以下简称“公司”或“大华农”）于本公告同日刊登《关于广东温氏食品集团股份有限公司换股吸收合并公司事宜的提示性公告》、《关于广东温氏食品集团股份有限公司换股吸收合并公司无需派发现金选择权的公告》。本公司股票将自2015年10月19日起开始停牌，不再交易，直至实施换股后，转换成温氏集团股票在深圳证券交易所创业板上市及挂牌交易。2015年10月16日为公司股票最后一个交易日，敬请广大投资者注意。

一、关于换股吸收合并

温氏集团和大华农将另行刊登换股实施公告确定换股股权登记日并实施换股。

换股对象为截至换股股权登记日收市后登记在册的大华农全体投资者。

温氏集团作为本次吸收合并的吸并方和换股实施方，将通过证券转换方式对投资者持有的大华农股份进行换股。

关于本次换股吸收合并方案的详细情况，请阅读公司于 2015年10月8日刊登在深圳证券交易所网站（www.szse.cn）和巨潮资讯网站（www.cninfo.com.cn）的《广东温氏食品集团股份有限公司换股吸收合并广东大华农动物保健品股份有限公司暨关联交易报告书（修订稿）》全文及相关文件，并及时关注公司发出的相关公告。

广东大华农动物保健品股份有限公司

二、本公告刊登日至2015年10月19日公司股票停牌，仅剩余五个交易日，敬请广大投资者注意。

特此公告。

广东大华农动物保健品股份有限公司董事会

二〇一五年十月九日

⇦ 5天之后停牌，停牌之后直到终止上市

图　3-4

2015 年 10 月 9 日出公告 5 天后停牌，那意味着这一天和后 5 天是最后的入场机会，你如果有先知先觉，可以在前期横盘时介入，那时成本更低（如图 3-5 所示）。

图 3-5

我们如果按照 2015 年 10 月 16 日大华农停牌头一天的收盘价计算 45.72 元，置换成温氏集团的股价 55.9 元，2015 年 11 月 2 日温氏股份上市，高开价 71.98 元，较大华农退市价上涨近 30%。套利空间为 30%（温氏股份上市当天走势如图 3-6 所示）。

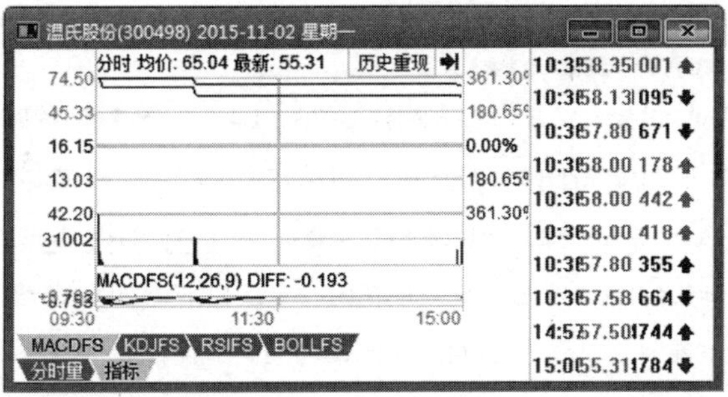

图 3-6

例 3-2　北京金隅收购太行水泥

北京金隅收购太行水泥，如图 3-7 所示。

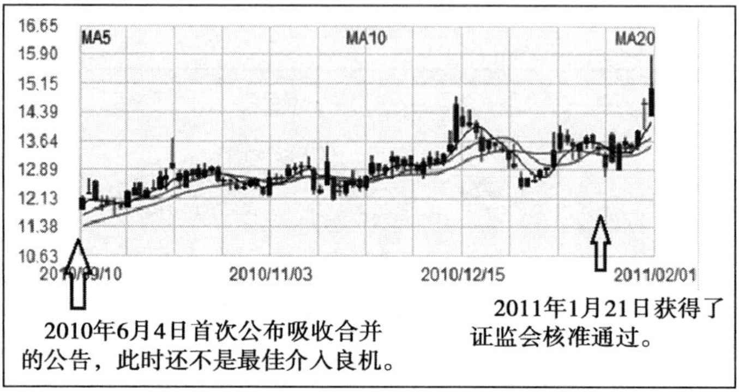

图　3-7

获得核准的公告如图 3-8 所示。

太行水泥关于

北京金隅股份有限公司换股吸收合并本公司获中国证监会并购重组审核委员会有条件通过等相关事宜的公告

本公司及董事会全体成员保证公告内容的真实、准确和完整，对公告的虚假记载、误导性陈述或者重大遗漏负连带责任。

2011年1月21日，经中国证券监督管理委员会上市公司并购重组审核委员会审核，北京金隅股份有限公司换股吸收合并本公司的申请已获有条件通过。

另外，公司接到北京金隅股份有限公司通知，2011年1月21日经中国证监会发行审核委员会审核，北京金隅股份有限公司首次公开发行A股的申请已获通过。

目前，本公司尚未收到中国证券监督管理委员会的相关核准文件，待公司正式收到中国证券监督管理委员会的相关核准文件后另行公告。

根据相关规定，本公司股票将于2011年1月24日起复牌。

图　3-8

此后，该股很快就出了停牌的通知公告（如图 3-9 所示），2011 年 2 月 1 日是最后的入场机会。

> **特别提示**
>
> **为确保现金选择权和换股实施顺利进行，本公司股票（股票代码：600553）将自 2011 年 2 月 9 日即现金选择权申报日开始连续停牌，直至完成终止上市手续。2011 年 2 月 1 日为本公司股票最后一个交易日，敬请广大投资者注意。**
>
> 经中国证券监督管理委员会证监许可[2011]166 号文和证监许可[2011]168 号文核准，北京金隅股份有限公司（简称“金隅股份”）将首次公开发行 A 股暨换股吸收合并河北太行水泥股份有限公司（简称“太行水泥”或“本公司”）。
>
> 本公司于 2011 年 1 月 31 日刊登了《北京金隅股份有限公司首次公开发行 A 股暨换股吸收合并河北太行水泥股份有限公司换股与现金选择权实施公告》，将通过网下申报的方式向有权股东提供现金选择权申报服务。本次现金选择权实施的股权登记日为 2011 年 2 月 1 日。为确保现金选择权和换股实施顺利进行，本公司股票（股票代码：600553）将自 2011 年 2 月 9 日即现金选择权申报日开始连续停牌，直至完成终止上市手续。2011 年 2 月 1 日为本公司股票最后一个交易日，敬请广大投资者注意。
>
> 现金选择权的具体实施方案见本公司于 2011 年 1 月 31 日刊登的《北京金隅股份有限公司首次公开发行 A 股暨换股吸收合并河北太行水泥股份有限公司

图 3-9

若以 2010 年 9 月 16 日收盘价 11.66 元买入，相当于以 9.7 元买入金隅股份，吸收合并后金隅股份上市当天开盘价 14.66 元卖出，可获利 51%（如图 3-10 所示）。

同样类似的例子还有“申万吸收合并宏源”、“中国铝业吸收合并山东铝业”等。

“老股变新股”存在高收益套利的第二种情况

要点：上市甲公司（已上市）和上市乙公司（已上市）合并之后重新上市，重新改名（很重要）。

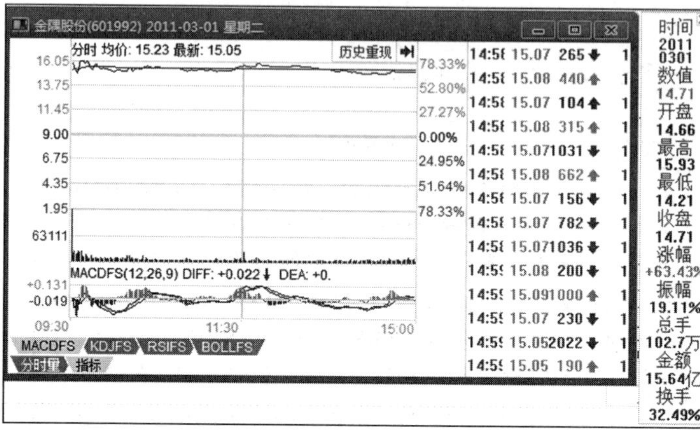

图 3-10

举例：中国南车与中国北车合并为中国中车。

“老股变新股”存在高收益套利的第三种情况

要点：甲公司吸收 B 股公司后在 A 股上市。

“老股变新股”无高收益套利的情况

要点：甲上市公司吸收乙上市公司，**不改名，不重新上市（这点很重要），**凡是不改名的套利价值不高，它只是纯粹的换股，IPO 价值小。

举例：“百事通吸收东方明珠”“东软集团吸收东软股份”。

老股民感叹炒股票赚钱有多难

股市稳定赚钱一定不是在于赌对错，赌对错的没几个人能成为长久的盈利者。股市赚钱需要的是大局观和稳定，看懂未来的

大趋势和出手、收手之间的分寸。

面对未来没几个人能真正知道哪天会怎样，但是面对未来我们大概能知道会怎样！比如经济增速下滑、股票新股发行数量增大，再比如股民开户数因为盈利效应降低会持续降低等。**上证指数从 5100 点跌到 2850 点是集体泡沫破灭，从 2850 点涨到 3600 点是小盘股泡沫再次巨幅扩大的后泡沫时代。**面对流动性泛滥的后泡沫时代，小盘股面临巨大的实质性压力！在新股发行加速必然的趋势下，小盘股高高在上的估值会重新回归。面对 2016 年的熊市，首先要做的就是保证好本金，赚不赚钱已经不重要，不亏钱才是首要的问题。大部分投资者对股票交易的概念就是买进卖出不是亏就是赚的赌博，每天乐此不疲，到最后本金已经无法割肉的时候才会深入反思！**小盘股泡沫破灭也会是快速破灭，所有泡沫破灭希望像放气一样可控是不现实的，泡沫“砰”一声破灭的占 70% 以上！**

2016～2018 年，一年真正能做交易的大概就是 3 个月左右，其他时间都可耐心等待市场买点的出现。2016～2018 年的走势不过是 2009～2014 年的重现，只要新股发行快，股市就是不断震荡下行，下行速度快之后就有较好的买点。**2016 年后市场可操作的时间和机会越来越少，投资者数量将快速流失，做股票的人亏损数量和面积会大幅增加，这会让很多投资难以应对。**短期内，流动性依然存在，所以大家能看到盘面个股依然有不少热点，也许最近还能保持震荡，但是长期的新股发行能让股市流动性大幅降低，慢熊无法避免。

面对 2016 年的市场，我们现在可以思考，是等到机会就赚一次钱，还是不停地买进卖出忙到最后剩下的又是做股东结局！2015 年的走势其实就是 2007～2009 年的走势，**2016 年的走势类似 2010 年以后的走势，起起落落！**

第4章

行业分析的重要技巧

我的观点是基本面有时候做股票稳定性极强，和技术面有时可以完全分开用。我们用原油的走势来举例。原油的价格指数就是基本面的走势图。原油过剩，价格大幅下跌。在这个过程中，我们都知道原油的基本面情况，页岩油的产量等都是公开的数据。由此，很容易看出基本面的走势，形成交易获利的概率非常高。

我们把**基本面的行业分析分成周期性行业和非周期性行业，周期性行业又分为长周期性行业和短周期性行业，长周期性也分强周期和弱周期**。我们的分法非常简单，因为我们做股票不是要对行业做精确的分析定义，这不是我们的事情。对于**股市有用的行业我认为就是要做长周期性行业里的强周期性板块，非周期性行业里项目爆发性、突发性增长的公司，获利稳定性比较强**。这两点把握住了，就把行业分析的要点掌握住了。

强周期行业

1. 长周期行业

长周期性行业股票交易的要点比较容易掌握，稳定性非常高。它一旦形成周期后，这个行业的股票几个月都是涨的，甚至一年都是涨的，下跌也一样。只要切入点稍微准确一点，都不会出现太大的风控问题。所以说周期性行业中长周期行业的股票交易起来稳定性非常好。

长周期行业有一个特点，一般是大型行业，如煤炭、石油、风电、钢铁、铁矿石等。这类行业非常之大，大到关系国计民生。如煤炭、石油这些基础行业，可以说，不可替代的基础原料行业都是长周期行业。一旦形成大型的周期，三两个月不会发生改变。

石油的周期，2009 年有一次下跌，然后震荡上行，快速下行、震荡。可以说 60 美元的石油，有可能最多涨到 70 美元、80 美元，涨不了太高，基本就是一个震荡的走势。有可能形成 40～60 美元的震荡区间，突破 70 美元的概率很低，涨到 80 美元基本也没可能。而长周期原油的趋势一旦下跌，很难反转（如图 4-1 所示）。

长周期的螺纹指数刚刚上市后不具备参照性，在 2010 年以后一路大幅下跌，基本没有回头（如图 4-2 所示）。

与此相伴生的焦煤指数、焦炭指数也是这样，一路下跌（如图 4-3 所示）。产业周期链一旦过剩就没法反转，包括克拉克造船指数、铁矿石指数等都是这样。

图 4-4 是很有名的煤炭个股兰花科创（600123）的走势，2006 年以后煤炭股大幅下跌，经济周期不好。随后上涨，到 2010 年高位以后基本没有上涨，从 20 元跌到 7 元。这次上涨是和基本面无关的一个反弹。这里所说的行业分析指的是根据经济周期来，煤炭的大

幅下跌周期兰花科创的股价也大幅下跌，在这个过程中任何一次做空都是正确的。

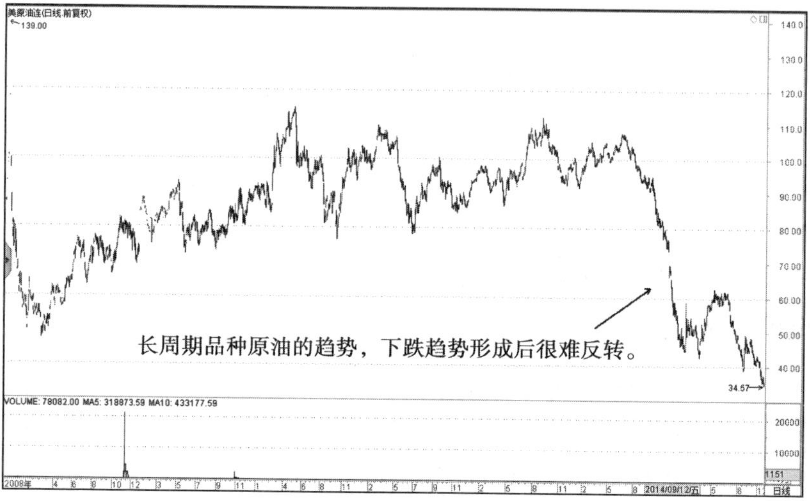

图 4-1

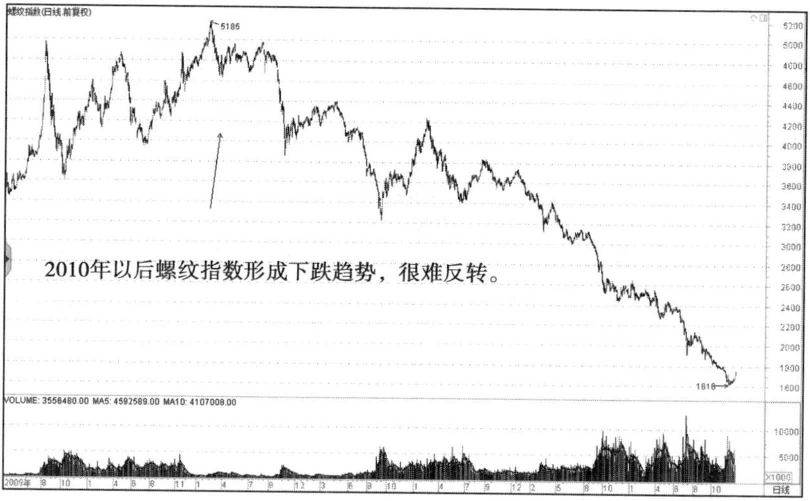

图 4-2

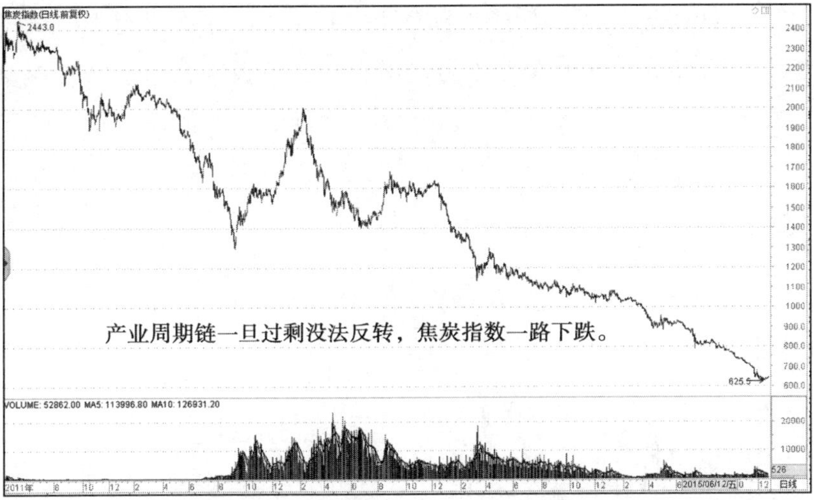

图 4-3

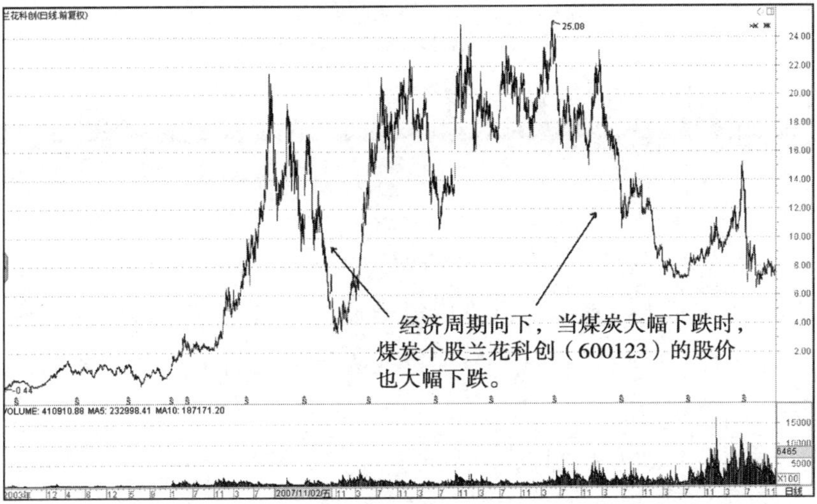

图 4-4

兖州煤业（600188）也是一样，从 37 元一直跌到 6 元，与煤炭的价格指数完全一样（如图 4-5 所示）。而经济周期是可以预测的。这中间煤炭的走势的确是比较差的。所以这次没有了“煤飞色舞”的行情，也不太可能出现煤炭和有色板块大涨，因为本身煤炭的价格还在大幅下跌，依然没有探到底，所以没有资金做它们，资金做的都是别的热点。

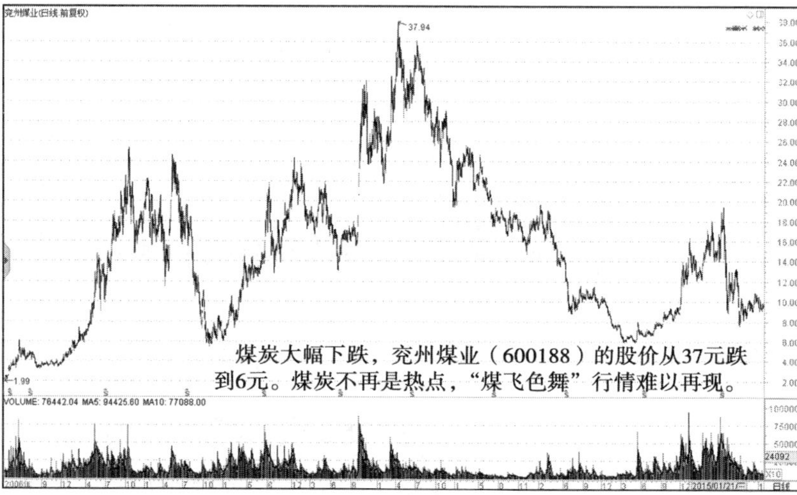

图 4-5

这就是行业长周期的一些股票。它们的重要特点是关系到国计民生，而且行业形成趋势后很难反转。它可能会在高位震荡，震荡形成了反转之后，不出现行业大幅的关门，不会价格见底，最多是在低位反弹。

上证指数也是这样，一旦形成下跌趋势后一路下行，慢慢见底，基本上就是牛市、熊市、震荡市，都是非常长的周期走势（如图 4-6 所示）。中证全指也是一样，强势、弱势、震荡市，大型指数也可以认为是长周期的。尤其是行业价格指数，不会像股票价格指数那样容易受到人的热情变化影响。

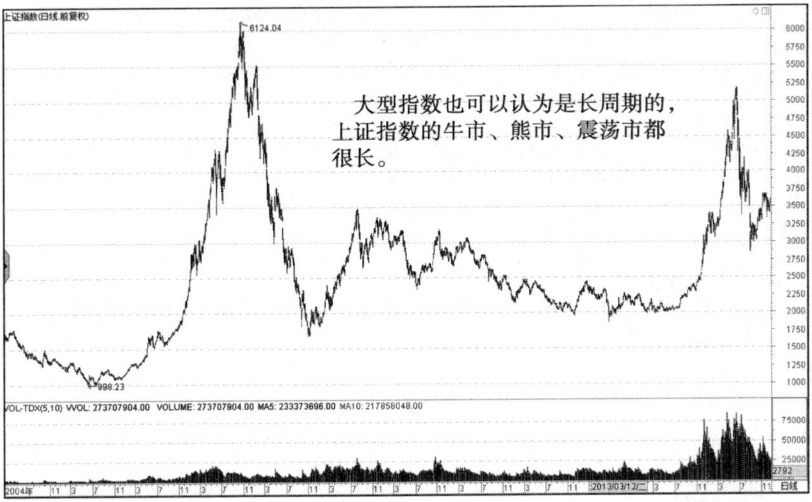

图 4-6

以风电企业股票金风科技（002202）的走势为例（如图 4-7、图 4-8 所示），风电产能过剩，它的股价 26 元一路跌到 2013 年。风电企业小的公司关得差不多了，直到这些企业有了新的盈利模式，建立风力发电场，通过风力发电获得收益，而不是靠卖风力发电设备盈利。这样稳定之后，整个行业反转，股价也反转。它的这次上涨和我们这次牛市没有太大关系，完全是基本面反复的变化。它的业绩去年是 1 角 5 分，今年是 6 角，前年是 5 分，再之前是 9 角一路下跌。这就是风电的长周期。从行业产能过剩到寻找到新的盈利模式，一路上涨。这算是影响到国计民生的行业，因为风电的发电产能对我国用电占比越来越高了。这是一个极强的周期，它的业绩完全是可以算出来的。从 2010 年的 9 角 8 分，跌到 2011 年的 2 角 2 分，大幅下降，到 2012 年的 5 分，到 2013 年的 1 角 5 分，提升了 3 倍，到 2014 年上半年已经涨到 1 角 2 分，全年 6 角业绩，如果按这个算，2015 年的业绩至少在 1 元钱以上。

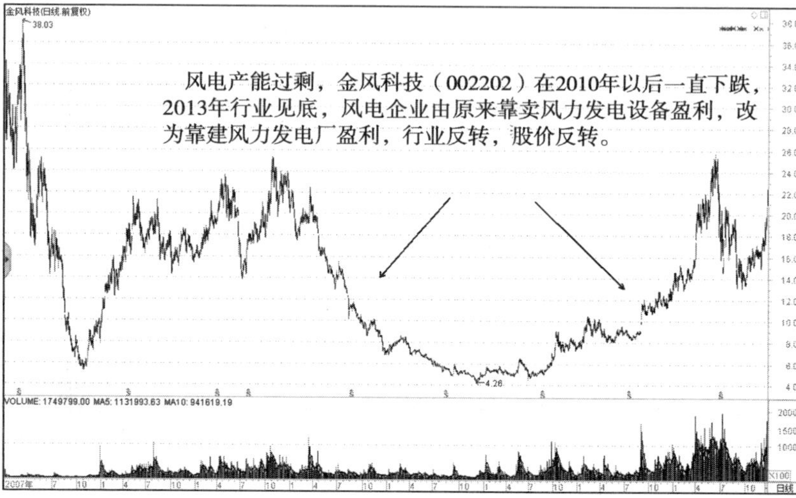

图　4-7

风电行业投资额巨大，需要几十亿元、几百亿元的资金规模，同时行业规模是几千亿元的市场，而且它是个竞争性比较充分、比较强的企业，它的这个行业又是很长的周期行业，周期一旦形成很难反转。就像我们国家的 GDP 增速一旦形成下行趋势，想靠股市拉回来有一定的难度。股市是上涨，但是经济周期向下，想靠股市拉回来很难。GDP 有 GDP 的周期，股市有股市的周期，不能等同。**一个大型经济周期一旦形成要很多年才能反转。包括房地产的周期也是这样，它中间可能会有震荡，但是它的长周期一定在。**长周期行业中强周期一般是大型行业，形成趋势后很难反转，这是本节的重点和要点。 将来大家都会遇到这样的长周期，从下一次的牛市行情中，投资者能轻松盈利。以钢铁为例，2500 点，可能 2000 点见底，也可能 1800 点见底，这不去猜测。但是钢铁行业不是很景气，这个行业一定要生存，股价也已经很低了，我们就去捡这笔钱，都能做到。像风电的周期就三五年，包括石油、煤炭。石油将来的替代性肯定不存在，一定会有价格的反复，但是要想等到石油行业形成反转，还需要很长时间。每个行业都会有低谷，大型的长周期行业形成低谷后时间会比较长。

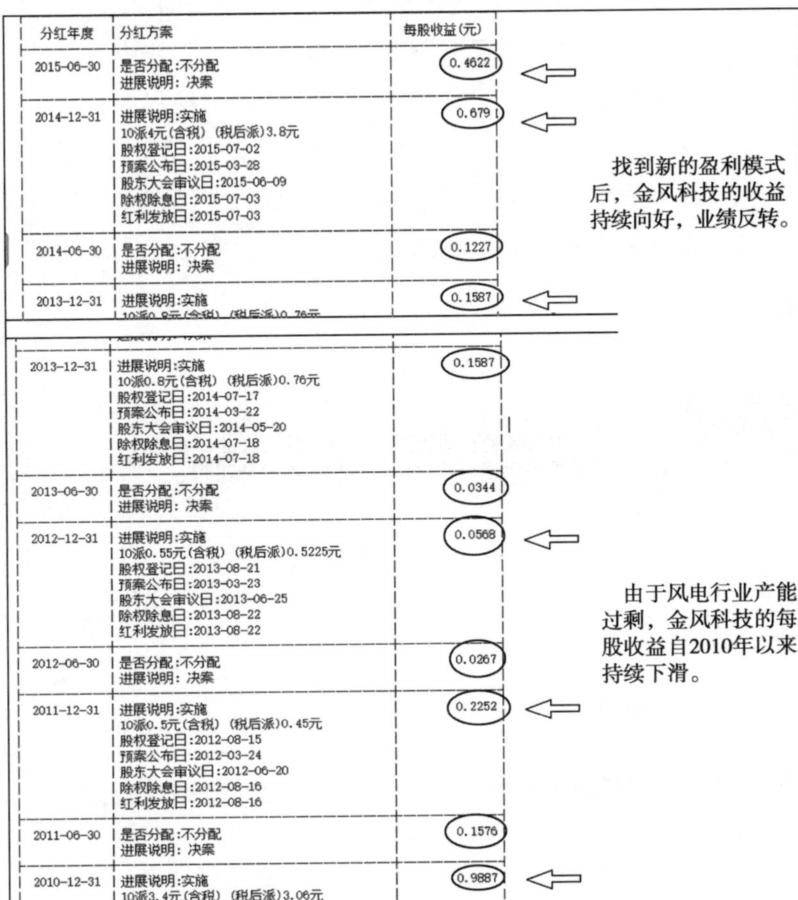

分红年度	分红方案	每股收益(元)
2015-06-30	是否分配:不分配 进展说明: 决案	0.4622
2014-12-31	进展说明:实施 10派4元(含税) (税后派)3.8元 股权登记日:2015-07-02 预案公布日:2015-03-28 股东大会审议日:2015-06-09 除权除息日:2015-07-03 红利发放日:2015-07-03	0.679
2014-06-30	是否分配:不分配 进展说明: 决案	0.1227
2013-12-31	进展说明:实施 10派0.8元(含税) (税后派)0.76元 股权登记日:2014-07-17 预案公布日:2014-03-22 股东大会审议日:2014-05-20 除权除息日:2014-07-18 红利发放日:2014-07-18	0.1587
2013-06-30	是否分配:不分配 进展说明: 决案	0.0344
2012-12-31	进展说明:实施 10派0.55元(含税) (税后派)0.5225元 股权登记日:2013-08-21 预案公布日:2013-03-23 股东大会审议日:2013-06-25 除权除息日:2013-08-22 红利发放日:2013-08-22	0.0568
2012-06-30	是否分配:不分配 进展说明: 决案	0.0267
2011-12-31	进展说明:实施 10派0.5元(含税) (税后派)0.45元 股权登记日:2012-08-15 预案公布日:2012-03-24 股东大会审议日:2012-06-20 除权除息日:2012-08-16 红利发放日:2012-08-16	0.2252
2011-06-30	是否分配:不分配 进展说明: 决案	0.1576
2010-12-31	进展说明:实施 10派3.4元(含税) (税后派)3.06元	0.9887

图 4-8

2. 短周期行业

短周期行业如部分化工品，PVC 指数本身在这一带还有震荡，它首先是根据石油价格来，其中还有行业的本身价格特性。这个指数本身不太偏离石油，但整个化工行业在石油大幅下跌的时候它没有跌（如图 4-9 所示）。石油从 2014 年开始大幅下跌，它从 2013 年就开始从 9000 多元跌到 6000 多元，它和石油不完全相关，它和自身的行业相关。如果价格上涨过快，产能很快就能释放出来。如果我们做周期性行业股票，就要选择强周期里的长周期股票，而不做像化工品这种短周期的股票，它的价格波动特别快，一个月一个价格，三个月一个价格，没法去做这种股票。根据我的经验，不要去做短周期行业的股票。

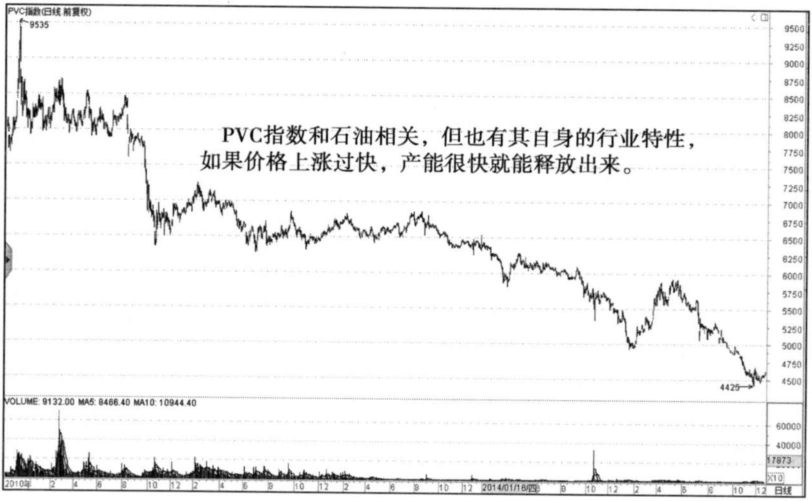

图 4-9

非周期性行业

做非周期性行业的股票，排除大盘涨跌影响，只要密切关注公司产品销售即可。例如，酒类预付款大增，当年业绩就会大增。因为酒类公司是年初售酒，经销商来给钱，如果今年的预付款比去年大增，今年的业绩一定大增，因为它是年初预付款，订酒，然后慢慢发货，就和房地产一样。房地产是年底的时候预付款，会形成账面。如果第三季度看到公司账面上预付款很多的话，当年业绩肯定很好。酒类是第一季度就能看到，到第四季度才能体现出业绩，这中间有很长时间可以赚股票的钱。不少行业都有这样的预付款特性，投资者都可以用这样的办法。

医药行业中，以长春高新为例（如图 4-10 所示），它是熊市里一路上涨很好的股票，它就是做了一个医药的很好的品种。它开发了一个基因工程药，属于很高端的技术壁垒，别人做不出来，其股价在熊市里涨得非常棒。**非周期行业的医药公司就要关注它产品进度和未来的销售，持仓不需要关注股价的波动，等个好买点买入即可。**如果它的产品销售非常棒，你只要能定义它的产品能给它带来多少收益，给它一个市盈率，后面就等它的股价到位即可。医药类股票中，高壁垒的医药技术是非常关键的。

非周期行业主要关注产品进度和未来的销售，不太需要关注股价的波动，这是其优点。

强壁垒行业分析方法

高强壁垒行业一般只有几家企业占有市场，市场规模和格局非常稳定，几乎不太会发生大的变化，一旦某家企业生产突然缩减产量，其他公司股票一般都会大涨。

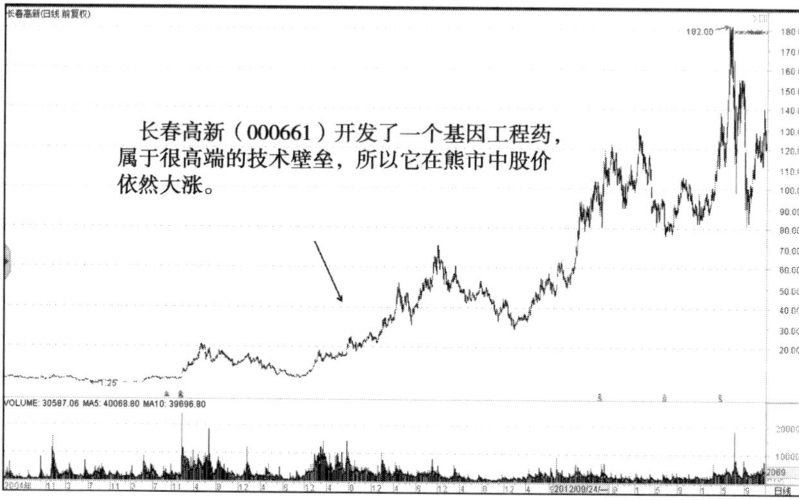

图 4-10

草甘膦的江山股份的启动和我们这次牛市没有关系。这次是因为孟山都关了它的工厂，而该行业中大概有四五家工厂市场占有率很高，其中一家厂一关，产品价格就大幅上涨，其他公司股票的股价就大幅上涨，如江山股份（如图 4-11 所示）。

浙江龙盛也是这样（如图 4-12 所示）。印染就四五家厂做得很棒，印染的下游原材料企业一关闭，它就是长牛股，没有办法去解释它什么时候停下来。这就是几家企业垄断之后形成的局面，产品突然缩量，它会大涨。比如这家企业控制了整个产品的 40%，其他企业占 60%，我缩减 10% 让所有人都赚钱，缩减 10% 我的效益增加一倍或几倍，股价大涨，这样大家会达成默契，都把产能缩减 10%，把价格抬高一倍，毛利由 20% 上涨到 100%，收益可高达五六倍，股价形成几何级上涨。

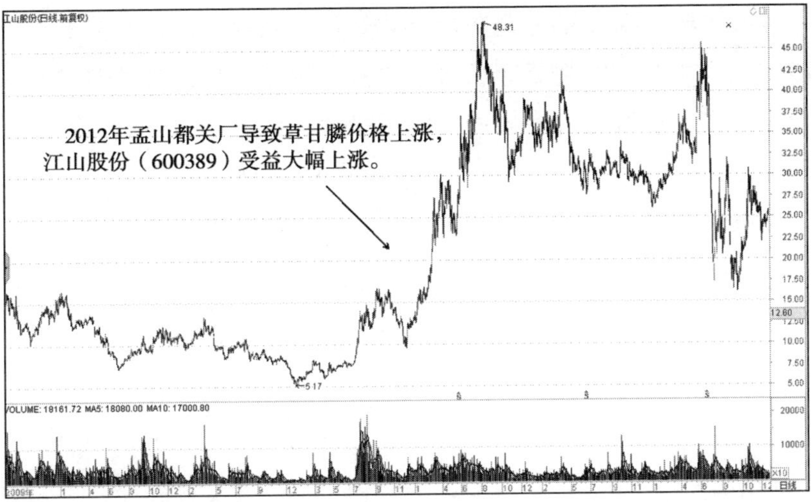
2012年孟山都关厂导致草甘膦价格上涨，
江山股份（600389）受益大幅上涨。

图 4-11

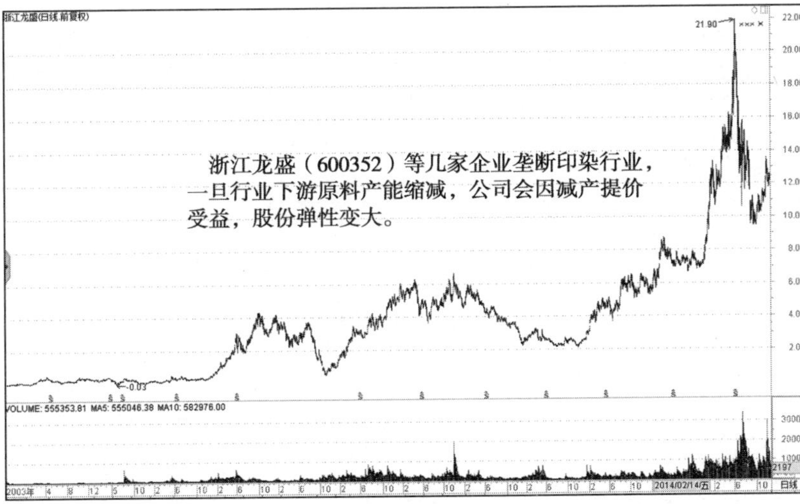
浙江龙盛（600352）等几家企业垄断印染行业，
一旦行业下游原料产能缩减，公司会因减产提价
受益，股份弹性变大。

图 4-12

做股票找到高壁垒高垄断行业是很容易获得的，如果发现产能缩减，立刻就能判断产品价格要涨，大涨交易机会就有可能出现！其实今年原油价格大涨，航空股大涨也是因为航空业属于高壁垒、高垄断行业，原料价格大跌产品售价不跌导致！

用产业周期做股票，能得到极为稳定的较大收益！

第 5 章

大股东战略意图分析

大股东战略意图分析（一）

上市公司是有大股东的，而这些大股东有的时候是有自己的融资需求的。例如很多地方国企的改制，其中就有一些借壳操作的故事，而这往往跟 ST 借壳没什么区别，都是为了在市场上获取资金。上市公司所有的大股东的这些战略意图，几乎都是为了在市场上获取资金。为什么现在重组这么盛行，就是因为大量的上市公司注入资产以起到套现和融资的目的。

为什么能套现和融资呢？因为注入资产收购可以议价，可以平价，可以折价，至于是采用哪种方式收购，对大股东还是对二级市场中小投资者有利我们暂且不谈。收购这个公司之后，上市公司股票可以从 20 元涨到 30 元、40 元……上市公司增发融资又获得了大量的现金流，自己公司的股价还飙涨。

我们讲一个最简单的案例，广发证券原来叫延边公路，延边公路的大股东收购该公司的股权，收购了很多年之后，因为延边公路这家公司经营得不好，其主要资产是高速公路，所以其被大股东收购之后，一直在剥离壳，剥离资产。剥离之后，这家公司成为一个净壳，大股东剥离资产承担负债其实是不会亏的，成为净壳之后，这家公司大股东就等于掌握了一个净壳公司，他既是延边公路的大股东，同时又是广发证券的大股东之一。于是该大股东就把广发证券注入延边公路的空壳中，此后，当年该股股价的涨幅是非常巨大的，大约从 4 元涨到了 120 元，翻了 30 倍。从结果上来看，剥离资产时所有的付出都是值得的。

这个过程持续了几年的时间，投资者可能会从 11 元拿到 5 元，4 元，3 元，赔得一塌糊涂。但是一旦这家公司形成净壳之后，就有大幅上涨的可能，当时是在 6 元左右，然后大幅上涨到 120 元。这就是大股东的战略意图，一旦散户投资者抓住就能受益匪浅。分析大股东的战略意图非常重要，你要知道大股东的背景，延边公路的大股东是谁，他掌握了什么资源，从大股东的背景分析，就能获得巨大的盈利机会。

我们还要清楚大股东为什么要持有公司的股权。有一家公司叫西藏发展，该公司的股价曾经有过一个非常漂亮的走势，准备注入矿业资产，结果股价在短短几个月间从 10 元一直做到 30 多元（如图 5-1 所示）。西藏发展的主营是什么呢？是啤酒，啤酒行业每年的收入纯利润都是固定的，它每年的利润非常固定，也就是在 4 角、5 角左右。西藏发展的主营构成分析如图 5-2 所示。

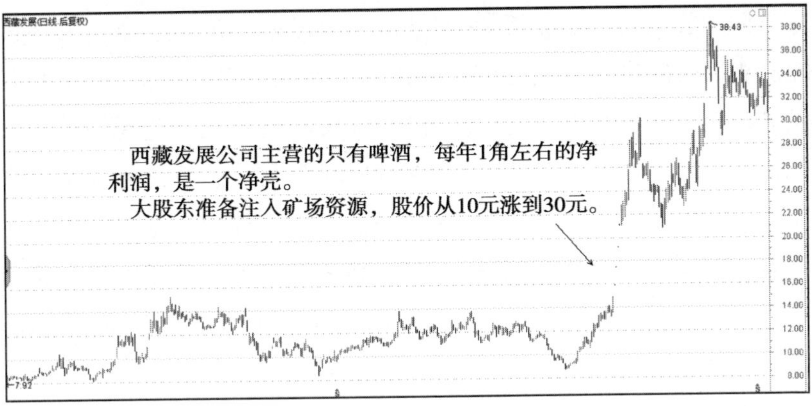

图 5-1

【2. 主营构成分析】

【截止日期】2015-06-30

项目名	营业收入（万元）	营业利润（万元）	毛利率(%)	占主营业务收入比例(%)
啤酒(行业)	19701.84	5463.40	27.73	100.00
合计(行业)	19701.84	5463.40	27.73	100.00
啤酒(产品)	19701.84	5463.40	27.73	100.00
合计(产品)	19701.84	5463.40	27.73	100.00
西藏自治区(地区)	19701.84	5463.40	27.73	100.00
合计(地区)	19701.84	5463.40	27.73	100.00

【截止日期】2014-12-31

项目名	营业收入（万元）	营业利润（万元）	毛利率(%)	占主营业务收入比例(%)
啤酒(行业)	39896.11	11549.79	28.95	100.00
合计(行业)	39897.71	11551.39	28.95	100.00
啤酒(产品)	39896.11	11549.79	28.95	100.00
合计(产品)	39897.71	11551.39	28.95	100.00
西藏自治区内(地区)	39896.11	11549.79	28.95	100.00
合计(地区)	39897.71	11551.39	28.95	100.00

【截止日期】2014-06-30

项目名	营业收入（万元）	营业利润（万元）	毛利率(%)	占主营业务收入比例(%)
啤酒(行业)	18717.55	5480.88	29.28	100.00
合计(行业)	18717.55	5480.88	29.28	100.00
啤酒(产品)	18717.55	5480.88	29.28	100.00
合计(产品)	18717.55	5480.88	29.28	100.00

图 5-2

它的股本很小，而我在研究它的大股东时却颇感意外，在股价上涨的时候股东户数反而从 6 万人降到 3.7 万人。这家公司宣称要用股权注入一家矿藏的采矿权，结果一路飙涨。这是为什么？大股东掌握这个空壳干吗？西藏的啤酒企业，这是行业壁垒很高的一个净壳（抵御导致行业壁垒高）。可以这样说，这就是大股东利用这个壳在“讲故事”，包括各种各样涨幅好的，基本上就是净壳“讲故事”。这中间的股价是没有办法去理解的，真正的建仓，极少技术派高手看出来，就在这一带开始建仓（如图 5-3 所示）；绝顶高手一度拉上去才能看出来。这么短的时间，快速确认，技术派已经达到顶级水平。

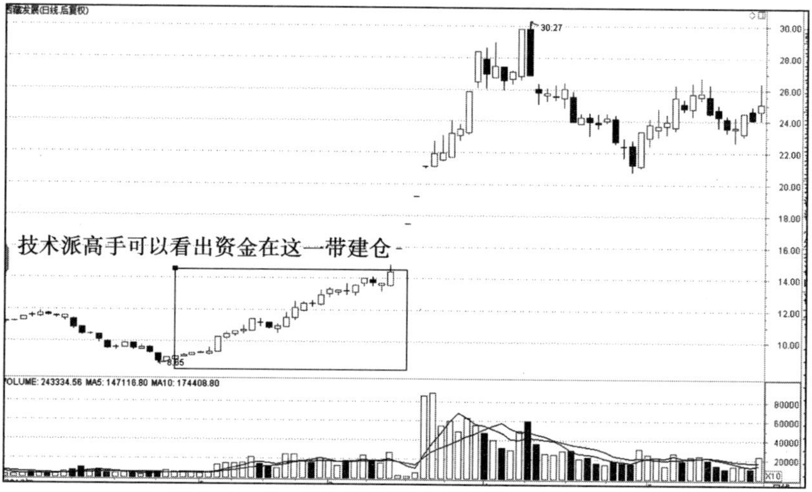

图 5-3

但至此，技术派交易高手还要有一个确认度，还要每年去翻盘确认，在这里确认，技术派能做到这个地步已经是顶级高手。我身边有些朋友确实能做到，但是非常辛苦，每天一定要复牌和分析走势。这些技术派一眼看懂了，于是加仓了。这就是大股东用上市公司讲故事，我们要知道大股东为什么要持有上市公司的股票，或是为了融资，或是为了变现，或是为了讲故事，最终不都是为了赚钱吗？

我们再讲最近上海新梅，股东为什么抢控股权抢得这么厉害？就是因为想掌握壳公司，然后再讲故事，这种公司千万不要碰，我再次说明，就像两只老虎打架一样，我们看到他从 8 元做到了现在的股价，从 4 元做到 10 元，又从 10 元跌到 8 元（如图 5-4 所示）。这种公司基本上没有确认谁掌握第一大股东的股权，两个大股东想抢股权，没有打出个你死我活来，根本不要去碰它。这种公司千万记住，只有大股东确定后才能去碰它。先解决谁是老大，然后才有重组，所以有股权之争的公司一般都不要碰。

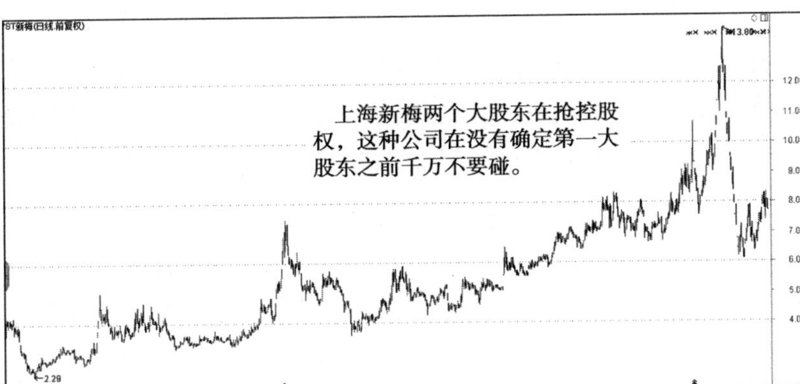

图 5-4

我们知道了上市公司大股东控股的目的就是为了讲故事，但这没有办法从 K 线图上完全绝对地看明白。因为他想讲故事的时候，随时可能停盘，而且有可能是大涨之后，涨了 1 倍连续放量再停盘。大股东的底仓是法人股，如果他根本不屑于在二级市场上加仓，你就根本没有办法从K线图上看出端倪。所以大股东战略意图不一定是技术派能做到的，我认为大股东战略意图分析，完全从技术派分析很难。它可能是突然停牌的，重组不是根据二级市场走势来运作，而是根据大股东的实际需要来决定。

所以分析大股东战略意图，要有极好的持仓心态。那只股票可能从10元杀到5元，从5元再涨到8元，从8元再跌到2元、3元，再到20元、30元都有可能，这是大股东战略意图分析，大股东最近对公司做了哪些事情？我们都知道深圳市人民政府国有资产监督管理委员会改革是肯定的事情。那么，在深天地八九元的时候，曾经有几家地方政府融资平台公司邀约收购股权，以某个价格收购多少股。但事实没有那么简单，大股东为什么要回收公司的股权？而且是要约收购。深圳的国企改革都是公开的，看到2013年11月27号深圳市投资有限公司于多少日通过集中交易的方式获得的多少股权，占多少多少，这都是什么呢？本次集中减持，他肯定是减持给别人，你再去查下前要约收购，一切就很清晰了，让谁成为大股东，谁去干。典型的大股东意图你可以非常清楚地知道，要约收购预定1000万股，这个公司股份很小很小，他是深圳市投资控股减持100多万股，另外一家企业要约收购。

如图5-5所示，我们可以清楚地看到，要约收购是东部发展集团，其中一家减持，另外一家要约收购。为什么？因为要让东部发展集团成为第一大股东，成为真正的大股东，后面隔了一年以后就重组出来了。在2013年以及2014年年初的时候，他在进行要约收购，一直在进行，完事之后该公司股票价格从 9 元涨到了 30 元，这个大股东的战略意图，背景是深圳市国资改革。你如果能掌握大股东战略，马上就能明白公司有可能要重组。因为大股东对一个公司进行资产，股权、债务、人员处理等问题不是 3 个月，也不是 6 个月能结束的，我们看到光是要约收购期都可能长达 6 个月。掌握了大股东战略意图分析的能力，投资者就能成为一台挖金矿的机器。

> 本公司及董事会全体成员保证信息披露的内容真实、准确、完整，没有虚假记载、误导性陈述或重大遗漏。
>
> 根据中国证监会（证监许可[2013]1126号）《关于核准深圳市东部开发（集团）有限公司公告深圳市天地（集团）股份有限公司要约收购报告书的批复》，深圳市东部开发（集团）有限公司（以下简称“东部集团”）于2013年9月3日公告了《深圳市天地（集团）股份有限公司要约收购报告书》等文件。
>
> 收购人按《要约收购报告书》向深天地除收购人以外的全体流通股股东发出部分要约，按6.70元/股的价格收购10,000,000股本公司股票，合计占上市公司总股本的7.21%，本次要约收购起始时间为2013年9月3日（含当日），截止时间为2013年10月2日（含当日），共计30个自然日。

图 5-5

但是这其中的股价你也看到了（如图 5-6 所示），从 10 元跌到过 8 元，股市在这期间还好没有大跌，大跌跌到 6 元、3 元也不稀奇，完全有可能。投资者不可能知道什么地方是最低点，从 K 线图上没法解决，此时要从公司背景去分析。所以，我们要关注大股东对公司做了哪些事情，他有什么战略意图，手上有什么资源。

以游久游戏（600652）重组为例（如图 5-7 所示），大概是 2014 年 4 月宣布游戏重组，一直到 4 月回到 9 元，最后还到了 6 元，最后甚至涨到 18 元。持有原有大股东天天系养壳多年，能不通过上市公司讲故事吗？那么，股价达到 9 元他就达到战略目的吗？达不到，6 元更达不到，所以你要明白这些。**我们在真正进行交易的时候，K 线图的功能只能降到 50% 以下，这是我们对 K 线图战略意图的理解。**

例如，这里几根阳线的连续建仓，如果你知道大股东的战略意图，那么此时立刻建仓，赌它这波就发出进攻（如图 5-8 所示）。看不懂大股东战略意图的投资者不可能拿到大仓位和大波段超级大利润。**通过 K 线图做的，只能做快速交易的短线交易，但如果你做长线交易，一定要结合大股东的战略意图。**

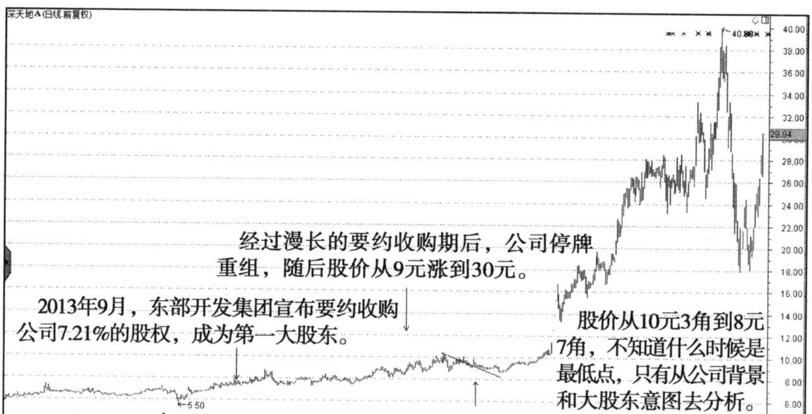

图 5-6

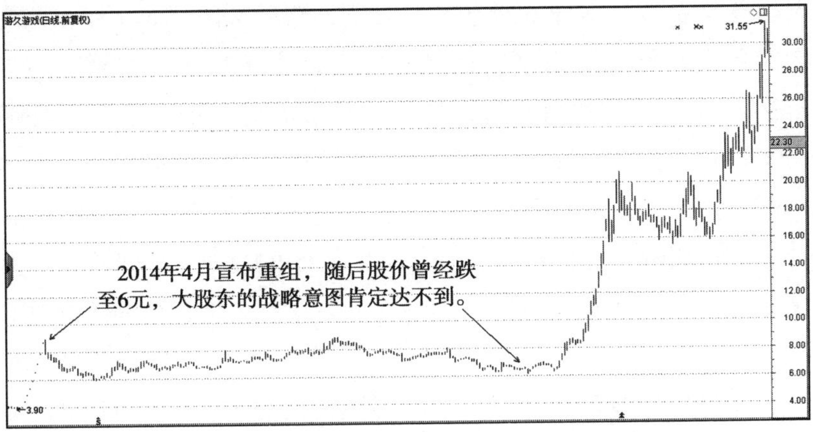

图 5-7

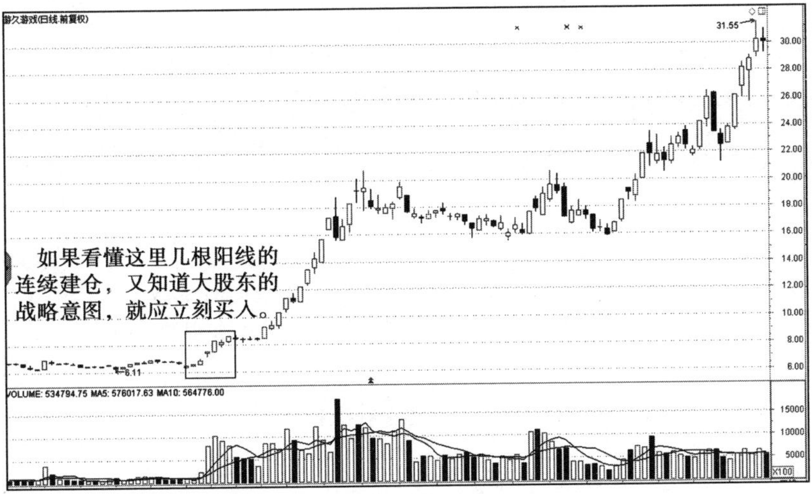

图 5-8

如果你对大股东的战略意图有非常清晰的理解，再加上手上有这个资源，那么就会明白大股东就想赚这么点儿钱吗？天天科技拿着他，本身就四五元的股票，然后又回到 6 元钱，就这么简单吗？你要这么理解问题，就把这个事情看得很透。另外一个大股东战略意图分析，最有名且最有意思的就是海虹控股（000503），我经常讲这个案例。在很多年以前，他就控股了他的壳资源，在这一带建仓控股壳资源，一路拿着。我们看到该股股价从 2 元涨到 8 元再跌到 1 元 3 角，最低的时候只有 8 角（前复权价），如果做大股东战略意图绝对要有这种耐性，他的建仓过程在 2 元左右，一路建仓到了 8 角（前复权价），8 角之后他做到了 15 元，此时，我们就可以把他看得更清楚。这里是 176 元（后复权价），最低价 8 元 5，涨了 20 倍。他是用 100 万元人民币收购了一个联众游戏，当时是当年的游戏第一股。当年网络游戏不盛行，只有单机版游戏，只能联网打打扑克等，就这么一个游戏公司，收购了联众，股价从 8 元做到 176 元（后复权价）（如图 5-9 所示）。这就是大股东收购一个公司的战略意图。

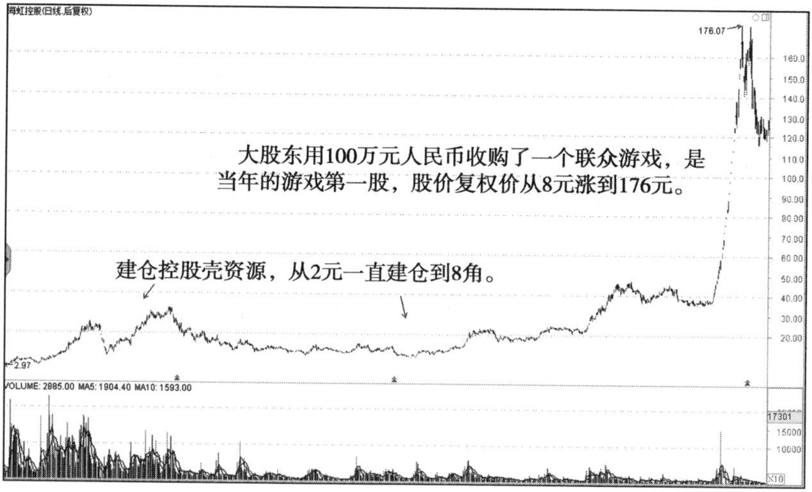

图 5-9

最近有家公司改名叫“匹凸匹”(“匹凸匹”(日线前复权)如图 5-10 所示)为什么用这三个字?人家就是为了炒作谐音“P2P”,要炒这个上市公司,不惜对抗原则取一个名字去炒作。我认为投资者千万别乱碰匹凸匹,原因很简单,和监管层的对碰谁能赢?桐昆股份公告很早以前要做化纤的互联网 +,于是就炒作化纤互联网,桐昆股份(如图 5-11 所示)这是典型的炒作。既然大股东炒作,那我们也去炒作,明白大股东的战略意图后炒作很容易成功。可以说大股东战略意图是我们做交易的人,真正做交易的人使用的最重要的方式,而且长期用,很好用,很管用。不过,交易过程中股票价格可能从 10 元跌到 3 元才启动,你扛得住扛不住?这是大股东战略意图中最重要的一点,那就是要有良好的心理素质。至于买卖点,则要通过大盘风险分析即安全区域分析,然后根据二级市场其他资金持仓成本分析去寻找买卖点!

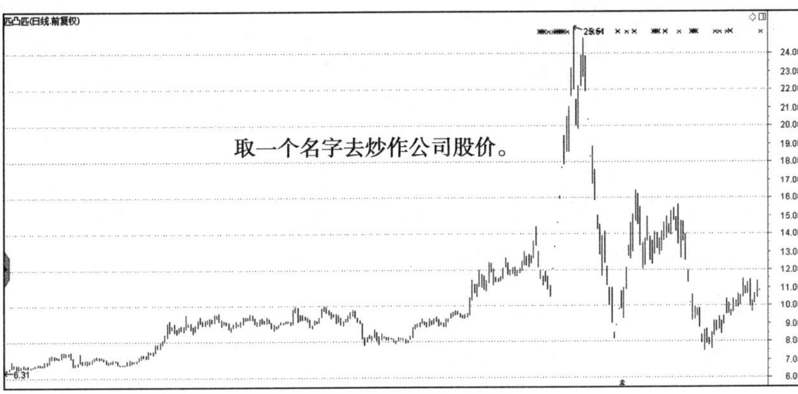

图 5-10

我们需要了解上市公司真正的大股东是谁?有什么资源?干过什么?拿壳有什么意图,对这个公司有没有做资产的剥离、人员的剥离、债务的重组等各种各样的事情。大股东把这个公司弄成一个净壳，如果快速净壳了，一到两年就会成功重组，成功的概率非常高。因为他花了一两年弄成净壳，还放在那净壳一两年，那就是极有耐心的大股东，越有耐心涨幅可能越大，要不然他不会这么有耐心。一个具有极大耐心的人，一般同时背后有极大的战略意图，你把这些理顺了，就能懂得其中的奥妙。

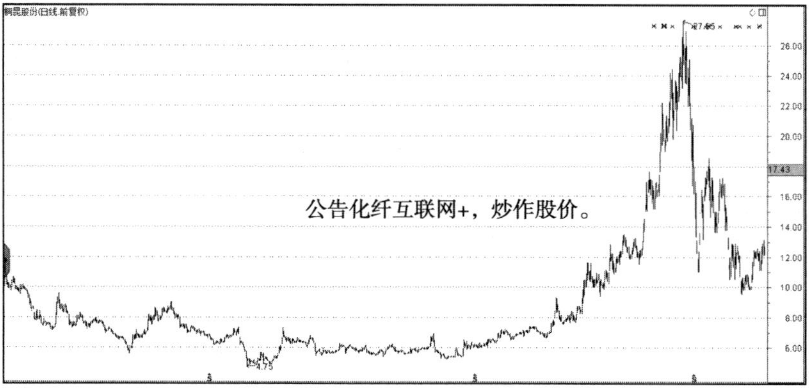

图 5-11

我觉得普通投资者只知道买进卖出。我一直认为买进卖出是一个很难获得稳定盈利的事情。但是大股东战略意图则不同，如果把你的钱做三只股票，其中有一个重组成功了，你再不停地分，这个交易是很稳定的交易模式。

大股东战略意图分析（二）

我前不久到常州营业部路演，遇见了一名投资者，他说他要见见我，我问为什么。他说听了我的一些讲课以后，获得了一些技能，赚到了一些钱，相互聊聊。我问他买了什么股票。他告诉我，他买的股票是国旅联合（600358）（买壳卖壳重组经典案例）。我问他多少钱买的？他说 4 元左右买的。我假设他买了 10 万股，他告诉我在 14 元左右卖得剩下 2 万股，现在只剩下 1 万股，觉得盈利不错了。他告诉我，他又买了山东海化（000822），也两三元钱买的，八九元卖掉了。我说你怎么卖掉了。他说 ST 摘帽利好兑现了。

我曾经讲过 ST 摘帽利好兑现卖掉，他还告诉我现在这种股票不好找了，股价都高了，买不到便宜的股票了，我笑了笑。因为他说听了我的一些课，觉得其中有一些道理，悟透了这些事情，所以赚得比一般投资者多。我觉得这位投资者一看就知道他不是那种像马云说过的“聪明的都走了，剩下的就我们了”的聪明人。

这位投资者并非聪明绝顶，但是他认定一件事就干到底，这点做得很好。马云说“聪明的都走了，剩下的就是我们了”，这句话说得既在批评对方又非常给面子，因为对方是聪明人。我觉得他完全掌握了大股东战略意图，因为他觉得这个企业要改制，要改制成功，进去价格比较便宜，拿到 ST 利好兑现，这么大的利好都兑现了，先出来再说，后面怎么样不知道，他成功地做到了。国旅联合（600358）也是做得非常成功，一路不管你怎么震荡，从 6 元震荡到 5 元多，一般投资人拦不住，又从 9 元多震荡到 6 元多，你怎么拿得住，将近 50% 的振幅，你只拿到 14 元，卖的仓位比较多，还有一部分仓位拿到了现在。

他是怎么做到的呢？没什么稀奇，我认为这种事情只要人不要那么“聪明”，就能做得到。这里面难度不那么大，只要掌握一些要点，即大股东的战略意图即可。我身边确实有很多投资者，通过大股东战略意图获得几倍乃至几十倍的收益。我觉得这个很简单，里面最大的难度是你不要做那么“聪明”的人，不要进行大量的买进卖出，但是你要真正知道这个大股东是谁，他做这件事情是不是常年能做成功。如此你就能知道他一定会成功。大股东做什么容易成功？普通投资者只要跟在他身边即可。

这里面有几个要点，大股东为什么要买壳？很简单，就是为了赚钱。那么大股东的买壳成本是多少？我们跟着他玩的风险如何？只要清楚这两点就可以了。还有就是大股东旗下其他公司的走势如何（国旅联合大股东旗下其他公司都是黑马）？旗下其他公司是不是每一个都成了大牛股？他又买一个新壳，我们跟着买进了新壳是不是很容易捡钱，大股东历史情况如何，他历史上是什么样的，他有什么样的背景，他是怎么做的，这些资料一查便知。

我研究大股东的战略意图是哪一年呢？在 2006 年的时候我们知道，2004 年的时候有一个德隆系非常有名，当时德隆系连续崩盘，崩盘的时候中粮集团就宣布接手他的企业，接手德隆系旗下一家叫新疆屯河做番茄酱的公司。崩盘之后，中粮集团很快就接手了，为什么？中粮集团接手新疆屯河是为了护盘整个股市，因为德隆系是最大的庄，整个崩盘了，股市就会大幅下跌，中粮集团宣布接手德隆系护盘的位置。从 2004 年一直到 2005 年乃至 2006 年的时候，中粮集团中间做了什么事呢（如图 5-12 所示）？剥离资产，做成净壳，这是第一点。

第二点就是购买它的法人股，4 元一股。这么做明显是为了维持安定的局面，同时剥离上市公司的资产，形成净壳。剩下番茄酱那点儿资产是能盈利的，但是他的债务统统剥离。最后他宣布的，也就是大概在 2 元多钱的时候，他宣布承接新疆屯河 14 亿元的，4 元一股（19 亿元还是 14 亿元我记不清就不去查了）承接他的债务，第一笔款给的是一笔 4 亿多元的资金，（银行的），他把 4 亿元资金给了上市公司，让上市公司去还银行的欠款。买法人股 4 元一股，我们不知道他有没有给现金，到底怎么给法？因为他可能是划转、延迟给付，也可能没有出钱拿到这笔法人股股权，这个是完全存在。

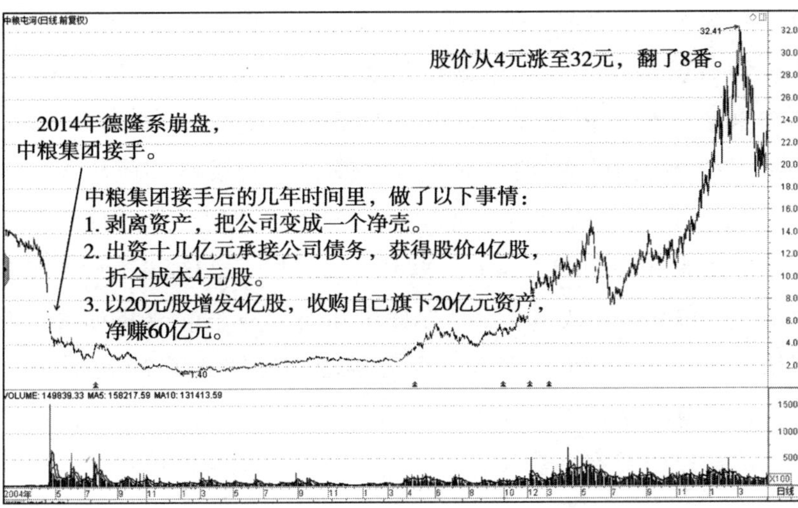

图 5-12

但是他帮对方清理债务的时候，给的 4 亿元资金，承接了十几亿元，就这一部分资金。因为给了第一笔款以后，他出具了不可撤销的担保函，十几亿元你必须要给。当时他是 8 亿元的股权，我记得很清楚，他一下子拿了 4 亿元的股权，帮上市还了十几亿元的债务，就相当于 4 元一股，就等于已投入十几亿元的给上市公司，还有各项资产剥离将近 20 亿元，一股 5 元的法人成本，你后面要干什么？一定要玩游戏，不玩游戏怎么赚得出来，怎么赚收回成本。看到不可撤销承诺函后，就是买，买完以后就大涨。因为很简单，你所有债务剥离他是个净壳公司，虽然没有改名但是中粮已经入驻成功了，他是另外一家企业，当时就翻一番。

我们看到中粮集团最后将其做到了 32 元，翻了 8 番，这没什么。他在大概十几元、二十几元钱增发了 4 亿元，可能是 20 元每股，大家去查一下。如果这 20 元一股，增发了 4 亿元的股份，收购了一些他旗下的资产，他收入 80 亿元。我们不知道他资产到底值多少钱，我们假设他资产值 20 亿元，评估成 80 亿元，他等于赚了 60 亿元，以前投入 20 亿元，这次净赚 60 亿元，在玩壳的游戏中，中粮没有吃亏。最后他的股票价格从 3 元涨到 32 元，我们不知道他能到 32 元，但中间任何一个过程，投资者都能赚大钱。例如，从 6 元跌到 4 元，跌了 33%、从 6 元又涨到 14 元，14 元又跌到 8 元，你如果知道大股东的战略意图，中间任何一次持仓稳定一些，你都是赢家。当然到了 20 元、30 元以上，没有办法通过大股东战略意图具体知道股票的最高价在哪里，但是投资者有办法知道自己的心态——赚得够不够了，这点很重要。

我们把刚刚这位投资者做的国旅联合（600358）做简单的介绍。我稍微查了一下，国旅联合的大股东是厦门当代。搜索厦门当代就知道这家公司是什么背景，这位投资者说得很清楚，厦门当代旗下有几家企业，他收购过当代东方（000673），看到当代东方是 2014 年 1 月进去的，2014 年 1 月的价格为 5 元其后涨到了 11 元多，再到 30 元（当代东方与国旅联合如图 5-13、图 5-14 所示）。我说的任何案例，只是讲一个交易技巧，**你要买的价格跟大股东进驻的价格是一样的，你的资金就有安全性。**

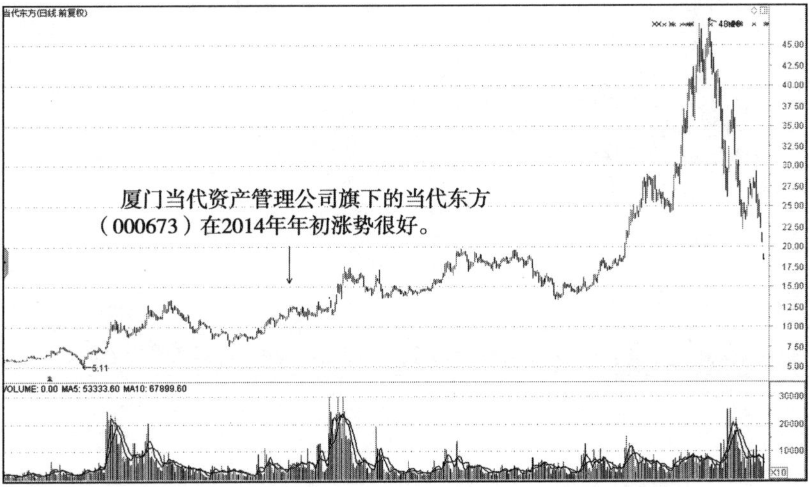

图　5-13

我们看看是不是上市公司股东户数也在大幅减少。如图 5-15 所示，从 4 万户、3.8 万户，到 3.5 万户，也是在大幅减少。这里面一个强庄股必然有各方面证据印证。我认为技术派在我大型做盘的过程中，50% 的作用都起不到。就算我吃定上市公司大股东要玩游戏，他旗下其他公司走势很好，这次也会做重组。你买壳成本多少，大股东历史情况查一下，我们都可以查得到，包括最近涨得比较好的游久游戏（600652），我们看到他的大股东是天天科技（如图 5-16 所示）。天天旗下的几家公司，如 ST 明科（600091）、华资实业（600191）、西水股份（600291）等几家公司将来都会玩这类游戏。有这样的胆略陪着大股东玩，不妨想象他们拿一个壳这么多年是为了什么？

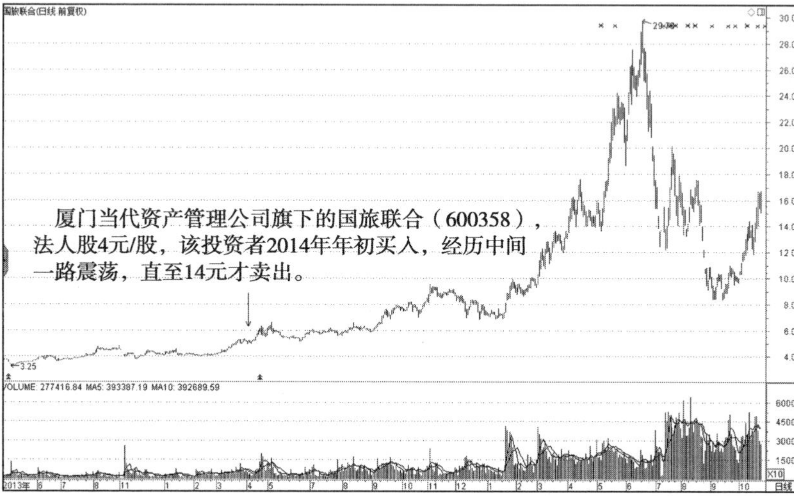

图　5-15 之前

图　5-14

国旅联合　最新动态　持股情况　公司概况　历年分配　股本结构　分析评论　相关报道　行业分析　公司公告　经营分析　股改大事　高管介绍　财务分析　机构持股　重要事项　关联个股

年　份	流通股(万股)		股东人数	人均持股	幅度%	筹码集中度
2015-09-30	A	43200	56129	7696	-48.54	非常集中
2015-06-30	A	43200	28885	14955	-13.07	非常集中
2015-03-31	A	43200	25111	17203	23.36	非常集中
2014-12-31	A	43200	30977	13945	9.65	非常集中
2014-09-30	A	43200	33966	[illegible]	14.76	非常集中
2014-06-30	A	43200	38980	11082	[illegible]	非常集中
2014-03-31	A	43200	40969	10544	5.36	非常集中
2013-12-31	A	43200	43164	10008	4	非常集中
2013-09-30	A	43200	44892	9623	7.2	非常集中
2013-06-30	A	43200	48122	8977	12.59	非常集中
2013-03-31	A	43200	54178	7973	0.66	非常集中
2012-12-31	A	43200	54534	7921	2.05	非常集中
2012-09-30	A	43200	55651	7762	-1.1	非常集中
2012-06-30	A	43200	55044	7848	2.72	非常集中
2012-03-31	A	43200	56539	7640	-0.79	非常集中
2011-12-31	A	43200	56095	7701	0.22	非常集中
2011-09-30	A	43200	56220	7684	3.56	非常集中
2011-06-30	A	43200	58219	7420	9.63	非常集中
2011-03-31	A	43200	63827	6768	4.91	非常集中
2010-12-31	A	43200	66956	6451	11.49	非常集中
2010-09-30	A	43200	74655	5786	-6.8	非常集中
2010-06-30	A	43200	69578	6208	-5.77	非常集中
2010-03-31	A	43200	65572	6588	10.22	非常集中
2009-12-31	A	43200	72270	5977	5.75	非常集中
2009-09-30	A	43200	76422	5652	25.68	非常集中
2009-06-30	A	33496	74471	4497	10.65	比较集中
2009-03-31	A	33496	82410	4064	-0.2	比较集中
2008-12-31	A	33496	82244	4072	5.55	比较集中

股东户数持续减少

图　5-15

我再讲解一遍本书作序者章强的案例，他坚持持有手中个股，从 7 元拿到现在为止也不卖，他为什么不卖，为什么能坚持住？因为他深刻地研究了他手中的个股。他是电子信息集团，他前面先做了长城信息，也就几元钱进去，一直拿着，拿完之后卖掉，卖掉之后再转手做中电广通。电子信息的其他集团都重组了，都玩重组游戏，中电广通也会玩此类游戏，所以他才敢一直持有（如图 5-17 所示）。所以大股东战略意图，我们先看清楚怎么回事，原来你一直在玩重组游戏，那就奉陪到底。

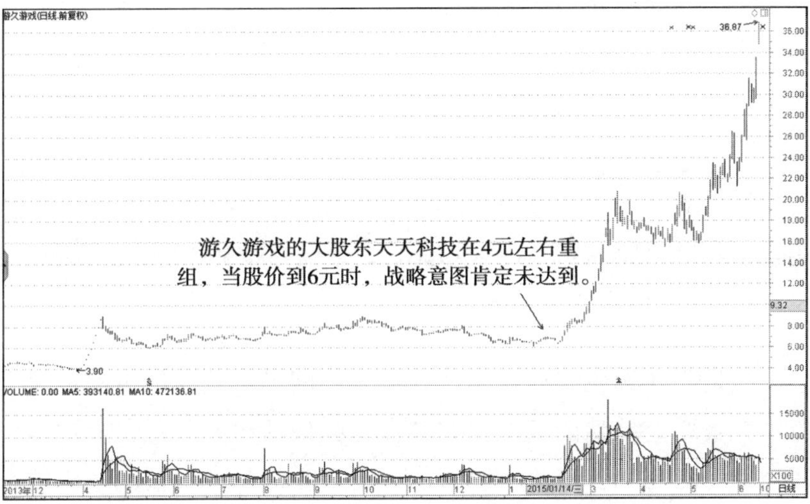

图 5-16

比如一向做重组大股东，你只要买到和他的成本价差不多时就可以长期持有，要么大股东让公司破产，要么玩重组游戏大赚钱。这就好比明摆着一块肉他能不吃吗？只是吃多少的问题，以及怎么去吃的问题，大股东肯定有这样的想法，怎么可能让上市公司下市。所以我觉得我们这个大股东战略意图分析，将成为投资者做股票很重要的一个特点。因为有些大股东进驻以后，他不可能一天做起来，比如当代资产管理公司，厦门当代都是耗费了几年时间慢慢做的，中间你只要做到一个就有几倍的收益。

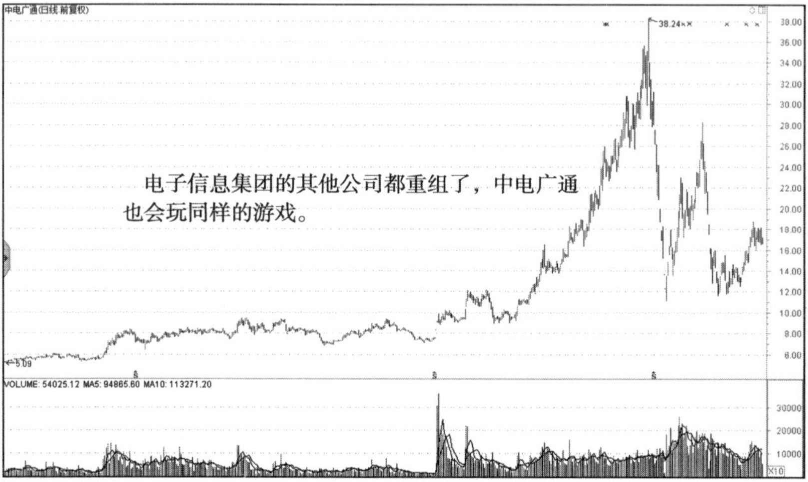

图 5-17

但是现在大股东战略意图分析有难度了，股票价格都涨得太凶了。我之前提到的那位投资者在与我谈话时，我就说卖掉国旅联合（600358）就没法做股票了，因为股价都做得很凶了。没有4、5元的股票让你买了，因为6元的股票跌到4元不用操心，跌到3元也不用操心，但是20元的股票跌到10元，跌到5元，再涨回20元，哪有利润？

现在股票的价格都是20、30元，包括我说了做中电广通（600764）的兄弟（序言作者章强）明确说做完这一单不想玩股票了，清楚地告诉大家不想玩股票了，**他十几年间资金翻了100番以上。为何不想做股票？**他告诉我没法做这个盘子了，因为不好找标的了。重量级的投资者都感到市场难做了，说明我们普通投资者利用大股东战略意图分析就更是难上加难。

我再讲一个，上节课可能也讲过的，广发证券是延边公路的，接盘了好几年，2 块钱一次性玩到位走人，做到 54 元，翻几十番一生够吃够喝（如图 5-18 所示）！上节课讲过的，延边公路大股东也是潜伏很多年一次性玩够了，后边就没得玩了。你要知道大量的熊市会在后面，如果这种借壳的游戏不能玩了，所有投资，所有的大股东都把他手上的壳全部在市场套现的之后，你想这个市场会怎样？这些老股民，我们都是资深的老股民，不是一般的资深，而是资深到“骨灰级”老股民，最后都成长到不是普通散户级的，最少几百万个，绝对不止的这个数，都处在随时想离场的想法中。

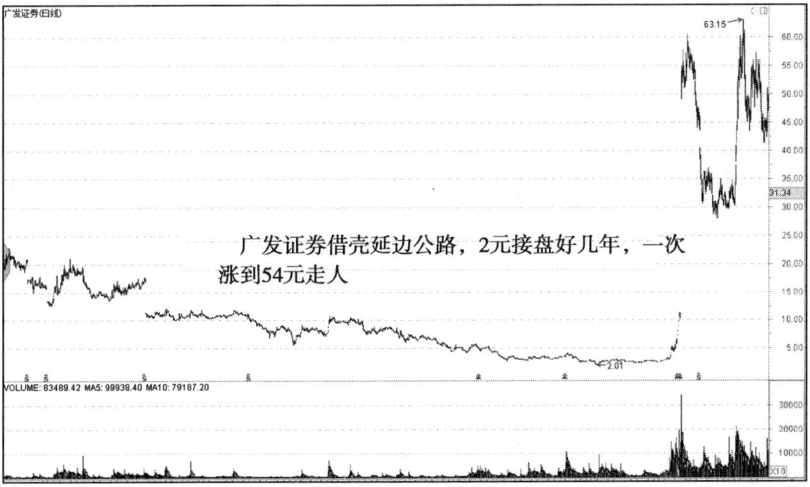

图 5-18

想玩壳的人的资产规模更大，他到最后全部把这壳变现了，我们看变现结束之后，你想这个市场会怎样，所有人都明白这个道理，所以寻找稳定收益的是这些做大股东战略意图的人后面想的事情，近期这种方式做交易不行，股价太高，大幅下跌后才可以考虑。

我再次声明，所有真正股票做得好的，K 线图占的作用只起 50% 不到的作用。我觉得大股东战略意图很重要，希望大家慢慢去领会其中的奥妙，我们做交易不可能只用简单的 K 线图买卖，那太简单。K 线图的技能是绝对要掌握的，属于 50% 技能里面重要性很强的 50%，技术分析占整个技能的 25%～40% 较好。所有大股东战略意图按照 K 线图买卖，基本上不可能赚大钱。我不是降低技术派的作用，我看看 K 线图有相当年份的人，大致能通过 K 线图看懂持仓，达到这个级别，我们都要用大股东战略意图，借用大量别的方式来分析股票，比如股东户数的降低等。这需要长期看一个盘面的走势，因为日线的走势组合不具代表性，他一段时间内的组合不能代表更长时期大量战略意图，必须要从更长远的角度来解释。

推荐阅读

证券混沌操作法：适用于股票、期货及外汇交易的低风险获利指南

作者：（美）比尔·威廉斯 等 ISBN：978-7-111-46567-6 定价：49.90元

如何在外汇市场获利：马里奥·辛格的17大货币交易策略

作者：马里奥·辛格 ISBN：978-7-111-46568-3 定价：49.00元

外汇交易：从入门到精通（原书第2版）

作者：（澳）亚历克斯·道格拉斯 等 ISBN：978-7-111-44766-5 定价：45.00元

外汇交易的10堂必修课

作者：（美）贾里德 F. 马丁内斯 ISBN：978-7-111-42022-4 定价：39.00元

推荐阅读

书名	作者	ISBN	价格
期权投资策略（原书第5版）	（美）劳伦斯 G ·麦克米伦	978-7-111-48856-9	169.00元
期权波动率与定价：高级交易策略与技巧	（美）谢尔登·纳坦恩伯格	978-7-111-47704-4	100.00元
奇异期权（原书第2版）	（美）张光平	978-7-111-47165-3	100.00元
期权波动率交易策略	（美）谢尔登·纳坦恩伯格	978-7-111-48463-9	35.00元
简易期权（原书第3版）	（美）盖伊·科恩	978-7-111-48513-1	59.00元
期权实战一本通：决战中国期权	张嘉成	978-7-111-44295-0	69.00元
期权入门与精通（原书第2版）：投机获利与风险管理	（美）W. 爱德华·奥姆斯特德	978-7-111-44059-8	49.00元
走进期权（原书第2版）	（美）迈克尔·辛西尔	978-7-111-50652-2	59.00元
商品交易之王	（美）凯特·凯利	978-7-111-50753-6	59.00元
期权交易实战一本精	陈松男	978-7-111-51704-7	59.00元
期权波动率交易：波动市场中的盈利策略	（美）亚当·华纳	978-7-111-54019-9	59.00元

推荐阅读

序号	书号	书名	作者	定价
1	30250	江恩华尔街45年（珍藏版）	（美）威廉 D. 江恩	36.00
2	30248	如何从商品期货贸易中获利（珍藏版）	（美）威廉 D. 江恩	58.00
3	30247	漫步华尔街（原书第9版）（珍藏版）	（美）伯顿 G. 马尔基尔	48.00
4	30244	股市晴雨表（珍藏版）	（美）威廉・彼得・汉密尔顿	38.00
5	30251	以交易为生（珍藏版）	（美）亚历山大・埃尔德	36.00
6	30246	专业投机原理（珍藏版）	（美）维克托・斯波朗迪	68.00
7	30242	与天为敌：风险探索传奇（珍藏版）	（美）彼得 L. 伯恩斯坦	45.00
8	30243	投机与骗局（珍藏版）	（美）马丁 S. 弗里德森	36.00
9	30245	客户的游艇在哪里（珍藏版）	（美）小弗雷德・施韦德	25.00
10	30249	彼得・林奇的成功投资（珍藏版）	（美）彼得・林奇	38.00
11	30252	战胜华尔街（珍藏版）	（美）彼得・林奇	48.00
12	30604	投资新革命（珍藏版）	（美）彼得 L. 伯恩斯坦	36.00
13	30632	投资者的未来（珍藏版）	（美）杰里米 J.西格尔	42.00
14	30633	超级金钱（珍藏版）	（美）亚当・史密斯	36.00
15	30630	华尔街50年（珍藏版）	（美）亨利・克卢斯	38.00
16	30631	短线交易秘诀（珍藏版）	（美）拉里・威廉斯	38.00
17	30629	股市心理博弈（原书第2版）（珍藏版）	（美）约翰・迈吉	58.00
18	30835	赢得输家的游戏（原书第5版）	（美）查尔斯 D.埃利斯	36.00
19	30978	恐慌与机会	（美）史蒂芬・韦恩斯	36.00
20	30606	股市趋势技术分析（原书第9版）（珍藏版）	（美）罗伯特 D. 爱德华兹	78.00
21	31016	艾略特波浪理论：市场行为的关键（珍藏版）	（美）小罗伯特 R. 普莱切特	38.00
22	31377	解读华尔街（原书第5版）	（美）杰弗里 B. 利特尔	48.00
23	30635	蜡烛图方法：从入门到精通（珍藏版）	（美）斯蒂芬 W. 比加洛	32.00
24	29194	期权投资策略（原书第4版）	（美）劳伦斯 G. 麦克米伦	128.00
25	30628	通向财务自由之路（珍藏版）	（美） 范 K. 撒普	48.00
26	32473	向最伟大的股票作手学习	（美）约翰・波伊克	36.00
27	32872	向格雷厄姆学思考，向巴菲特学投资	（美）劳伦斯 A. 坎宁安	38.00
28	33175	艾略特名著集（珍藏版）	（美）小罗伯特 R. 普莱切特	32.00
29	35212	技术分析（原书第4版）	（美）马丁 J. 普林格	65.00
30	28405	彼得・林奇教你理财	（美）彼得・林奇	36.00
31	29374	笑傲股市（原书第4版）	（美）威廉・欧奈尔	58.00
32	30024	安东尼・波顿的成功投资	（英）安东尼・波顿	28.00
33	35411	日本蜡烛图技术新解	（美）史蒂夫・尼森	38.00
34	35651	麦克米伦谈期权（珍藏版）	（美）劳伦斯 G. 麦克米伦	80.00
35	35883	股市长线法宝（原书第4版）（珍藏版）	（美）杰里米 J. 西格尔	48.00
36	37812	漫步华尔街（原书第10版）	（美）伯顿 G. 马尔基尔	56.00
37	38436	约翰・聂夫的成功投资（珍藏版）	（美）约翰・聂夫	39.00

推荐阅读

序号	书号	书名	作者	定价
38	38520	经典技术分析（上册）	（美）小查尔斯 D. 柯克帕特里克	69.00
39	38519	经典技术分析（下册）	（美）小查尔斯 D. 柯克帕特里克	69.00
40	38433	在股市大崩溃前抛出的人：巴鲁克自传（珍藏版）	（美）伯纳德·巴鲁克	56.00
41	38839	投资思想史	（美）马克·鲁宾斯坦	59.00
42	41880	超级强势股：如何投资小盘价值成长股	（美）肯尼思 L. 费雪	39.00
43	39516	股市获利倍增术（珍藏版）	（美）杰森·凯利	39.00
44	40302	投资交易心理分析	（美）布雷特 N. 斯蒂恩博格	59.00
45	40430	短线交易秘诀（原书第2版）	（美）拉里·威廉斯	49.00
46	41001	有效资产管理	（美）威廉 J. 伯恩斯坦	39.00
47	38073	股票大作手利弗莫尔回忆录	（美）埃德温·勒菲弗	39.80
48	38542	股票大作手利弗莫尔谈如何操盘	（美）杰西 L. 利弗莫尔	25.00
49	41474	逆向投资策略	（美）大卫·德雷曼	59.00
50	42022	外汇交易的10堂必修课	（美）贾里德 F. 马丁内斯	39.00
51	41935	对冲基金奇才：常胜交易员的秘籍	（美）杰克·施瓦格	80.00
52	42615	股票投资的24堂必修课	（美）威廉·欧奈尔	35.00
53	42750	投资在第二个失去的十年	（美）马丁 J. 普林格	49.00
54	44059	期权入门与精通（原书第2版）	（美）爱德华·奥姆斯特德	49.00
55	43956	以交易为生II：卖出的艺术	（美）亚历山大·埃尔德	55.00
56	43501	投资心理学（原书第5版）	（美）约翰 R. 诺夫辛格	49.00
57	44062	马丁·惠特曼的价值投资方法：回归基本面	（美）马丁·惠特曼	49.00
58	44156	巴菲特的投资组合（珍藏版）	（美）罗伯特·哈格斯特朗	35.00
59	44711	黄金屋：宏观对冲基金顶尖交易者的掘金之道	（美）史蒂文·卓布尼	59.00
60	45046	蜡烛图精解（原书第3版）	（美）格里高里·莫里斯、 赖安·里奇菲尔德	60.00
61	45030	投资策略实战分析	（美）詹姆斯·奥肖内西	129.00
62	44995	走进我的交易室	（美）亚历山大·埃尔德	55.00
63	46567	证券混沌操作法	（美）比尔·威廉斯、 贾丝廷·格雷戈里–威廉斯	49.00
64	47508	驾驭交易（原书第2版）	（美）约翰 F. 卡特	75.00
65	47906	赢得输家的游戏	（美）查尔斯·埃利斯	45.00
66	48513	简易期权	（美）盖伊·科恩	59.00
67	48693	跨市场交易策略	（美）约翰 J. 墨菲	49.00
68	48840	股市长线法宝	（美）杰里米 J. 西格尔	59.00
69	49259	实证技术分析	（美）戴维·阿伦森	75.00
70	49716	金融怪杰：华尔街的顶级交易员	（美）杰克 D. 施瓦格	59.00
71	49893	现代证券分析	（美）马丁 J. 惠特曼、 费尔南多·迪兹	80.00
72	52433	缺口技术分析：让缺口变为股票的盈利	（美）朱丽叶 R. 达尔奎斯特、 小理查德 J. 鲍尔	59.00
73	52601	技术分析（原书第5版）	（美）马丁 J. 普林格	100.00
74	54332	择时与选股	（美）拉里·威廉斯	45.00
	13303	巴菲特致股东的信		

投机交易

战法

SPECULATIVE TRADING TACTICS

王炜 / 著

机械工业出版社
China Machine Press